거래량을 알면
폭등주와 대박주가 보인다

거래량을 알면 폭등주와 대박주가 보인다

2024년 6월 20일 **개정판**인쇄 / 2024년 6월25일개정판발행

지은이:민구은 / **펴낸곳**:도서출판 청연

등록번호:제2001-000003호 / **주소**:서울시 금천구 시흥대로104다길 2

전화:866-9410 **팩스**:855-9411 / **정가** 30,000원

* 저자와 협의, 인지를 생략합니다.

* 잘못 만들어진 책은 본사나 구입하신 서점에서 바꾸어 드립니다.

거래량을 알면 폭등주와 대박주가 보인다

민구은 지음

거래량은 주식시세의 **선행지표**다.
주가상승의 모든 **비밀**은 **거래량**의 움직임에 있다.

도서 출판
청 연

책을 펴내면서

이 책을 펴내고자 팬을 들었을 때 증권 초보자로부터 프로에 이르기까지 환영할 수 있는 책을 펴내려고 노력하였으며 책장을 한 장씩 넘겨갈수록 내용이 조금씩 재미있고 심도 있으면서 뇌리에 쉽게 입력되는 내용이 되도록 노력하였습니다.

그간 본 저자는 9권의 증권서적을 사계에 내어 놓았으나 그 내용의 대부분이 기존의 증권계에서는 발견하지 못한 독특한 기법의 내용이 대부분이어서 여러 독자들로부터 새로운 기법을 접하게 되어 매우 희망적으로 구독하였다고 격려도 많이 받아 왔습니다.

그러므로 본 저자는 거래량이나 주가가 기본적으로 어떤 모양이 형성되어야 그에 상응하는 주가가 폭등을 하는지를 구체적으로 독자 여러분들에게 알려드리고자 함에 있으며 주가의 형성 초기 과정부터 세력들의 움직임까지 간파할 수 있는 내용을 분석코자 하였으니 독자 여러분들께서는 본 저서를 정독함으로서 증권의 기술적 분석을 완벽하게 습득할 수 있게 하기 위하여 심혈을 기울여 기술하였사오니 열심히 정독하여 증권 기술적 분석 기법을 실전 투자에 응용해서 많은 수익을 획득 할 수 있는 투자가가 되시기를 기원합니다.

특히 독자 여러분들에게 부탁하고저 함은 본 저서를 구독하는 데는 기본적으로 습득해야 할 부분인 제 1장 민구은의 주식4/(사박자) 이론의 기본구도와 원리와 제 2장 민구은의 주식4/(사박자) 이론을 분석하는데 필요한 기본 공식은 반드시 정독하여 이해하고 다음으로 넘어가야 그때부터 구독할 증권 기술적 분석 기법의 이해에 절대적인 도움이 될 것임을 강조합니다.

2016년 8월
민 구 은

Contents

Contents

민구은의 주식 사박자(4/)이론의 기본구도 No.1 (거래량 일박자(1/))

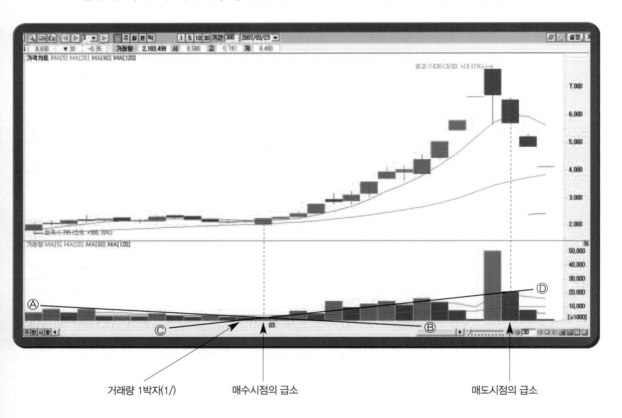

거래량 1박자(1/)   매수시점의 급소   매도시점의 급소

민구은의 주식 사박자(4/)이론의 기본구도 No.2 (거래량 이박자(2/))

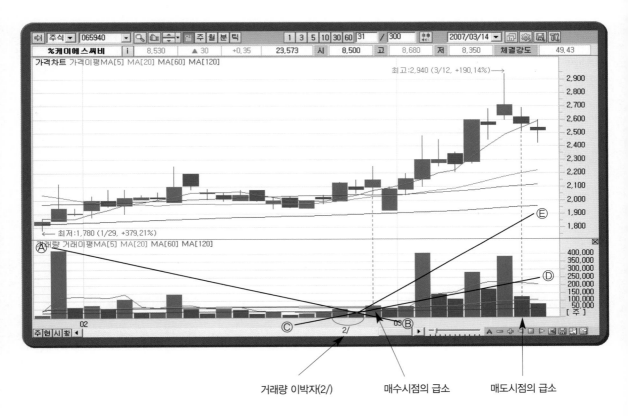

거래량 이박자(2/)   매수시점의 급소   매도시점의 급소

민구은의 주식 사박자(4/)이론의 기본구도 No.3 (거래량 사박자(4/))

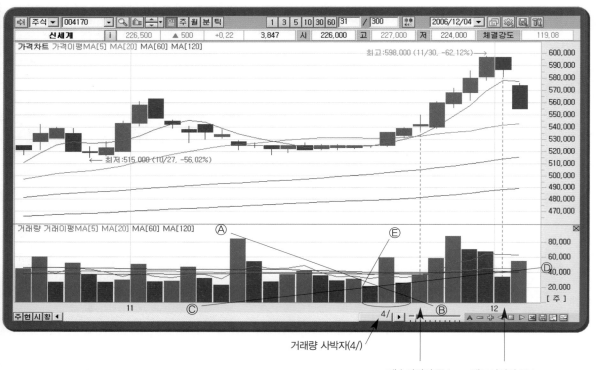

거래량 사박자(4/)

매수시점의 급소   매도시점의 급소

민구은의 주식 사박자(4/)이론의 기본구도 No.4 (거래량 칠박자(7/))

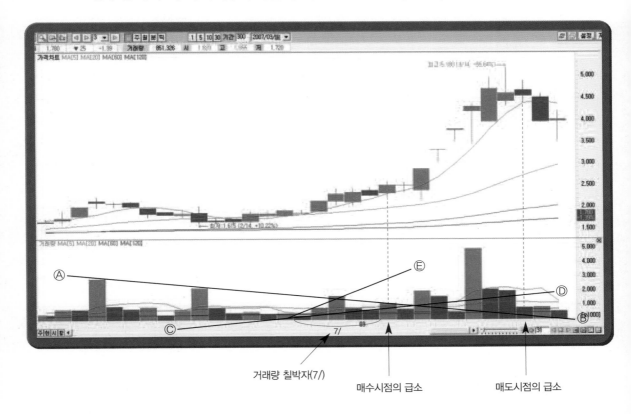

거래량 칠박자(7/)

매수시점의 급소

매도시점의 급소

들어가기 전에

◎ 주가분석을 하기 전에 알아 두어야 할 것

• • •

초보 투자자들은 소위 '묻지마 투자'를 많이 하게 된다. 이러한 투자는 많은 손실을 초래할 수 있으며, 초보 투자자들의 기대를 여지없이 꺾어버리는 결과를 가져온다. 주식투자에 있어 모든 경험을 거쳤다고 할 수 있는 필자 역시 그런 그들의 마음을 십분 이해할 수 있다.

처음으로 자신이 투자한 종목이 올랐을 때의 기분을 그 무엇에 비유할 수 있을까? 아마도 공중에 붕 떠 있는 기분이라고 할 수 있지 않을까? 두근거리고 가슴 설레는 나날이었을 것이다. 그러나 우리는 그 반대의 경우도 얼마든지 있음을 안다. 주식투자로 인해 부를 얻었다는 사람보다는 패가망신한 경우를 더 많이 보지 않았는가. 그만큼 주식 투자에 있어 왕도는 없는 게 아닌가 싶다.

초보 투자가나 오랫동안 주식 투자를 해온 사람이나 자신이 매수한 종목이 상승하길 바라는 마음은 매한가지일 것이다. 하지만 어느 시점에 매도나 매수를 해야 할지에 대해서는 전혀 감을 잡지 못한다. 주가가 오르고 있는 도중에 매도를 한다든지, 손해를 만회했다고 해서 금방 팔아버려 오히려 손해를 입기도 한다.

그렇다면 정확한 매수나 매도의 시점은 어떻게 알 수 있을까? 수많은 사람들에게 자문을 구해보지만 명쾌하게 답변을 해주는 사람은 없다. 각종 증권 사이트나 책을 통해 그 답을 구해보려 하지만 그것조차 여의치 않다. 주식 투자 기법에서 한 전형이 되고 있는 엘리어트 파동론이나 사케다 5법도 주식매매에 대한 총론에서 벗어나지 못한다.

수많은 투자자들처럼 필자 역시 이러한 답답함이 주식 매매에 관한 구체적인 기법을 연구하게 하는 계기가 되었다. 그러나 길은 멀고 험했다. 망망대해의 일엽편주와 같은 심정이었던 필자에게 한 가닥 희망을 준 것은 거래량이었다. 즉 주식은 거래가 안 되면 주가 자체가 성립되지 못하기 때문에 거래량을 중심으로 연구를 했다.

그 결과 그래프 상에서 주가와 거래량이 어떤 모양일 때 주가가 상승하는지를 전 상장 종목을 분석하여 통계를 내어 그 해답을 찾기에 이르렀다.

독자 여러분은 이러한 필자의 조언을 참고해 주식의 매도매수 시점을 심사숙고해서 파악하고 아울러 수익을 극대화하는데 이 책이 조금이나마 도움이 되길 바란다.

먼저 주식은 기술적 분석에 의한 투자 기법을 알고 투자해야 한다. 이 세상에는 절대 공짜가 없는 법, 좋은 종목을 발굴하기 위해서는 매일 전 상장 종목을 한 번씩 분석해 보아야 한다. 이 책의 내용을 숙독하면 주식 분석에 필요한 중요한 기법을 간단하게 이해할 수 있을 것이다. 그래도 이해가 잘 안 갈 때에는 투자에서 잠시 손을 떼고 더더욱 정독하고, 주가 차트를 자주 분석해 보길 권한다.

주식이란 어느 업종이나 종목을 막론하고 상승하면 반드시 하락하고, 하락하면 상승하는 속성이 있음을 알고 자신이 투자한 주식이 조금 올랐다고 흥분하지 말고 하락했다고 낙담하지 말라.

'자식에게 물고기를 잡아주지 말고 물고기 잡는 법을 가르쳐주라'는 탈무드의 말처럼 필자는 독자 여러분에게 단지 주식 종목을 추천하는 것이 아니라 종목을 선별하는 방법을 가르쳐드리고자 한다. 독자 여러분은 여러 강연회나 증권사에서 추천한 종목이 반드시 오르지 않는다는 것을 잘 알 것이다. 이에 지금부터라도 민구은의 주식 사박자(4/)이론을 열심히 정독하여 강연회나 증권사 객장을 기웃거리지 말고 소신있게 종목을 선별 하여 투자에 임하기 바란다.

엘리어트 파동론은 세계증권사에서 인정받는 훌륭한 이론이라 할 수 있다. 그러나 이론만을 믿고 막연하게 투자한다는 것은 무모한 일일수도 있다. 주식투자에 이어서는 이론만 좋다고 해서 성공하는 것이 아니라, 매도매수 시점을 정확하게 예측할 수 있어야 한다. 엘리어트는 당연히 자신의 이론에서는 대가였지만 말년에 굶어 죽었다는 소문이 나돌았다 하니 인생사 새옹지마 아닌가?

필자는 이러한 엘리어트 파동론을 보완하여 주식의 매도매수 시점과 주식이 어느 파수까지 상승하고 하락할 것인지를 민구은의 주식 사박자(4/) 이론으로 속시원히 밝혀보고자 한다.

◎ 주식 시장의 흐름을 읽을 줄 아는 투자가가 되어야 한다.

• • •

주식은 아무리 상승하는 종목이 많다고 해도 시장 흐름을 제대로 이해하지 못하면 수익을 올릴 수 없다.

첫째, 종합주가지수가 상향인지 하향인지를 간파하고 가급적이면 상향일 때 적극적으로 투자하는 것이 좋다. 둘째, 각 업종 지수의 움직임을 살펴보고 상향 중인 업종을 선택한다. 셋째, 상향 중인 업종 중에서 개별 종목을 분석하여 상승할 수 있는 모든 조건을 갖추었는가를 확인하고 매수에 응한다. 이 책을 숙독하면 주식의 상승 조건은 물론 지금까지 알지 못했던 증권 투자에 관한 많은 지식을 얻을 수 있게 될 것이다.

　주식시장의 흐름을 간파할 때 상승하는 주식이 고가주냐 저가주냐, 어떤 패턴을 형성하고 있는 주식이 상승하는 주식이냐, 개별 종목 중심 장인가 등을 꿰뚫어보아야 한다. 또한 대형주보다는 중, 소형주에 투자하는 것이 상대적으로 유리하며, 종합주가지수의 흐름을 먼저 읽고 개별 기업의 내재 가치에 따른 정석 투자가 바람직하다. 그리고 개별 기업의 내재 가치에 앞서 현 시점을 이끌고 있는 중심 테마를 재빨리 포착하는 것 또한 간과해서는 안될 것이다.

　주식 시장에서는 주도주를 잡아야 한다. 주도주의 흐름도 하나의 유행이다. 특정 주식이 주가 상승에 성공하면 그와 유사한 종목들이 등장하고 이런 종목군에 투자하는 것에 동참해야 한다. 이때 무엇보다 주도주에 대한 정확한 이해와 나름대로의 확고한 판단 정립이 필요하다.

◎ 민구은의 주식 사박자(4/)이론이란 무엇인가

・ ・ ・

　민구은의 주식 사박자(4/)이론이란 거래량과 거래량 추세선을 위주로 하여 주가와 주가 MA선을 분석하는 투자 기법으로, 거래량의 증감으로 그에 상응하는 주가의 매수매도 시점과 주가의 상승 여부를 예측하고자 하는 새로운 이론이다.

　투자자 여러분들은 국내나 외국의 증권가에 난무하고 있는 오류투성이의 각종 기술적 분석 기법이나 보조지표만을 믿고 주식에 투자했다가는 수익은 커녕 헛물만 켠다는 사실을 잘 알고 있을 것이다. 왜냐하면 각종 투자 기법이나 보조지표들이 주가만을 그 중심에 두고 분석을 하기 때문이다. 이러한 사실은 모든 주식 관계자들이 잘 알고 있으나 특별한 대안이 없어 오류가 많은 투자 기법에 기댈 수 밖에 없었던 것이 현실이다.

　그러나 필자가 새로운 투자 기법을 개발해 냄으로써 이제부터는 개미 투자자들 누구나 확실한 성공 투자의 길을 열 것이라 믿어 의심치 않는다.

- 민구은의 주식 사박자(4/)이론은 주가의 상승과 하락은 물론, 주가가 계속 상승할 수 있는 지의 여부도 예측할 수 있게 한다.

- 민구은의 주식 사박자(4/)이론이 세계는 물론 국내 증시 사상 실전 투자에 있어서 뛰어나게 적중률이 높다는 사실은 저자로부터 특별 강의를 받은 분들에 의해 입증되고 있다.

- 주식의 현물, 선물, 옵션 등 모든 투자자들은 기본적인 투자 기법인 민구은의 주식 사박자(4/)이론을 습득하고 난 다음 투자를 해야 확실한 수익을 얻을 수 있다.

- 민구은의 주식 사박자(4/)이론을 습득하면 급등주나 폭등주를 발굴하는 방법은 물론, 우량 종목을 선별할 수 있는 비법을 터득할 수 있다.

- 민구은의 주식 사박자(4/)이론은 개미 투자자들에게 큰 도움이 된다. 민구은의 주식 사박자(4/)이론을 터득하면 평생 동안 자신만이 활용할 수 있는 노하우를 얻게 된다.

- 민구은의 주식 사박자(4/)이론을 이미 습득한 분들은 "왜 이런 기발한 투자 기법을 이제야 내놓았습니까" "증권가에 너무 많이 알려지지 않았으면 좋겠습니다"라며 극찬을 아끼지 않고 있다.

- 민구은의 주식 사박자(4/)이론은 세력의 어떠한 움직임이라도 훤히 들여다 볼 수 있게 하는 투자 기법이다.

- 민구은의 주식 사박자(4/)이론은 주식시장의 침제장일 때 더욱 빛을 발한다. 침제장일 때 주식의 전 종목을 분석해 보면 좋은 모양을 한 주가 그래프는 극히 제한적이기 때문에 더욱 밀도 있게 분석할 수 있는 장점이 있다. 그러므로 침체장에서의 수익은 두 배의 기쁨을 가져다 줄 것이다.

민구은의 주식 사박자(4/)이론의 모체가 되는 거래량과 거래량 MA선, 주가와 주가 MA선 등과 거래량 추세선 연결방법, 주가 MA선의 1선 추월의 원칙 등을 다음과 같이 정의하고자 한다.

- **거래량이 의미하는 것은 다음과 같다.**
  - 주가의 등락은 거래량의 증가와 감소에 따라 이루어진다.
  - 주식을 매수할 거래량이 없다며 매도할 거래량도 없다.
  - 거래량이 형성된다는 것은 주가가 등락할 수 있다는 것을 의미한다.
  - 거래량은 주가보다 선행한다.
  - 거래량 1/나 2/나 4/나 7/, 계단식 4/등이 거래량 바닥에서 형성될 때 매수해야 한다.
  - 거래량의 추세선 연결로서 주가의 바닥과 꼭지를 예측할 수 있다.

- **거래량 MA선의 역할은 다음과 같다.**
  - 거래량이 증가해야 거래량 MA선이 상향한다.
  - 거래량 MA선이 상향해야 그에 상응하는 주가도 상승한다.
  - 거래량 MA선이 상향한다는 것은 거래량 1/, 2/, 3/, 4/, 7/와 계단식 4/ 등이 형성된다는 의미이다.
  - 거래량 MA선이 상향 여부는 거래량의 선유봉으로 판단한다.

- **주가는 어떻게 이루어지는가**
  - 주가는 거래량의 그림자에 불과하다.
  - 주가의 등락은 거래량의 증감에 따라서 결정된다.
  - 주가는 그에 상응하는 거래량이 1/나 2/나 4/나 7/ 계단식 4/등이 형성 되었을 때 주식을 매수한다.
  - 주가 4/는 주가가 들린 바닥이 되어 상승하는 모양으로 W자나 N자 모양을 형성한다.

■ **주가 MA선의 역할은 다음과 같다.**

▪ 주가 MA선이 상향하고 정배열이 진행되면 주가는 상승한다.
▪ 주가 MA선이 하향하고 역배열이 진행되면 주가는 하락한다.
▪ 주가 MA선은 주가 MA선의 1선 추월의 원칙의 기본이 된다.
▪ 주가 MA선은 2대 1의 원칙의 기본이 된다.
▪ 주가 MA선의 향방은 주가 MA선이 선유봉을 분석해야 예측이 가능하다.

◎ 주식의 일생은 어떻게 형성되는가

• • •

일반적으로 주식은 주가 MA선과 주가의 정배열에서 역배열로, 역배열에서 정배열로 순환하는 과정을 끝없이 반복한다.

주가는 MA선 배열이 이격을 적당한 거리로 유지하기 위하여 장, 단기선 간에 완급을 조절해 가면서 정배열이나 역배열을 형성하여 목적한 바를 행한다. 주식은 상승 5파와 하락 3파를 형성하면서 정배열과 역배열로 순환한다.

> 상승 5파에서 1, 3, 5파는 상승시기이고 2, 4파는 조정시기이다.
> 하락 3파에서 1, 3파는 하락시기이고 2파는 반등 시기이다.

상승 1파에서는 주가 MA선이 단기선인 5, 10, 20일선이 정배열 되고, 상승 3파에서는 5, 10, 20, 60일 MA선까지, 상승5파에서는 5, 10, 20, 60, 120, 240일 MA선까지 정배열 상태가 되는 것이 일반적이다.

주가가 상승으로 전환하는 것은 주가와 MA선이 역배열에서 정배열로 진행되고 있다는 것을 의미한다. 주가가 240일 MA선까지 정배열이 되어 꼭지를 치면 상승 주기가 끝나고 다시 역배열로 진행된다. 그러나 480일 MA선과 960일 MA

선까지 주가MA선의 정배열과 역배역이 합류할 수 있다는 것이 이론적으로는 가능하나 현실적으로는 희박하다고 할 수 있다. 주가가 5일 MA선에서 240일 MA선까지 완전 정배열이 되기 전까지는 일반 투자가들은 주가가 더욱 상승할 것인가를 의심의 눈초리로 보다가도 막상 완전 정배열이 되면 주가가 계속 상승할 것이라고 믿고 주식을 매수한다. 그러나 이때가 바로 주가의 꼭지가 될 가능성이 가장 높다. 이런 주가 꼭지를 사전에 간파할 수 있는 민구은의 주식 4/이론에서 분명히 예측을 해주고 있다.

  다음 그림에서 처럼 주식은 횡보 A에서 매수하여 정배열이 절정에 도달했을 때인 정배열 C에서 매도하고, 그동안 쉬면서 주식이 횡보 B를 지나 완전 역배열 상태가 되었다가 다시 반등할 때 매수한다. 이 시점이 바로 주식이 1회전 한 후 다시 횡보 A에 이르렀을 때이다.

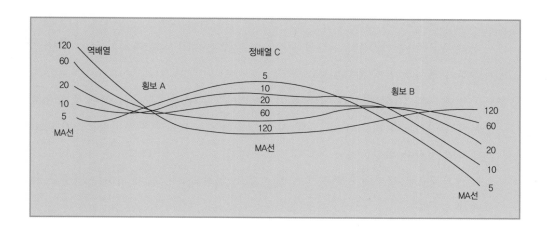

◎ 주도주를 잡아야 승산이 있다.

• • •

① 주도주의 특성과 시장의 흐름

주식 투자는 주도주를 잡아야 승산이 있다. 증권시장에서는 항상 '주도주'라는 종목이 있어서 시세를 이끌어나가는데, 주도주는 시장을 이끌어 나가는 세력이 가장 선호하며 시세가 크고 길게 나는 속성을 가지고 있다. 다음은 시장 상황에 따른 주도주 발굴 방법이다.

첫째, 대세의 판단이다. 대세가 강세장이면 대형주가, 약세장이면 중, 소형주가 주도주가 될 확률이 높다.

둘째, 시장 성격의 판단이다. 경기가 좋아지는 실적장이면 경기주도주가, 시중에 돈이 많고 금리가 하락하는 금융장세 때는 중, 저가주와 낙폭과대주 등이 주도주가 될 확률이 높다.

셋째, 주도주의 세력 판단이다. 일반 투자가가 주도하는 시장이면 낙폭 과대주와 중, 저가주가, 세력 주도의 시장이면 수익 가치와 내재 가치가 높은 대형 우량주가 주도주가 될 확률이 높다.

넷째, 주도주의 테마가 어느 쪽이냐이다. 정부가 경제정책을 어떤 방향으로 이끌고 나가느냐 하는 것과 그 외 시장을 움직이는 재료가 무엇인가를 파악하고 테마의 성질을 판단한다.

결론적으로 정부의 경제정책에 따른 인기 업종과 시장을 선도하는 업종을 선택해야 한다.

선택한 업종 중에서 시장 성격과 맞는 선도 종목군을 찾아 내재 가치와 성장성이 가장 뛰어난 종목을 우선적으로 선택해야 한다.

② 주도주 발굴 방법

대세에 순응하면서 거래량과 주가에 큰 변화가 일어나는 주식군이 있다면 이런 종목군을 눈여겨 보아야한다. 지난 주도주들을 관찰해 보면 대부분 2, 3개월에서 7, 8개월 길게는 1년 정도 수명을 이어가는 주도주도 있다.

또한 주도주는 그 당시 주가가 가장 많이 상승하고 인기있는 종목군이다. 이러한 관점에서 보면 가장 인기 있고 탄력적인 주식 중에서 거래량을 크게 수반하는 주식을 찾으면 이것이 주도주라 할 수 있다.

그러나 상승 5파의 시세를 순서대로 내서 큰 시세를 내는 경우가 있는가 하면 단기 시세로 끝나는 경우도 많다. 주도주는 큰 시세가 나는 종목 중에서 찾아야한다. 단기 반등으로 끝나는 주식은 초기의 상승 모습이 강력해도 조정 과정에서 지지선을 유지하지 못해서 하락으로 이어지는 경우가 많다. 그러나 큰 시세를 형성하는 과정에서는 초기 상승이 강력해도 조정을 완만하게 받는다.

이러한 관점에서 보면 1차로 강력한 시세를 형성하고 크게 조정을 받지 않는 주식이 있다면 주도주가 될 확률이 매우 높다고 할 수 있다.

주도주는 상승 패턴에 접어들면 크게 상승하고 장기간 계속되며, 하락시에는 뒤따라온 다른 유사 종목이 하락하고 난 후 마지막에 하락한다. 또한 주도주는 거래량이 늘어나는 인기 업종이어야 하고 경제 사이클이나 정부 정책에 맞는 업종으로서 장기간 조정을 받고 낙폭이 큰 종목이어야 한다.

③ 새로운 주도주 발굴 과정

주도주를 발굴하는 데는 개별 기업의 내재 가치와 국내 경기 및 시중 자금의 동향은 물론, 외국인과 국내 기관 그리고 큰손의 동향도 주의 깊게 관찰해야 한다.

주식시장에서 주도주가 등장하려면 세력들이 주도주를 개발하려는 계획이 있어야 한다. 그런데 초기에는 세력들이 주도주를 개발하기 위하여 상대적으로 자금이 적게 드는, 즉 내재 가치가 저평가 되어 있는 우량주를 발굴하려고 노력할 것이다. 만약 이것이 여의치 못하면 자금이 많이 필요하더라도 대형 우량주를 매수하고자 할 것이다. 또한 이것마저 물량 확보가 어려우면 내재 가치가 다소 떨어지는 주식이라도 매수하고자 할 것이다.

세력들은 물량 확보가 여의치 못하면 선취매한 주식을 고가에 매수하여 다시 그 주식을 상승하게 하여 수익을 얻는 방법을 사용하기도 한다. 이런 경우에는 갑자기 대량거래가 이루어지면서 매수자와 매도자간에 손바뀜 현상이 활발하게 일어난다.

이런 현상을 증권가에서는 세력들간의 '물갈이'라고 하는데 주가 그래프를 분석해 보면 확연히 나타난다. 이때 유의할 것은 이러한 현상이 장기간 하락한 주식에서 나타나면 이 주식이 차기 주도주가 될 확률이 매우 높다는 사실이다.

④ 선도주와 주도주군에 동참하는 투자가가 되어야 한다.

최근의 증권시장은 거래소와 코스닥 시장으로 양분되어 있기 때문에 선도주를 발굴하기에 앞서 어느 쪽의 시장이 인기가 있는가를 먼저 파악해야 한다. 만약 코스닥 시장 쪽을 활황으로 본다면 코스닥 시장에서 선도주를 찾아야 할 것이다. 일단 선도주를 찾았다면 비슷한 테마를 이루는 업종이나 종목군에서 주도주를 발견할 수 있게 될 것이다.

예를 들어 코스닥 시장이 활황이라면 주도주를 정보통신주를 비롯하여 인터넷, 반도체, 생명공학, 전기전자 디지털, 벤처 캐피탈 등에서 찾는 것이 좋다.

역사적으로 이러한 테마주가 우리 증권시장에 나타난 것은 80년대 초반이며 그전에는 투자자들이 주식 투자에 대한 견문이 짧아 종목을 합리적으로 분석하여 매수하기보다는 대중과 시세에 편승하는 경향이 많았다 그러던 것이 90년대 들어 증권시장의 개방과 기관들의 비중도 커졌는데 이러한 현상은 개인 투자자와 큰손들이 금융 실명제로 인하여 활동의 폭이 좁아진 이유도 있을 것이다.

따라서 증권시장의 흐름도 자연스럽게 외국인과 기관이 의도하는 방향으로 가고 있다고 보아야 할 것이며, 투자의 분위기도 내재 가치가 좋은 기업들의 테마별 주도주라는 새로운 형태로 변해가고 있다. 그러므로 일반 투자자들은 투자 분석의 혜안이 한 발 앞선 기관이나 외국인의 투자 경향을 간파하여 주도주를 매수하는 대열에 동참할 수 있는 지혜를 발휘해야 할 것이다.

/투/자/격/언/

사는 것보다 파는 것이 중요하다,

주식투자는 차익이 나고 있을 때는 파는 시점이 중요하다. 불안해서 너무 일찍 팔아도 안되고 욕심 때문에 끝까지 이익을 추구해서도 안 된다. 손해를 보더라도 이를 최소화해야 한다. 대부분의 투자자들은 파는 것을 잘 마무리하지 못해 실패한다.

Part 1

Part 1

민구은의
주식 사박자(4/)
이론의
기본 구도와
원리

Part 1

이책을 읽기 전에 반드시 알아두어야 할 민구은의 주식 사박자(4/)이론의 새로운 용어와 주가의 기본 구도의 약자를 다음과 같이 정리해 보았다.

민구은의 주식 사박자(4/)이론은 국내는 물론, 전세계의 증권가에서 처음으로 개발된 주식의 기술적 분석 기법이기 때문에 새로운 기법과 새로운 용어들이 등장하게 될 것이다. 이것들을 제대로 익혀 실전투자에 응용함으로써 성공 투자로의 첫걸음을 순조롭게 내딛기 바란다.

- 거래량 1/(일박자)
- 거래량 2/(이박자)
- 거래량 3/(삼박자)
- 거래량 4/(사박자)
- 거래량 계단식 4/(사박자)
- 거래량 7/(칠박자)

- 주가 4/(사박자) = W식, N식
- 주가 MA선의 1선 추월의 원칙
- 주가 MA선의 2대1의 원칙
- 선유봉의 의미
- 선유봉의 분석 방법
- 거래량 추세선의 연결 방법

민구은의 주식 사박자(4/)이론이란 무엇인가에 대해서는 앞에서 언급했으므로 여기에서는 주가 그래프를 분석할 때 투자자들이 취해야 할 자세에 살펴보자.

대부분의 투자자들은 주식을 매도 또는 매수하고자 할 때, 먼저 나름대로 주가 그래프를 분석한 다음 결행한다. 그러나 투자자들이 그래프를 들여다 볼 때 가장 먼저 시선이 집중되는 곳은 거래량이 아니라 주가이다. 이것은 대단히 잘못된 습관이다. 주가는 거래량의 그림자이며 거래량은 주가에 선행하고 거래량의 움직임에 따라 주가의 등락이 좌우되므로 당연히 거래량에 먼저 주목해야 한다는 것은 자명한 사실이다.

그러나 이러한 사실을 알면서도 실행하기 어려웠던 것은 지금까지 거래량을 도외시하고 주가에만 집중해 왔기 때문이다. 이는 증권 전문가들도 마찬가지이다. 캔들 분석의 대가는 많으나 거래량에 대해서 연구하는 분석가들이 드문 것도 이러한 사실을 잘 말해준다.

따라서 일반 투자자들은 실전 투자에서 거래량이 주가에 선행하는 묘미를 느껴볼 기회가 그다지 많지 않았고, 자연히 거래량 분석보다는 주가의 등락에만 관심을 가질 수 밖에 없었다. 이제부터라도 주가 그래프를 들여다 볼 때 습관적으로 거래량의 흐름부터 먼저 보는 훈련을 해보자.

주가 그래프를 분석할 때는 가장 먼저 거래량의 모양에 주목하면서 거래량이 바닥을 쳤는지를 확인하고, 바닥을 이탈한 거래량이 거래량 1/(일박자), 거래량 2/(이박자), 거래량 4/(사박자) 거래량 7/(칠박자), 거래량 계단식 4/(사박자)등을 형성했는가를 살펴보아야 한다. 대부분의 주식은 이런 모양의 거래량이 형성되어야 이에 상응하는 주가가 주가4/(W자나 N자)를 형성하면서 상승하기 때문이다.

이번 장에서는 민구은의 주식 사박자(4/) 이론의 기본구도가 되는 거래량 1/(일박자)와 거래량 2/(이박자)와 거래량4/와 거래량 7/(변칙적인 거래량 7/ 포함), 거래량 계단식 4/등과 주가 4/의 구성 원리를 현실감 있게 분석하였으며, 아울러 주가 역시 어떠한 변화를 가져오는지를 구체적으로 살펴보고 있으니 독자 여러분이 거래량 중심의 주가 분석을 할 수 있는 기초를 단단히 다질 수 있는 계기가 될 것이다.

다음으로 거래량 추세선의 연결 방법과 주식 MA선의 1선 추월의 원칙, 2대 1의 원칙 등의 용어가 등장하는데, 이것들은 모두 필자가 세계 최초로 개발한 주가 그래프상의 분석 기법이면서 적중률 또한 대단히 높으므로 독자 여러분은 주의 깊게 살펴볼 필요가 있다.

◎ 거래량 일박자(1/)는 폭등주나 대박주가 발생할 확률이 대단히 높은 구도이다.

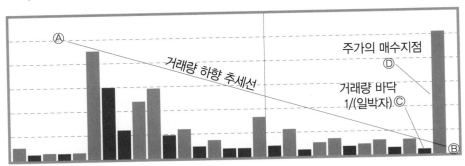

· · ·

　거래량 일박자(1/)의 구성요소를 설명한다면 거래량이 꼭지에서 점점 감소하면서 그래프상의 거래량 하향 추세선인 ⒶⒷ를 거래량이 ©와 같이 밑으로 이탈 하였을 때 이제는 더 이상 감소할 거래량이 없다고 예측이 되면 세력은 마지막으로 감소된 거래량 ©에 대한 분석을 시작한다. 즉 세력이 매매한 거래량을 제외하고 일반 투자자들이 얼마나 주식의 매매에 참여 했는가 하는 것을 거래량 일박자(1/)가 형성되어 거래량 ©점이 되는 것이다. 거래량 ©점이 곧 거래량의 바닥점이 되는 것이고 거래량 ©를 위로 증가한 거래량 Ⓓ를 거래량 1/(일박자)가 완성되었다고 하는 것이고 거래량 Ⓓ점에 상응하는 주가가 곧 주가의 매수 시점이다. 거래량 1/(일박자)가 발생하는 주가는 주로 폭등주와 대박주가 될 확률이 많다.

　민구은의 주식 사박자(4/)이론의 기본 구도에서 언급한 거래량 4/나 거래량 7/보다 한걸음 앞서서 주식을 매수함으로서 시간적인 위험은 다소 따르나 수익 면에서는 월등히 앞서가는 것이 큰 장점이라 할 수 있다.

　더욱 자세한 설명은 현실적인 주식 그래프에서 발생하는 거래량 1/(일박자)의 형성 과정에서 분석하고저 하오니, 많은 이해가 되어서 주식 실물 투자에서 큰 수익을 얻기를 기원합니다.

◎ 거래량 이박자(2/)가 형성된 주가는 폭등주나 대박주가 될 확률이 대단히 높다.

· · ·

　거래량 하향 추세선인 ⒶⒷ를 위로 이탈한 거래량 ©는 그동안 거래량 추세선이 ⒶⒷ와 같이 하향함으로서 그에 상응하는 거래량이 점점 감소함으로 세력측에서 생각할 때 이제는 일반 투자가들이 보유하고 있는 주식은 거 의 다 매

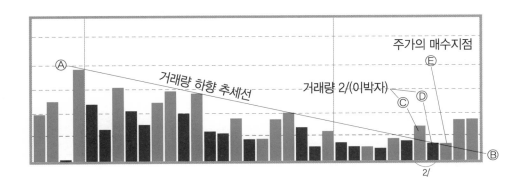

도하고 없을 것이라 생각하고(물론 일반 투자자들이 매도한 주식은 세력이 모두 매집했다) 세력이 보유하고 있는 거래량으로 주가를 상승시켜보니 (주가가 상승할 때는 그에 상응하는 거래량도 증가하는 것이다) 거래량이 ⓒ와 같이 일반 투자자들이 매수에 동참하는 수량이 별로 많지 않음으로 다음날인 ⓓ날에는 세력 측에서 일반 투자자들이 매도하고자 하는 물량을 매집을 해보니까 매매되는 거래량이 거래량 하향 추세선을 밑으로 이탈 할 만큼 거래량이 감소함으로써 세력 측에서 예측하기를 이제는 거래량 바닥이 왔으므로 다음날부터는 지금까지 매집 해놓은 거래량으로 갖은 계교를 총동원해서 주가를 상승시키는 것이다.

그러므로 거래량이 거래량 하향 추세선인 ⒶⒷ를 처음에는 ⓒ와 같이 위로 이탈하고 다음날에는 ⓓ와 같이 밑으로 이탈하는 ⓒ와 ⓓ의 거래량을 거래량 2/(이박자)가 형성되었다고 하는 것이고 거래량 2/(이박자)가 완성된 거래량 Ⓔ에 상응하는 주가가 매수 시점이 되는 것이다.

더욱 자세한 분석은 거래량 하향 추세선을 위나 아래로 이탈하는 거래량 2/(이박자)의 현실적인 그래프에서 더욱 자세히 분석하고자 한다.

※ 거래량 2/가 형성되었다는 것과 완성되었다는 용어는 다른 박자에서도 같은 요령으로 사용된다.

◎ 거래량 삼박자(3/)는 희망적인 미래를 가늠해 보게 하는 거래량의 미완성
구도이다.

• • •

거래량 3/는 1일 거래량이 하향 추세선을 위로 이탈한 거래량 바닥이 되고 2
일의 거래량이 증가하고 3일의 거래량은 미지수 상태에서 거래량 4/나 계단식
4/가 형성 될 수 있는 가변성을 유지하고 있는 거래량 구도를 말한다. 반면 거래
량 역 4/가 형성될 수도 있다.

◎ 거래량 사박자 (4/)는 주식 매수 시점의 급소를 예측하게 하는 거래량의
기본 구도이다.

• • •

거래량 4/는 다음의 그림에서와 같이 거래량 하향 추세선을 위로 이탈한 거래
량 1일이 바닥이 되고 2일은 거래량이 증가하였다가 3일에는 거래량이 감소하
여 바닥 1일에 대한 들린 바닥이 되는 모양이다. 4일은 주식을 매수하는 날이다.
그러므로 거래량 바닥 1일로부터 4일 만에 주식을 매수한다 하여 '거래량 사박
자'라하고 사박자 4/로 표시한다.

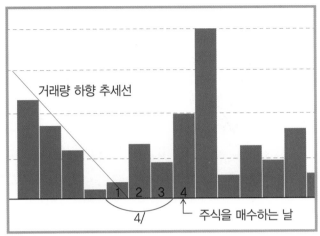

여기서 유의해야할 것을 거래량 하향 추세선을 위로 이탈한 거래량 1, 2, 3으로 거래량 4/가 형성되었다는 것이다. 그리고 거래량 하향 추세선과 거래량 4/가 형성되는 과정은 세력과 일반 투자자들과의 다툼에서 발생하는 거래량 모양인데 이것은 뒤에서 좀 더 자세히 다루기로 한다.

◎ 거래량 계단식 사박사(4/)의 거래량 구도는 그에 상응하는 주가의 매수
   시점을 예측하게 한다.

• • •

거래량 계단식 4/란 거래량 하향 추세선을 위로 이탈하여 다음 그림의 거래량 1, 2, 3일과 같이 거래량이 일정한 간격을 유지하면서 계단식 '그래프'로 연속 거래량이 세 번 이상 증가하는 것을 말한다. 따라서 4일의 거래량에 해당하는 날의 주가가 매수 시점이 되는 것이다.

거래량 계단식 4/가 형성되는 거래량 그래프에 상응하는 주가는 주로 급등주

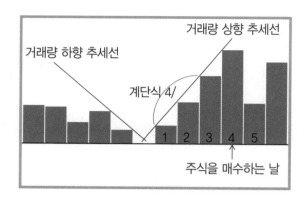

나 폭등주가 많이 발생한다. 급등주나 폭등주가 형성되는 그래프상의 주가 매수 시점은 거래량 ①, ②, ③일 다음날인 4일이 되는 경우가 많다.

이상으로 민구은의 주식 사박자 4/이론의 기본 구도 중 거래량 1/와 2/와 4/와 계단식 4/ 등을 살펴보았는데, 어떤 주식이든 간에 상승하는 주식은 거래량의 바닥에서 반드시 위와 같은 모양을 형성하는 것을 볼 수 있다.

◎ **거래량 역 4/의 거래량 구도와 주가에 미치는 영향을 살펴본다.**

• • •

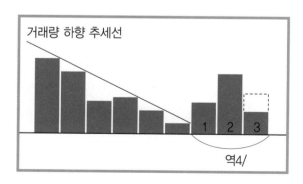

거래량 역 4/란 1일의 거래량이 하향 추세선을 위로 이탈한 바닥이 되고 2일의 거래량이 1일의 거래량보다 증가하고 3일의 거래량은 2일이 거래량보다는 적고 1일의 거래량보다는 많아야 (3일의 거래량이 점선까지 증가하였다면) 거래량 4/가 형성되는데 3일의 거래량이 1일의 거래량보다 적게 이루어졌기 때문에 거래량 역4/가 된 것이고, 따라서 거래량 역 4/에 상응하는 주가는 하락할 확률이 높다.

◎ **거래량 7/도 역시 주식 매수 시점의 급소를 예측하게 하는 거래량의 기본 구도이다.**

• • •

거래량 7/는 정상적인 거래량 7/와 변칙적인 7/로 나뉜다. 정상적인 거래량 7/란 거래량이 4/모양에서 며칠이 늘어지더라도 날짜에 관계없이 점진적으로 감소하면서도 4/의 바닥 거래량보다는 많고 직전 거래량 보다는 적은 것을 말한다.

변칙적인 거래량 7/란 거래량이 바닥에서 불규칙적으로 증가하기 때문에 4/나 7/, 계단식 4/가 형성되지 못하다가 어느 시점에서 감소하는 거래량이 형성되어 감소한 거래량 자체가 거래량 바닥보다는 많고 그동안 형성된 거래량보다는 적은 거래량의 구도를 말한다.

정상적인 거래량 7/이외의 7/는 일단 변칙적인 거래량 7/로 규정지을 수 있는데, 주가의 실전 그래프에 임해보면 여러 형태의 변칙적인 거래량 7/를 볼 수 있다. 정상적인 거래량 7/와 변칙적인 거래량 7/의 차이점은 구성 단계에서만 구별되는 것이고 완성된 후에는 주가에 미치는 영향이 같은 것으로 나타난다.

다음부터 살펴보게 될 정상적인 거래량 7/와 변칙적인 거래량 7/는 주로 현실적인 주가 그래프에서 자주 형성되는 경우이므로 눈여겨보기 바란다.

① 거래량 7/의 각종 모양

▪ 거래량 7/는 거래량 4/가 완성되지 못하고 거래량이 감소하여 일수가 늘어 남으로써 들린 바닥이 형성되는 구도를 말한다. 거래량 7/역시 주식 매수 시점 의 급소를 예측하게 하는 거래량의 모양이라 할 수 있다.

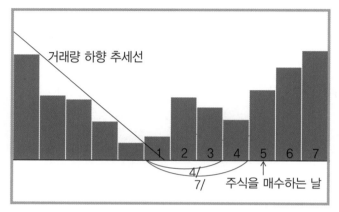

거래량 7/

3일보다는 4일의 거래량이 증가하여 거래량 4/가 완성되지 못하고 오히려 4 일의 거래량이 3일의 거래량 보다 감소하여 1일의 거래량에 대한 들린바닥이 되 었으므로 거래량 7/가 형성되었고 다음날 5일의 거래량이 4일의 거래량보다 증 가하여 거래량 7/가 완성되었으므로 5일의 거래량에 해당하는 날이 주식을 매수 하는 날이며, 이런 거래량의 모양을 거래량 7/라고 한다.

4일 이후 거래량이 4일의 거래량보다 감소하면서 1일에 대해서는 계속 들린 바닥이 형성된다면 거래량 4/가 7/로 계속 늘어지는 모양이 된다. 이에 대해서 는 뒤에서 좀 더 자세하게 다루도록 하겠다.

▪ 거래량 7/가 연속 이어지는 거래량의 구도와 그에 상응하는 주식의 매수 시

점의 급소를 예측한다.

다음 그림에서와 같이 4일의 거래량이 3일의 거래량 이상으로 증가하여 4/가 완성을 이루지 못하고 3일의 거래량보다 도리어 감소하여 1일의 거래량에 대해 들린바닥이 되었기 때문에 거래량이 4/에서 7/로 늘어지게 되었다. 이처럼 거래량이 ⑤, ⑥, ⑦일까지 계속 바닥인 1일에 대한 들린바닥이 형성되었기 때문에 거래량 7/가 이어지게 된 것이다.

그러므로 거래량 4/에서 7/로 늘어지는 거래량 봉이 몇 개이든 거래량 바닥 1에 대한 들린바닥, 다시 말해 거래량이 계속 들린바닥이 형성되는 것은 모두 7/로 인정한다.

마지막 거래량 7/가 형성된 7일 다음날인 8일부터 거래량이 증가하여 거래량 7/가 완성되었으므로 8일이 주식의 매수 시점이 되는 것이다.

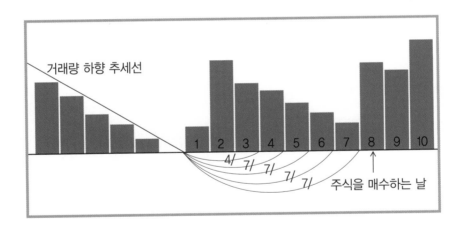

위에 그림에서 거래량이 1일을 기점으로 3일까지가 거래량 4/인데, 3일의 거래량이 1일의 거래량에 대한 들린 바닥이 되는 것이다. 따라서 거래량 4일도 거래량 1일에 대한 들린 바닥이라고 볼 수 있다. 이를 요약해 보면 거래량 바닥인 1일을 기점으로하여 2, 3, 4, 5, 6, 7로 이어지면서 1일보다는 많고 직전 거래량보다는 적은 거래량이 형성된 3, 4, 5, 6, 7일의 거래량이 모두 거래량 1일에 대한 들린 바닥이 되는 것이다.

② 변칙적인 거래량 7/의 각종 모양

변칙적인 거래량 7/란 거래량 4/가 7/로 늘어질 때 정상적인 거래량 7/로 이어지는 것이 아니라 거래량의 증감이 불규칙적으로 형성되면서 거래량 7/를 형성하는 것으로서 다음과 같이 나누어 볼 수 있다.

▪ 변칙적인 거래량 7/ 1

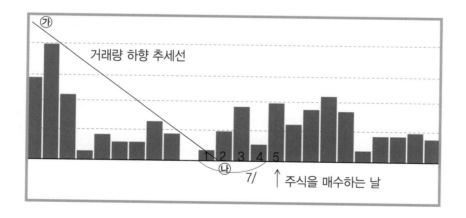

위의 그래프에서 거래량 하향 추세선인 ㉮-㉯를 위로 이탈한 거래량 ①을 바닥으로 하여 점선까지만 거래량 ③이 형성되고 난 다음 거래량 ④가 형성되었다면 정상적인 7/라 할 수 있다.

그러나 거래량 ③이 거래량 ②보다 증가하였기 때문에 거래량 ①을 바닥점으로 한다면 거래량 4/와 7/는 물론, 계단식 4/도 아닌 거래량 형태가 되었다. 한편 거래량 ④가 형성됨으로써 거래량 ④는 거래량 바닥 ①보다는 높고 그 후에 형성된 ②와 ③의 거래량보다는 낮으므로 거래량 7/가 형성되었다. 그러나 정상적인 거래량 7/가 아닌 변칙적인 거래량 7/가 된 것이다.

본 거래량의 변칙적인 7/에서의 매수 시점의 급소는 거래량의 변칙적인 7/가 완성된 시점인 거래량 ⑤에 상응하는 날의 주가이다.

▪ 변칙적인 거래량 7/ 2

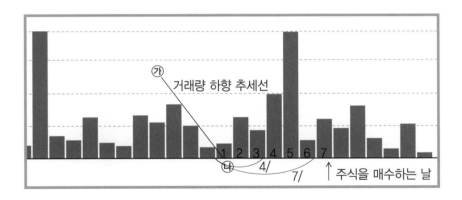

거래량 하향 추세선인 ㉮-㉯를 위로 이탈한 거래량 ①이 바닥점이 되어 거래량 ①, ②, ③까지 거래량 4/가 형성되어, 그 후 거래량 ④, ⑤의 증가에 따라 거래량 4/가 완성되었기 때문에 계속 거래량이 증가할 것으로 예측되었다. 그러나

뜻밖에도 거래량이 크게 감소하여 거래량 ⑥이 형성됨으로써 거래량 7/의 형태가 되었는데, 이런 모양(거래량 ⑥은 거래량 바닥①보다는 많고 ⑥이전에 형성된 모든 거래량보다는 적음)으로 형성된 것이 변칙적인 거래량 7/의 유형이다.

본 주식의 매수 시점의 급소는 변칙적인 거래량 7/가 완성된 거래량 ⑦에 상응하는 날의 주가이다.

이런 유형의 변칙적인 거래량 7/는 실전 그래프에서 많이 볼 수 있으므로 특히 주목할 필요가 있다.

- 변칙적인 거래량 7/ 3

거래량 하향 추세선인 ㉮-㉯를 위로 이탈한 거래량 ②를 바닥점으로 하여 거래량 ②, ③, ④로 거래량 4/가 형성되었기 때문에, 거래량 ⑤에서 거래량이 증가했다면 거래량 4/가 완성될 수 있는 그래프이다.

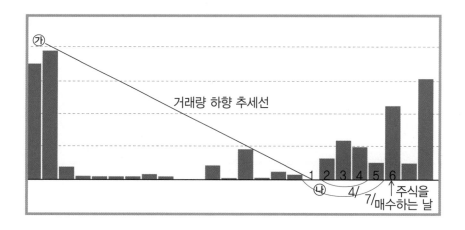

그러나 뜻밖에도 거래량 ⑤가 감소함으로써 거래량 역7/가 되고 말았다. 여기에서 거래량 ①까지 가세한다면 거래량 ①, ②, ③, ④, ⑤를 합친 구도가 거래량

의 변칙적인 7/가 형성되는 것이다.

그러므로 거래량 ⑥이 형성되어 변칙적인 거래량 7/가 완성된 것이므로 위 그래프의 매수 시점의 급소는 거래량 ⑥에 상응하는 날의 주가가 되는 것이다.

▪ 변칙적인 거래량 7/ 4

아래의 그래프에서 거래량 ①, ②, ③일은 4/이고 ①, ②, ③, ④일까지는 거래량 7/인대, 거래량 ⑤일은 거래량 ④일보다 거래량이 증가했기 때문에 거래량 ① 일에 대한 들린 바닥이 아니다. 그러므로 엄밀히 말해 거래량 7/라고 할 수 없기 때문에 필자는 이런 모양을 변칙적인 7/로 본다.

거래량 7/가 완성되려면 ⑤일의 거래량이 ④일의 거래량보다 증가한 높이가 거래량 바닥 추세선 위까지 돌파해야 하는데 그렇지 못했기 때문에 7/가 완성되었다고 볼 수 없으며, 7/가 변칙적으로나마 진행되고 있다고 보아야 한다. ⑤일 다음날인 ⑥, ⑦일의 거래량 ①일에 대한 들린 바닥이 계속 형성되었기 때문에 변칙적인 거래량 7/가 형성되었고, ⑧일의 거래량이 증가하여 변칙적인 거래량 7/가 완성되었다.

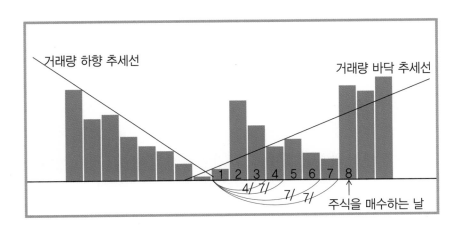

이와 같이 변칙적인 거래량 7/가 완성되었다는 것은 완성된 날에 해당 주가가 상승한다는 뜻이며, 따라서 이날이 주식 매수 시점이라고 할 수 있다.

여기서 유의할 것은 거래량 바닥 추세선이다. 거래량 바닥 추세선의 정의와 연결방법에 대해서는 다음에 자세히 설명할 기회가 있을 것이다. 어쨌든 거래량 바닥 추세선은 민구은의 주식 사박자(4/) 이론의 분석 기법에 있어서 대단히 중요한 의미를 가진다는 점만은 기억해 두자.

◎ 주가 사박자(4/)는 어떤 모양이며, 매수 시점의 급소는 어디인가

• • •

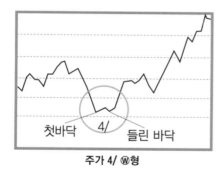

주가 4/ Ⓦ형

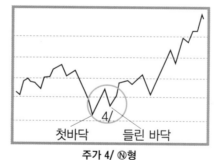

주가 4/ Ⓝ형

주가 4/는 주가의 봉그래프를 종가 기준으로 하여 선으로 연결한 선으로서 그래프상에서 Ⓦ형(왼쪽)이나 Ⓝ형(오른쪽)으로 선이 형성되어 첫 바닥보다 다음 바닥이 높게 들린 바닥이 되어야 한다.

주가의 봉그래프로도 Ⓦ형이나 Ⓝ형의 주가 4/를 찾을 수 있으나 시각적으로 어지러워서 일목요연하게 볼 수 있는 선그래프를 선택한 것이다. 그러나 독자 여러분은 주가 봉그래프를 보고도 Ⓦ형이나 Ⓝ형의 주가 4/를 발견할 수 있을 정도로 봉그래프를 열심히 읽는 연습을 할 필요가 있다.

주가 4/가 형성되었을 때의 매수 시점은 주가 4/의 들린 바닥이 될 것이다. 따라서 주가의 들린 바닥에 상응하는 거래량에서는 이미 주가 4/를 형성시킬 준비를 완료한 상태라고 할 수 있다.

◎ 주가의 봉그래프로 주가 사박자(4/)가 형성되는 과정을 살펴보고 매수 시점의 급소를 파악한다.

• • •

아래의 그래프는 주가의 봉그래프인데, 봉그래프로 주가 4/를 찾으려고 하면 선 그래프로 찾는 것보다 훨씬 까다롭다. 선그래프는 주가 일봉의 종가를 기준으로 하여 미리 선으로 연결되어 있기 때문에 쉬운데 반해, 봉그래프로 주가 4/를 찾으려고 하면 음, 양봉이 무질서하게 섞여 있어 까다로울 수밖에 없다. 그러나 주가 그래프의 기술적 분석을 하고자 한다면 이 정도는 능숙하게 할 줄 알아야 한다.

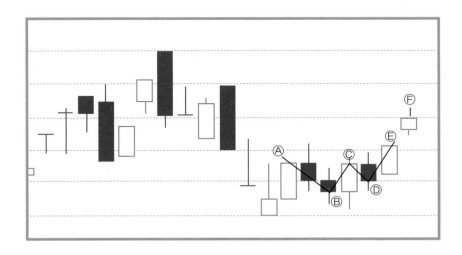

위의 주가 봉그래프에서 주가 양봉 Ⓐ부터 시작하여 Ⓑ,Ⓒ,Ⓓ,Ⓔ까지 순서대로 연결시키면 선의 모양이 Ⓦ형이 되고, Ⓦ형의 바닥 Ⓑ보다 Ⓓ의 바닥이 높게 들린 모양이므로 이런 모양의 봉그래프를 주가 4/라고 한다. Ⓐ,Ⓑ,Ⓒ,Ⓓ,Ⓔ을 가리키고 있는 주가봉은 음, 양봉이 섞여 있으나 제각각 종가를 기준점으로 한 선으로 연결되어 있다.

위의 주가 봉그래프에서 주가 4/만을 기준으로 하여 주식 매수 시점을 잡는다면 주가 4/가 완전히 형성되고 난 다음인 Ⓕ라고 할 수 있다. 그러나 주가 MA선의 1선 추월의 원칙에 따르면 Ⓒ가 매수 시점이 되는데, 1선 추월의 원칙에 다시 위의 그래프를 분석한다면 보다 쉽게 이해할 수 있을 것이다.

주가4/가 형성된다면 그에 상응하는 거래량의 모양은 반드시 주가를 상승시킬 수 있는 모양을 만들게 된다.

◎ 주가 이동 평균선(MA선)의 1선 추월의 원칙과 2대 1의 원칙이란 무엇인가

• • •

① 주가 MA선의 1선 추월의 원칙

주가가 상승이나 하락시 MA선을 1선씩 추월한다는 원칙이다. 즉 주가가 현 위치에서 직상위의 MA선을 1선씩만 추월한다는 뜻이다.

② 주가 MA선의 2대 1의 원칙

주가 MA선이 하위선에서 상위선까지 순서대로 상향이나 하향할 때 3선 중 1선은 하향하고 2선은 상향할 때 그 주가는 상승하고, 1선만 상향하고 2선은 하향할 때 그 주가는 하락하는데, 이것을 주가 MA선의 2대 1의 원칙이라고 한다.

◎ 선유봉의 의미와 분석 방법을 살펴본다.

• • •

① 선유봉의 의미

선유봉이란 주가의 현 위치 이전의 주가의 봉을 말하는 것으로, 주가가 현 위치에서 상승할 것인가 하락할 것인가는 주가봉의 선유봉 위치로서 예측하는 것이다. 즉 선유봉의 위치가 현 주가보다 높으면 앞으로의 주가는 하락할 가능성이 높고 반대로 낮으면 상승할 가능성이 높다.

② 선유봉의 분석 방법

예를 들어 ⑤일 MA선의 선유봉이란 ⑤일전 6일째의 주가봉의 가격이 현재가보다 높거나 낮음(거래량은 많고 적음)에 따라서 ⑤일 MA선의 향방이 결정되고 ⑤일 MA선의 향방에 따라서 주가의 향방을 예측하는 것이다. 10, 20일 MA선 등 상의 MA선의 선유봉의 결정도 모두 ⑤일 MA선의 예에 준한다.

◎ 거래량 추세선의 연결 방법을 분석한다.

• • •

① 거래량 하향 추세선의 연결 방법

거래량 하향 추세선이란 거래량이 감소하면서 꼭지에서 바닥까지 도달했을 거래량의 꼭지를 두 점이나 세 점을 맞추어서 연결하는 선을 말한다.

② 거래량 추세선의 연결 방법

○ 거래량 1/의 거래량 바닥 추세선과 꼭지 추세선의 연결 방법

▪ 거래량 1/의 바닥 추세선 연결 방법은 거래량 하향 추세선을 밑으로 이탈한 거래량 1/ 바닥을 기점으로 하여 거래량이 증가하다가 첫 눌림점(감

소)의 거래량과 연결하는 선이 거래량 바닥 추세선이다. 단 눌림점의 거래량에 상응하는 주가가 상한가를 쳤다면 그 거래량은 눌림 점으로 볼 수 없다.

- 거래량 1/의 꼭지 추세선 연결 방법은 거래량 하향 추세선을 밑으로 이탈한 거래량 1/의 바닥을 기점으로 하여 직후의 거래량과 연결하는 선이 거래량 추세선이다. 단, 직후의 거래량이 거래량 바닥 추세선 아래에 위치할 정도로 거래량이 감소했다면 거래량 꼭지 추세선은 연결이 불가능하다고 보고 거래량 바닥 추세선을 겸용으로 활용하고 거래량 겸용 추세선이라고 칭한다.

ⓛ 거래량 2/의 거래량 바닥 추세선과 꼭지 추세선의 연결 방법

- 거래량 2/의 바닥 추세선 연결 방법은 거래량 하향 추세선을 밑이나 위로 이탈한 거래량 2/의 거래량 중 밑으로 이탈한 거래량을 기점으로 하여 거래량이 증가하다가 첫 눌림 점(감소)의 거래량과 연결하는 선이 거래량 바닥 추세선이다. 단, 눌림점에 상응하는 주가가 상한가를 쳤다면 그 거래량을 눌림점으로 볼 수 없다.

- 거래량 2/의 꼭지 추세선의 연결 방법은 거래량 하향 추세선을 위나 아래로 이탈한 거래량 2/의 거래량 중 밑으로 이탈한 거래량을 기점으로 하여 직후의 거래량과 연결하는 선이 거래량 꼭지 추세선이다. 단 직후의 거래량이 거래량 바닥 추세선 아래에 위치할 정도로 거래량이 감소했다면 거래량 꼭지 추세선의 연결은 불가능함으로 거래량 바닥 추세선을 겸으로 활용하고 거래량 겸용 추세선이라 칭한다.

ⓒ 거래량 4/의 거래량 계단식 4/ 거래량 바닥 추세선과 꼭지 추세선의 연결 방법

- 보통 주식의 거래량 바닥 추세선과 거래량 꼭지 추세선의 연결 방법

거래량이 바닥에 도달하였을 때 거래량 하향 추세선을 위로 이탈하는 거래량 4/나 7/가 형성되었을 때 거래량 4/나 7/의 바닥을 기점으로 하여 꼭지와 꼭지를 연결하는 선이 거래량 꼭지 추세선이고 들린 바닥(눌림점)과 연결하는 선이 거래량 바닥 추세선이다.

▪ **폭등주나 급등주의 거래량 바닥 추세선 연결 방법**

거래량 바닥점에서 첫 눌림점(거래량 감소)을 연결하는 선이 거래량 바닥 추세선이다. 그러나 첫 눌림점이라도 첫 눌림점의 거래량에 상응하는 주가가 상한가를 쳤을 때는 그에 상응하는 거래량이 소량이라도 거래량 바닥 추세선과 거래량 꼭지 추세선 사이에 존재하는 것으로 인정하기 때문에 눌림점이 될 수 없다.

▪ **폭등주나 급등주의 거래량 바닥 추세선 연결 방법**

거래량 바닥 점에서 첫 번째 발생하는 거래량과 연결되는 선을 거래량 꼭지 추세선이라 한다. 만약 거래량 바닥 점에서 첫 번째 발생한 거래량과 연결된 선이 거래량 바닥 추세선과 겹쳐지거나 거래량 바닥 추세선 밑에서 연결되면 이것은 무효가 되고 이런 경우에는 거래량 바닥 추세선을 거래량 꼭지 추세선과 겸용으로 활용하며 이런 선을 거래량 겸용 추세선이라 한다.

◎ 거래량과 주가의 그래프 모양과 그에 상응하는 이동 평균선의 해석 원리

• • •

초보 투자자들이 이 책의 내용을 쉽게 이해하기 위해서는 우선 그래프 상에 표시된 거래량 봉과 주가봉, 이동평균선(MA선)등이 무엇이며 어떻게 형성되는가를 알아야 한다.

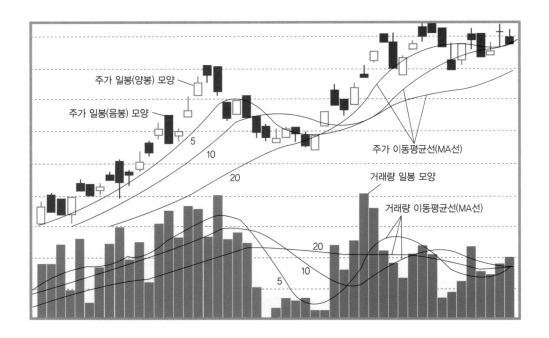

주가 일봉(양봉) 모양

주가 일봉(음봉) 모양

주가 이동평균선(MA선)

거래량 일봉 모양

거래량 이동평균선(MA선)

① 거래량의 봉 모양

거래량의 봉이 그래프 상에 표시된 모양은 위의 그래프와 같고 그 종류는 일
봉, 주봉, 월봉, 연봉 등이 있다. 일봉은 하루 동안 거래된 주식의 양을 한 개의
봉으로 표시하는 것이고, 주봉은 1주일간 거래된 양을, 월봉은 1개월간 거래된
양을, 연봉은 1년간 거래된 양을 각각 한 개의 봉으로 표시하는 것이다.

② 주가의 봉 모양

주가의 봉이 그래프 상에 표시된 모양은 위의 봉그래프와 같고, 그 종류로는
일봉, 주봉, 월봉, 연봉 등이 있다. 일봉은 하루 동안의 가격 변동 사항을 한 개
의 봉으로 표시하는 것이고, 주봉은 1주일, 월봉은 1개월, 연봉은 1년간 가격 변
동 사항을 각각 한 개의 봉으로 표시하는 것이다.

③ 이동 평균선(MA선)

⊙ 거래량 MA선

거래량 MA선은 5일, 10일, 20일, 40일, 60일, 120일, 240일 등이 있으나 현실적으로 거래량의 움직임을 분석할 때 많이 활용되는 것은 5일, 10일, 20일의 거래량 MA선이다. 그러나 실전에서는 거래량 MA선보다 거래량 추세선을 활용하는 것이 합리적이므로 필자는 후자를 많이 활용한다.

▪ 거래량 MA선 산출 방법

5일 거래량 MA선은 5일간의 거래량을 합산하여 5로 나눈 것이 제1일의 5일 MA선의 평균치가 된다. 2일째부터는 차례대로 5일 전의 거래량을 제외시키고 최근 거래량을 가산해서 5로 나눈다. 이렇게 계산된 5일 평균치의 연속된 선이 5일 MA선이다.

10일이나 20일 MA선을 산출하고자 할 때 처음 계산은 힘들지만 그 다음부터는 그 기간에 따라서 가장 오래된 거래량을 제외하고 새 거래량을 가산한 거래를 10 또는 20으로 나누어가면 어렵지 않게 평균치를 계산해 낼 수 있다.

⊙ 주가 MA선

주가 MA선은 5일, 10일, 20일, 40일, 60일, 120일, 240일, 480일, 960일등이 있으나 480일과 960일 MA선은 현실적으로 활용 빈도가 매우 낮다.

▪ 주가 MA선 산출 방법

주가 5일 MA선은 최근 5일간 종가를 합산하여 5로 나눈 수치가 제 1일의 5일치 평균치가 된다. 2일째부터는 차례대로 5일 전의 종가를 제외시키고 최근의 종가를 가산해서 5로 나눈다.

이렇게 계산된 5일 평균치를 선으로 연결한 것이 5일 MA선이다. 10일, 20일 그 밖의 MA선을 구하는 방법 역시 5일 MA선을 구하는 방법과 같은 식으로 하면 된다.

◎ 거래량 1/와 2/, 4/, 7/, 변칙적 7/, 계단식 4/ 등의 구성 원리를 분석한다.

• • •

① 거래량 1/(일박자) Ⓔ의 형성 과정과 구성 원리를 분석한다.

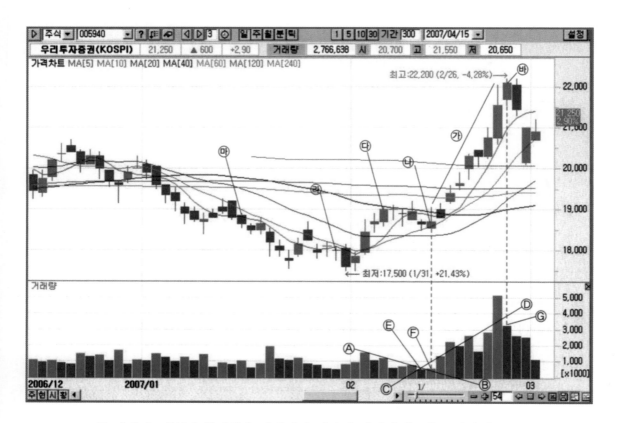

🌑 거래량 1/(일박자)라함은 거래량의 하향 추세선인 Ⓐ-Ⓑ를 따라서 거래량이 점점 감소 하는데 이 현상은 세력이 자신들의 보유 물량으로 주식을 매도했다 매수했다하면서 조금씩 매집해 나가는 현상이다.

그러는 동안 거래량이 바닥에 가깝게 감소했다고 예견이 되면 세력은 일절 주가의 매수 매도에 개입하지 않고 지켜만 본다.

그렇게 되면 주식을 매수 매도하는 층은 일반 투자자들만 남게 되는데 이때 일반 투자자들만이 매수매도 한 거래량이 거래량 1/Ⓔ와 같이 극소량으로 거래량 바닥이 되면 일반 투자가들의 보유 물량이 고갈 상태라고 예측하고 다음날부터 세력 자신들이 그동안 매집하여서 보유하고 있는 물량으로 주식을 매수와 매도를 교차해 가면서 갖은 계교와 술수를 총동원하여 거래량 Ⓕ에 상응하는 주가 ㉯와 같이 거래량과 주가를 조금씩 상승시켜 나가면 일반 투자자들도 이제는 조정이 끝나고 주가가 상승하는가 해서 주식을 조금씩 매수하게 되고 세력은 자신들이 목적한바 대로 주가를 상승시켜서 주식을 매도하여 목적 달성을 하는데 세력은 어떤 주식이든지 거래량과 주가 그래프의 형성 과정이 주가가 상승 할 수 있는 기본적인 구도가 갖추어져야 해당 주식에 관여한다는 것을 독자 여러분들은 알고 주식 투자에 임해야 할 것이다. (기본적인 구도란 민구은의 주식 4/이론의 거래량 1/, 2/, 4/, 7/, 계단식 4/, 주가 4/ 등이다)

❷ 본 주가 그래프를 분석한다면 거래량 하향 추세선인 Ⓐ-Ⓑ를 밑으로 이탈한 거래량 바닥 1/Ⓔ가 발생하였다.

❸ 거래량 바닥 추세선인 Ⓒ-Ⓓ를 따라서 거래량이 증가함으로 해서 그에 상응하는 주가는 ㉮와 같이 폭등을 하였다. 본 거래량 그래프에서는 거래량 꼭지 추세선을 연결 시킬 수가 없다. 거래량 바닥인 1/Ⓔ와 직후의 거래량인 Ⓕ와 연결 되어서 거래량 꼭지 추세선이 형성 되어야 하는데 거래량 Ⓕ가 거래량 바닥 추세선인 Ⓒ-Ⓓ선 밑에 위치하고 있기 때문이다.

❹ 본 그래프의 주가와 매수 시점은 거래량 하향 추세선인 Ⓐ-Ⓑ를 밑으로 이탈한 거래량 1/Ⓔ를 완성시킨 거래량 Ⓕ에 상응하는 주가 ㉯날이다.

주가 ㉯날의 ⑤일 MA선의 선유봉인 ㉰는 주가 ㉯날의 주가 값보다도 높은 값의 위치에 있으나 주가 10일 MA선의 선유봉인 ㉱와 주가 20일 MA선의 선유봉인 ㉲는 주가 ㉯날의 값보다도 낮은 값의 위치에 있기 때문에 ㉯날의 주가 선유봉 ㉰, ㉱, ㉲ 중 2대1의 비율로 주가 ㉯날의 주가 값보다도 낮은 값의 위치에 있는 선유봉이 ㉣와 ㉤로 2개이고 ㉯날의 주가의 주가 값보다도 높은 값의 위치에 있는 선유봉은 ㉢ 1개 뿐이므로 ㉯날의 주가가 상승하게 되어 있는 것이다. 이 현상을 주가 MA선의 2대1의 원칙이라고 한다.

◉ 본 그래프의 주가의 매도 시점은 거래량 바닥 추세선을 밑으로 이탈한 거래량 ⓖ에 상응하는 주가 ㉱날이다.

② 거래량 2/(이박자)의 형성과정과 구성원리를 분석한다.

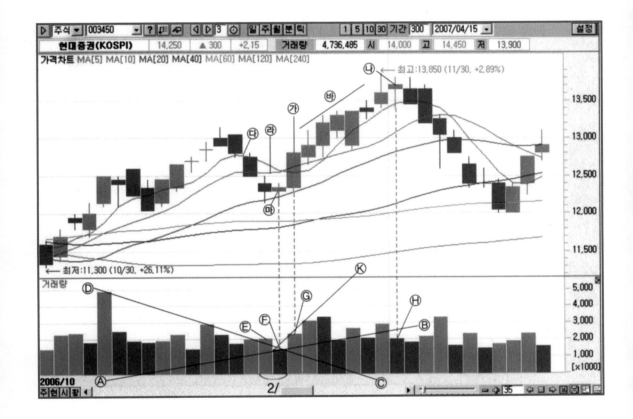

　❼ 거래량 2/(이박자)라 함은 거래량의 하향 추세선인 ⓒ-ⓓ를 따라가면서 거래량이 감소하다가 거래량이 바닥시점에 가까워졌다고 예측이 될 때 돌연 거래량 하향 추세선인 ⓒ-ⓓ를 거래량이 위로 이탈했다가 다음날은 거래량이 거래량 하향 추세선인 ⓒ-ⓓ를 밑으로 이탈하는 경우를 말한다.

　❽ 거래량 하향 추세선인 ⓒ-ⓓ를 처음 위로 이탈한 ⓔ의 거래량은 세력이 거래량 바닥을 확인하기 위하여 세력이 보유하고 있는 주식 물량으로 매도와 매수를 병행하면서 개미들의 보유 물량을 예측해 보는 것이다. 그러므로 거래량 ⓔ

가 거래량 하향 추세선인 ⓒ-ⓓ를 위로 이탈은 하였으나 거래량 ⓔ의 물량으로 볼 때 개미들의 보유 물량이 크게 많지 않다는 것이 예측되었다.

ⓒ ⓔ의 거래량 물량 중 개미들의 물량이 어느 정도 되는지를 재확인하기 위해서 세력은 ⓕ날에는 주식 물량의 매수 매도에 개입하지 않고 일단 관망해보는 것이다. 세력이 관망해본즉 거래량은 전날 ⓔ보다 월등히 감소하여 거래량 하향 추세선인 ⓒ-ⓓ를 밑으로 이탈하는 현상이 발생하였으므로 개미들의 보유 물량이 극소량이라고 예측하고 다음날인 ⓖ날부터 세력이 거래량을 매집하였기 때문에 거래량이 증가하면서 그에 상응하는 ㉮의 주가부터 상승하는 것이다.

ⓔ 여기에서 특기할 것은 거래량 바닥인 ⓕ에 상응하는 ㉱날의 주가가 바닥이 되며 주가가 반등을 확실히 할 수 있는가를 가늠하는 주가 MA선의 1선 추월의 원칙의 분석이다. 즉 5일 MA선이 ㉱점에서 하향을 했으므로 주가는 일단 10일 MA선을 1선 추월하여 20일 MA선까지 주가가 하락한다는 것이 예측되어 있는 것이다. 그러나 주가가 20일 MA선에서 반등을 할 것인지 아니면 20일 MA선을 밑으로 깨고 하락 할 것인가를 가늠하는 것은 10일 MA선의 향방에 달려 있는 것이다.

ⓜ 다행이 10일 MA선이 ㉰점에서부터 상향했기 때문에 주가의 반등 지점은 20일 MA선이라는 것이 예측되는 것이다. 만약, 10일 MA선이 ㉰점에서부터 하향을 했다면 주가는 20일 MA선을 밑으로 깨고 하락 했을 것이다.

ⓗ 이 시점에서 특히 유의할 것은 주가가 20일 MA선을 누르고 주가가 반등한 ㉱날과 거래량의 바닥날인 ⓕ날이 같은 날로 일치한다는 것이다. 그러므로 거래량의 바닥점이 예측되는 날과 이에 상응하는 주가 MA선의 1선 추월의 원칙의 분석을 세밀이하여 주가의 바닥(반등점)을 자신있게 확인 하는 것이 대단히 중요하다.

ⓢ 거래량 2/도 거래량 1/나 거래량 4/나 거래량 계단식 4/나 거래량 5/등과 같이 주식의 매수 시점을 예측하는 좋은 기술적 분석 기법이 되는 것이다.

◎ 본 그래프의 거래량 마다 추세선인 Ⓐ—Ⓑ 와 거래량 꼭지 추세선인 Ⓐ—Ⓚ사이에서 거래량이 증가함으로서 그에 상응하는 주가는 ㉫와 같이 상승한 것이다.

ㅈ 본 그래프 주가의 매수 시점은 거래량 하향 추세선인 Ⓒ—Ⓓ를 위와 아래로 이탈한 거래량 2/(이박자)를 완성시킨 거래량 Ⓖ에 상응하는 주가 ㉮날이다.

ㅊ 본 그래프의 주가의 매도 시점은 거래량 바닥 추세선인 Ⓐ—Ⓑ를 밑으로 이탈한 거래량 Ⓗ에 상응하는 주가 ㉯날이다.

② 거래량 2/(이박자)의 형성과정과 구성 원리를 분석한다.

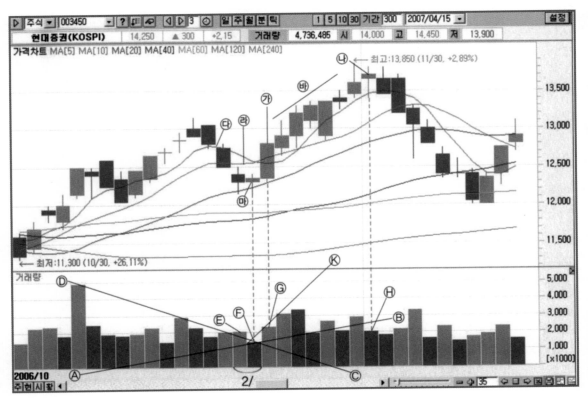

※ 독자들을 위하여 같은 그래프를 하나 더 넣음.

③ 거래량 4/가 형성되는 과정과 그 중요성을 분석한다.

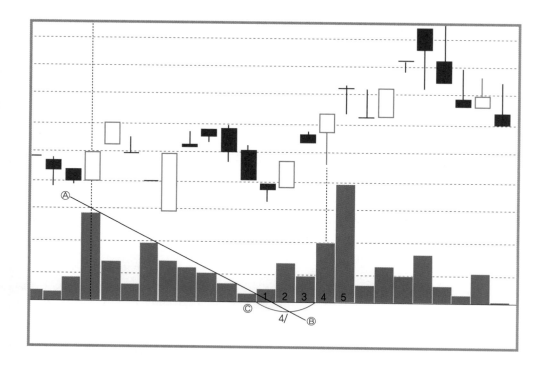

　❐ 거래량이 꼭지에서 점점 감소하면서 그래프 상의 거래량 하향 추세선 Ⓐ-
Ⓑ를 위로 이탈한 거래량 ①이 거래량 4/의 첫째 날이다. 계속 상승하던 주가가
어느 날부터 꼭지를 치고 하락을 계속하는데도 일반 투자자들은 재상승을 기대
하면서 매도하지 않고 기다리거나 손절매를 하게 된다. 이처럼 대부분의 투자자
들은 거래량이 바닥 가까이까지 감소하면 그에 상응하는 주가가 많이 하락하게
되므로 더욱 하락하지나 않을까 걱정되어 손절매해 버리게 된다. 그렇게 되면 세
력은 이것들을 전부 매집하게 되고, 일부 투자자들의 더 이상 손절매할 물량이
없어질 정도가 되면 거래량은 바닥이 되는 것이다.

이때가 Ⓐ-Ⓑ의 거래량 하향 추세선을 밑으로 이탈하는 바닥인 ⓒ날이 되고, 다음날 거래량이 약간 증가하면서 거래량 추세선을 위로 이탈하는 4/의 첫째 날인 그래프 상의 ①이 되는 것이다.(그러나 거래량 ⓒ날의 바닥이 4/의 첫째 날이 되는 경우도 많다. 이런 경우를 가상해 본다면 ⓒ날이 4/의 첫째 날이 되려면 ②의 거래량이 ⓒ보다는 많고 ①보다는 적게 형성되어야 한다)

그러므로 4/의 첫째 날은 거래량이 약간 증가한 상태에 있으나 그때까지 주가가 큰 폭으로 하락했기 때문에 일반 투자자들은 공포에 질려 주식을 매수할 엄두를 내지 못한다. 이와 반대로 세력은 전날까지 주가를 하락시키면서 매집한 물량의 가격을 높이기 위해 이번에는 주가를 올리면서 매집을 계속하게 된다. 이런 현상이 거래량 4/의 첫째 날이 되는 것이다.

Ⓛ 거래량 4/의 둘째 날은 비교적 주식 거래가 활발하게 진행되는데, 이것은 거래량이 증가하면서 주가가 오랜만에 상승하자 일반 투자자들이 갈팡질팡하면서 매도와 매수를 병행하기 때문이다. 이런 현상의 반복으로 주식 거래량은 증가한다. 이것이 거래량 4/의 둘째 날이며, 그래프상에서는 ②번 날이다.

Ⓒ 거래량 4/의 셋째 날은 거래량이 감소하여 4/의 첫날 거래량에 대한 들린 바닥이 된다(거래량 그래프 3) 세력이 전날 상승한 주식을 오늘은 주가의 호가를 조절하여 시초가부터 하락시켜 일반투자자에게 공포감을 주게되면 일반투자자들은 비록 손절매가 되더라도 매도를 할 수 밖에 없으며, 세력은 이 기회를 이용해 다시 매집을 시도한다. 이때 세력은 매집한 물량을 적절히 조절하여 거래량 4/의 들린 바닥을 만든다.

Ⓡ 거래량 4/의 넷째 날은 위의 내용대로 거래량 4/가 형성되었으므로 주식의 매수 시점은 그래프상의 ④번 날이다. ④번은 Ⓐ-Ⓑ의 거래량 하향 추세선을 위로 이탈한 거래량이 ①, ②, ③번으로 4/를 형성시키고 난 다음날이기 때문에 세력은 매집을 완료하고 주가를 상승시키기 시작한다. 그러므로 이 책을 읽은 투자자들은 이날 세력을 따라서 주식을 매수해야 한다.

④ 거래량 7/가 형성되는 과정과 그 중요성을 분석한다.

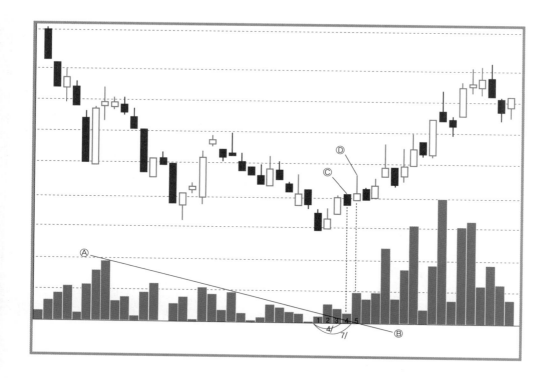

　거래량이 꼭지에서 점점 감소하면서 그래프상의 거래량 하향 추세선 Ⓐ-Ⓑ
를 위로 이탈한 거래량 4/가 형성되고난 다음날의 거래량이 감소하는 구도가 거
래량 7/이다.

　🅖 거래량 하향 추세선 Ⓐ-Ⓑ를 위로 이탈한 거래량의 구도가 거래량 봉 ①,
②, ③과 같이 ①에 대한 ③의 거래량이 들린 바닥이 되면 거래량 4/가 되는 것
이고 4/ 다음날의 거래량 봉 ④가 거래량 봉 ③보다 거래량이 증가해야 정상적
인 거래량 4/가 완성되어 그에 상승하는 주가가 상승하게 된다.

　🅛 그러나 본 그래프에서는 거래량 봉 ④가 거래량 봉 ③보다 거래량이 감소

하여 거래량 7/로 늘어지게 되었다. 거래량 7/가 형성되는 요건도 본 거래량 구도와 같이 거래량 봉 ④가 ③보다는 낮더라도 바닥 거래량 봉인 ①보다는 높아야 한다.

ⓒ 거래량 7/의 눌림적인 거래량 봉 ④보다 거래량 봉 ⑤가 크게 증가함으로써 거래량 봉 ①, ②, ③, ④, ⑤로서 거래량 7/가 완성되고 그에 상응하는 주가 ⓓ도 상승한다.

ⓔ 본 그래프에서는 거래량 7/의 눌림적인 거래량 봉 ④에 상응하는 주가가 ⓒ와 같이 하락하였는데 이것은 일반적인 현상이다. 그러나 증권시장이 활황일 때나 당해 종목에 대한 호재가 있을 경우에는 상승하는 경우가 있다.

따라서 거래량 7/의 눌림점에 상응하는 주가가 상승할 시에는 그에 상응하는 거래량 7/가 완성될 확률이 높고 주가 역시 상승할 가능성이 높다.

ⓜ 본 그래프에서의 주가의 매수 시점은 거래량 7/가 완성된 거래량 ⑤에 상응하는 주가 ⓓ날이 되는 것이며 이때부터 주가는 상승하게 되는 것이다.

/투/자/격/언/

투자에 성공하려면 타이밍과 종목 선택을 잘해야 한다.
주식투자는 두 가지 선택 문제로 귀결된다. 타이밍 선택과 종목 선택이 그것이다. 주식 시장에는 종합주가지수가 올라도 못 오르는 주식이 있는가 하면 거꾸로 하락하는 주식도 있다. 타이밍 선택과 함께 종목 선택을 잘해야 투자에 성공할 수 있다.

⑤ 변칙적인 거래량 7/의 구성 요건과 그에 상응하는 주가에 미치는 영향을 분
석한다.

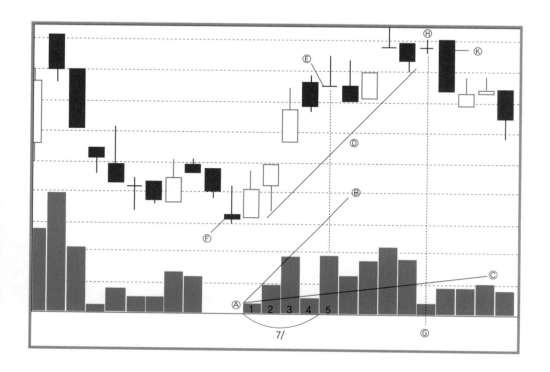

❼ 거래량 ①, ②, ③까지는 거래량이 바닥에서 형성되어야 하는 기본 구도가
아무것도 형성되지 못하고 거래량 ④에 가서 거래량 7/가 형성되었다. 그러므로
거래량 ①, ②, ③, ④로 형성된 거래량 7/는 변칙적인 거래량 7/이다.

❽ 거래량 ①과 ④를 연결시킨 Ⓐ-Ⓒ의 추세선은 거래량 바닥 추세선이고 거
래량 ①과 ②를 연결시킨 Ⓐ-Ⓑ의 추세선은 거래량 꼭지 추세선이다. 거래량 바
닥 추세선인 Ⓐ-Ⓒ와 거래량 꼭지 추세선인 Ⓐ-Ⓑ사이에서 거래량이 증감하면
서 계속 증가하면 그에 상응하는 주가도 Ⓓ와 같이 상승하게 된다.

ⓒ 위 그래프에서 매수 시점은 거래량 7/가 형성되고 난 다음날인 ⑤의 날에 상응하는 주가 Ⓔ이다. 그러나 주가 Ⓔ는 주가 바닥 Ⓕ에서 볼 때 지나치게 많이 상승했다는 것을 알 수 있다. 그러므로 주가 바닥에서 매수 할 수 있는 방법이 없을까 하고 한번쯤 고민하게 될 것이다. 주가의 바닥 근처에서 매수할 수 있는 기법이 분명 있으나 여기에서는 변칙적인 거래량 7/의 구성 요건과 그에 상응하는 주가에 대해 살펴볼 예정이므로 생략하기로 한다.

ⓡ 본 그래프상의 주가의 매도 시점은 거래량 바닥 추세선인 Ⓐ-Ⓒ를 밑으로 이탈한 거래량 Ⓖ에 상응하는 주가인 Ⓗ날이나 다음날인 Ⓚ날이다.

/ 투 / 자 / 격 / 언 /

주식투자는 자기 나름의 소신을 가지고 해야겠지만 너무 자기생각에만 집착해서는 안된다.

고집이 지나치게 세고 융통성이 부족한 성격의 사람은 주식투자가 적성이 아닌 것으로 알려지고 있다. 상황이 불리하고 자기 판단이 잘못되었다고 생각하면 하루아침에 시세관을 180도 바꾸는 유연성이 주식투자에는 절대적으로 요구된다.

⑥ 변칙적인 거래량 7/가 처음부터 예견되었던 그래프를 분석한다.

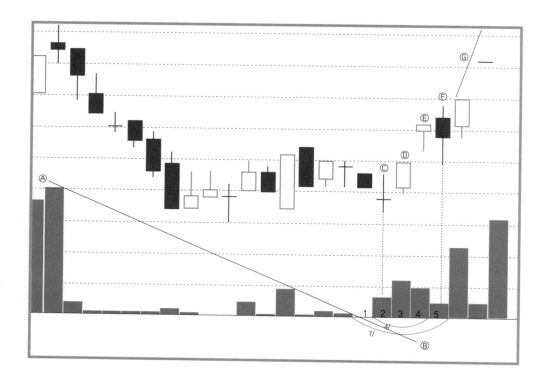

　❼ 일반적으로 거래량 바닥 ①을 기점으로 하여 ②가 4/의 꼭지가 되고 ③이 눌림이 되어 거래량 4/가 형성되는데, 위 그래프에서는 4/의 거래량 꼭지가 될 거래량 ②에 상응하는 주가 ⓒ가 상승하지 않고 하락했다는 것은 거래량 바닥 ①을 기점으로 한 4/가 아닌 7/나 다른 모양을 형성하겠다는 뜻이 내포되어 있는 것이다.

　❶ 그러므로 거래량 ③이 증가하여 그에 상응하는 주가 ⓓ도 상승하였으므로 거래량 ③은 7/의 꼭지로 진행되고 있는 것이다. 다음날인 ④의 거래량은 눌림을 받았으나 그에 상응하는 주가 ⓔ는 상승했다. 4/의 눌림날에 주가가 상승했

다는 것은 4/의 눌림상 맞지 않은 것이다(폭등주는 상승하는 경우도 있음). 그 이유를 분석한다면 본 그래프는 거래량 ①과 ②가 형성될 때부터 거래량 바닥을 ①로 하는 4/가 아닌 7/를 형성시킬 각본대로 움직였다고 볼 수 있는 것이다.

ⓒ 거래량 ①의 기점으로 하여 거래량 ④까지 형성된 모양은 4/도 아니고 7/도 아닌 미완성품이다(거래량 ②, ③, ④만 떼어놓고 보면 4/의 모양이 분명하다). 그러나 ⑤의 거래량이 ①과 ②의 거래량 사이의 량으로 눌림을 주었기 때문에 거래량 ①로부터 들린 바닥이 되어 7/가 형성되었고 그에 상응하는 주가 Ⓕ도 눌림을 받았으며 다음날부터 거래량이 증가하고 주가도 급등하였다.

ⓔ 그러므로 본 그래프에서는 거래량 ③에서 7/로 진행될 것을 예측해야 할 것이다. 즉 거래량과 주가가 4/의 눌림 날에 거래량 ③과 주가 Ⓓ가 각각 상승했다는 것은 7/로 진행될 것을 암시한 것이다.

⑦ 변칙적인 거래량 7/가 완성되는 과정을 분석한다.

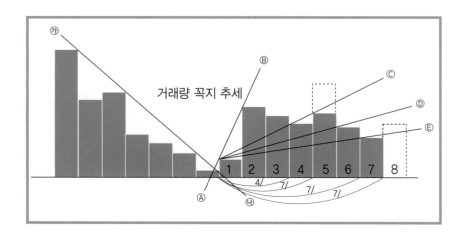

🔵 거래량 하향 추세선인 ㉮-㉯를 위로 이탈한 거래량 ①, ②, ③은 거래량 4/이며 ①, ②, ③, ④까지는 거래량 7/가 형성되었다. 그런데 거래량 ⑤에서 문제가 발생했다. ⑤의 거래량은 ④의 거래량보다 증가하였으므로 일단 7/가 완성되는 것으로 착각할 수 있으나 그렇지는 않다. 왜냐하면 ⑤의 거래량이 증가하더라도 당시의 거래량 바닥 추세선인 Ⓐ-ⓒ를 위로(점선까지) 돌파하는 거래량이 형성되어야 7/가 완성되고, 그에 따라 주가의 동반 상승도 가능하기 때문이다.

🔵 따라서 ⑤의 거래량의 위치는 다음날인 ⑥의 거래량이 크게 증가해서 Ⓐ-ⓒ의 거래량 바닥 추세선을 위로 돌파해서 7/를 완성시키느냐, 아니면 ⑤의 거래량보다 감소(그래프상의 ⑥의 거래량 정도)해서 거래량 7/로 이어지느냐 하는 기로에 선 시점이라고 할 수 있다.

🔵 불행히도 ⑥의 거래량은 ⑤의 거래량보다 감소하여 거래량 7/가 이어지게 되었다. 따라서 거래량 바닥 추세선도 Ⓐ-ⓒ에서 Ⓐ-ⓓ로 바뀌게 되었다(이때부터는 Ⓐ-ⓒ의 추세선은 중간 추세선이 되며 중간 추세선은 여러 개가 형성될

수도 있다).

ㄹ ⑦의 거래량이 ⑥의 거래량보다 증가하여 새로 형성된 거래량 바닥 추세선인 Ⓐ-Ⓓ를 위로 돌파하면 7/가 완성되고, 그에 상응하는 주가도 따라서 상승하게 되는 ⑦의 거래량이 ⑥의 거래량보다 감소하여 또다시 거래량 7/가 이어지면서 거래량 바닥 추세선이 Ⓐ-Ⓓ에서 Ⓐ-Ⓔ로 바뀌게 되었다.

ㅁ 이 시점에서 주목할 것은 거래량 7/가 계속 이어짐으로써 거래량 바닥 추세선의 각도가 점점 낮아진다는 사실(Ⓐ-Ⓒ에서 Ⓐ-Ⓔ로)과 이로 인해 다음날인 ⑧의 거래량이 크게 증가하지 않더라도 Ⓐ-Ⓔ의 거래량 바닥 추세선을 위로 돌파할 수 있을 것이라는 사실이다. 그러므로 거래량 7/가 여러 날로 이어질수록 거래량 바닥 추세선의 각도가 낮아짐으로써 적은 거래량으로도 거래량 바닥 추세선을 위로 돌파하여 거래량 7/가 완성될 수 있으며 따라서 그에 상응하는 주가도 상승하게 되는 것이다.

/투/자/격/언/

움직이지 않는 주식에는 손대지 말라
주가의 진행 방향은 한번 정해지면 상당 기간 동안 같은 방향으로 움직이므로 이 움직이는 방향에 편승하는 것이 가장 쉽고 확실한 투자 방법이다. 반면 움직이지 않은 주식은 앞으로 오르게 될지 내리게 될지 알 수 없으므로 그만큼 투자에 대한 위험성이 커진다.

⑧거래량 계단식 4/의 형성 과정을 분석한다.

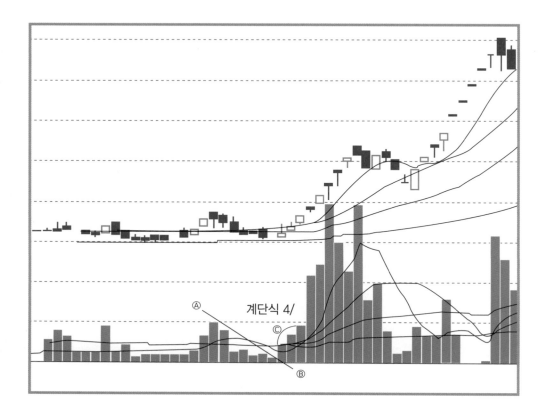

계단식 4/

Ⓐ
Ⓑ
Ⓒ

㉠ 거래량 계단식 4/의 형성과정을 분석해 보면 주가가 지루한 횡보나 하락 추세로 이어질 때 주가의 반등과 함께 그에 상응하는 거래량이 계단식으로 증가하거나, 장기간에 걸쳐 하락 내지 횡보하던 주가가 마지막 조정을 받았을 때 그에 상응하는 거래량이 도리어 증가하기도 한다. 이때 증가하는 거래량의 모양이 계단식 4/가 되는 것이다. 그러므로 계단식 4/의 모양을 구체적으로 표현하면 Ⓐ-Ⓑ의 거래량 하향 추세선을 위로 이탈한 거래량이 바닥에서 증가할 때 계단식으로 일정한 간격을 유지하면서 연속 세번이상 형성되는 경우라 할 수 있다.

ⓛ 거래량 계단식 4/의 형성 과정을 세력과 연관지어 분석해 보면 주가가 장기간 하락하던 일정한 패턴을 벗어나 급락하게 되면 (이때의 급락은 세력의 작전임) 일부 투자자들은 그 동안 하락세였음에도 불구하도 매도하지 않고 버텨오다가 보유 물량을 매도하게 된다. 세력은 이때를 놓치지 않고 매집하는 현상이 거래량 계단식 4/로 표현되는 것이다. 거래량의 하향 추세선인 Ⓐ－Ⓑ를 거래량 Ⓒ가 위로 이탈하여 계단식으로 3일간 증가하는데 이때 거래량의 변동폭이 일정하게 이루어져 거래량 계단식 4/를 형성하게 된다. 계단식 4/의 형성 이후에는 거래량이 크게 증가하고 그에 상응하는 주가도 급등하게 된다. 그러므로 거래량 계단식 4/가 형성되면 그에 상응하는 주가는 급등주나 폭등주가 될 확률이 매우 높다.

/투/자/격/언/

시장 분위기에 도취되지 말라.
주식 시장에는 항상 어떤 분위기가 형성되어 있다. 낙관적인 분위기라든가 비관적인 분위기, 혹은 관망적인 분위기가 그것이다. 이러한 분위기는 불합리한 인간 심리나 단면적인 투자 판단에 좌우되므로 수시로 변한다. 따라서 객관적이고 냉정한 상태에서 시장의 흐름을 분석하고 투자 판단을 내려야 성공 확률이 높아진다.

◎ 주가 4/의 구성 원리를 분석한다.

• • •

① 주가 4/가 형성되는 과정을 분석한다.

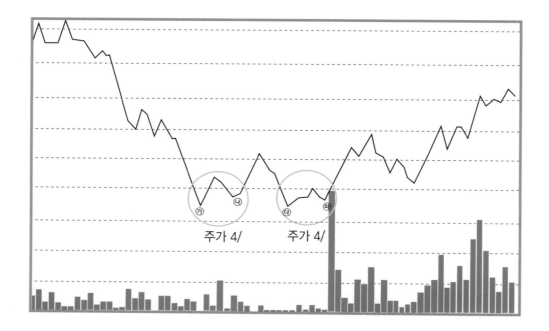

　🕐 우리는 지금까지 거래량 4/에 대해 살펴보았다. 그러나 주가에도 4/가 있다는 사실을 기억해 두기 바란다. 독자 여러분의 이해를 돕고자 봉그래프가 아닌 선그래프를 이용해 분석해 보았다. 선그래프에 있어서의 주가 4/를 완전히 이해하고 나면 여러분 스스로 봉그래프를 분석해 낼 수 있는 능력이 생기리라 믿기 때문이다.

　🕒 두 개의 원 안에 있는 주가의 선그래프는 각각 4/의 모양이다. 그리고 두 개의 원 안의 선그래프는 쌍바닥 모양을 하고 있고, 원과 원도 쌍바닥이라 할 수 있다. 두 개의 쌍바닥만 발생해도 매수 시점으로 보는데 네 쌍바닥이 발생했으니

두말할 나위 없이 좋은 매수 시점이라 할 것이다.

그렇다면 주가 4/는 어떤 모양을 두고 하는 말인지 독자 여러분은 매우 궁금하게 생각할 것이다. 원 안의 ㉮와 ㉯에 있어서 ㉮보다 ㉯가 높아야 한다. 즉 주가가 ㉮보다 ㉯가 높아야 한다는 뜻이다. 그러므로 ㉮로부터 ㉯가 들린 바닥이 되어야 하는 것이다. ㉰, ㉱도 같은 이치이다. 다만 ㉮, ㉯의 4/와 다른 점이 있다면 네 쌍바닥을 만들어낸 4/로서 그 후부터 주가가 크게 상승했다는 사실이다. 주가 4/에 대한 거래량의 움직임이 어떠한지에 대해서는 뒤에서 좀 더 자세히 다루도록 하겠다.

② 주가 4/를 뒷받침하는 거래량은 어떤 형태로 구성되어야 하나?

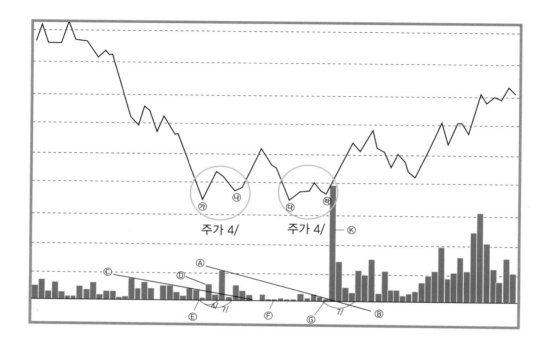

🗣 거래량 하향 추세선 Ⓐ–Ⓑ를 위로 이탈한 거래량Ⓚ가 주가 바닥에서 많은 거래량을 형성시켰다는 것은 대단한 호재라 할 수 있다. 또한 거래량이 7/가 형성되기도 했는데 바닥의 7/는 거래량 추세선 Ⓐ–Ⓑ를 위로 이탈한 후 거래량이 점점 줄면서 주가가 상승하는 좋은 모양이 된 것이다. 주가가 상승하면서 거래량이 감소한다는 것은 특히 바닥권에서는 매수자는 많은데 매도자가 없다(씨말림 현상)는 뜻으로 매우 좋은 현상이다. 그러므로 이 주식이 폭등으로 이어진 것이다.

🗣 거래량 Ⓕ에서 Ⓖ까지는 작은 거래량 패턴으로서 Ⓖ가 Ⓕ에 대해서 들린 바닥이 되어 계속 연결되는 7/의 첫 점인 바닥점과 동일하게 되었고 특히 Ⓐ–Ⓑ의 거래량 하향 추세선을 밑으로 이탈한 거래량 7/인 Ⓖ로 인하여 주가 상승의

중요한 계기가 되었다. 주가는 이런 거래량의 형성 시점과 동시에 거래량 7/를 형성시키면서 주가를 폭등시킨 것이다.

ⓔ 거래량 추세선 ⓒ를 밑으로 이탈한 거래량 ⓔ와 위로 이탈한 ⓓ가 연속 발생 하였고 또한 거래량이 4/에서 7/로 이어져 형성되었으므로 그에 상응하는 주가 4/가 ㉮-㉯가 상승하지 않을 수 없게 된 것이다.

③ 주가 4/의 봉그래프를 분석한다.

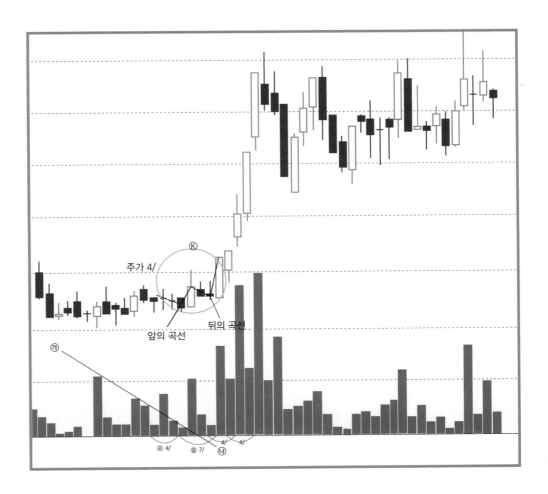

◯ᄀ 주가 4/는 Ⓚ의 원내에 구성되어 있는 주가의 봉을 말하는 것으로 종가 기준으로 선그래프로 바꾸어보면 Ⓦ형이 되면서 Ⓦ뒤의 곡선이 앞의 곡선보다 약간 높아야 주가 4/라고 할 수 있고 4/이후의 주가는 상승하는 것이다.

◯ㄴ 주가가 원내 Ⓚ와 같이 4/가 형성된 후 주가가 크게 상승하는 것도 주가가 4/에 상응하는 거래량 모양이 ㉮–㉯의 거래량 하향 추세선을 위로 이탈한 Ⓐ,Ⓑ와 같이 거래량 4/와 7/를 형성하였기 때문이다.

④ 주가 4/와 거래량 7/가 동시에 형성된 그래프를 분석한다.

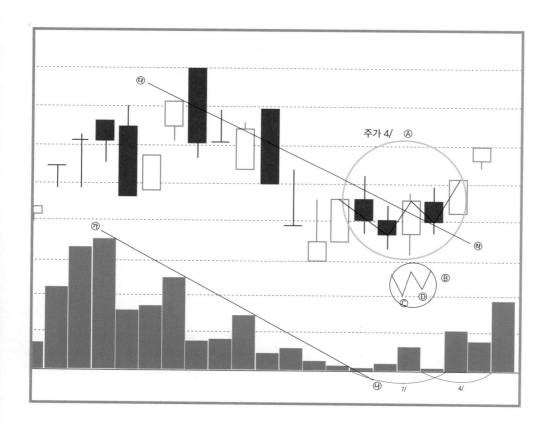

ㄱ 거래량 하향 추세선 ㉮–㉯를 거래량이 위로 이탈하고 7/와 4/를 연속 형성시켰다.

ㄴ 또한 거래량 7/에 상응하는 주가는 주가 추세선 ㉰–㉱를 위로 이탈한 주가 4/(Ⓐ,Ⓑ의 원내 참조)를 형성시켰다.

ㄷ 주식을 매수할 때는 반드시 그래프와 같이 거래량은 하향 거래량 추세선인 ㉮–㉯를 위로 이탈하는 거래량7(4/도 무방함)가 형성되고 그에 상응하는 주가는 주가 그래프의 하향 추세선인 ㉰–㉱를 위로 이탈하는 주가 4/가 형성된 (Ⓐ의 원내) 그래프의 주식을 선택하면 결코 후회하지 않은 것이다.

Ⓑ의 원내 Ⓦ자 모양은 Ⓐ의 원내 4/의 주가봉을 종가 기준으로 그린 선그래프의 주가 4/의 모형이다. 주가 4/의 필수 요건은 Ⓑ원내의 Ⓦ자 모양의 Ⓒ보다 Ⓓ가 반드시 높아야 한다. 왜냐하면 Ⓓ가 Ⓒ에 대하여 들린 바닥이 되어야 하고, 주가는 들린 바닥의 연속이 아니라 바닥이 내려가면 주가가 하락하고 들린 바닥이 연속되면 상승하기 때문이다.

Part 2

Part 2

민구은의
주식 사박자(4/)
이론을
분석하는데
필요한
기본 공식

Part 2

민구은의 주식 사박자(4/)이론을 이용해 주가 그래프를 분석하기 위해서는 먼저 기본 공식을 제대로 익혀야 한다. 대표적인 기본 공식이 10여 가지 있는데 이들 공식을 모른 채 다음으로 넘어가게 된다면 잡념만 생기고 이 책을 읽는 것 자체에 싫증을 느끼게 될 것이다. 그렇게 되면 모처럼 신이론인 민구은의 주식 사박자(4/)이론을 접했다고 하더라도 이를 자기 자신만의 투자 기법으로 만들지 못하고 옛날로 돌아가 남이 추천해 주는 종목이 없나하고 투자설명회나 기웃거리는 악순환이 반복될 수밖에 없다.

남이 추천해 주는 종목만 믿고 투자를 했다가는 돈이 아니라 물 밖에 먹을 것이 없다는 말은 수없이 해왔다. 그렇기 때문에 여기서는 생략하고 여러분이 투자자로서 홀로서기에 성공할 수 있기를 바라는 마음에서 민구은의 주식 사박자(4/)이론의 기본 공식을 상세하게 알려드리고자 한다.

◎ 거래량과 주가의 패턴 분류는 왜 필요한가?

• • •

　거래량의 패턴 분류는 주가의 지속적인 상승과 불가분의 관계에 있다. 주가는 거래량의 그림자로서 주가가 계속 상승하기 위해서는 그에 상응하는 거래량이 증가해야 하는데, 거래량이 무한정 증가할 수 없는 것은 주식의 유통 물량이 한정되어 있기 때문이다. 그러므로 거래량이 일정 기간까지 증가하면서 그에 상응하는 주가를 상승시켜 놓고 거래량이 감소하여 다시 새로운 거래량 바닥을 형성하고 이 새로운 바닥에서 다시 거래량이 증가하면서 그에 상응하는 주가를 상승시켜 줌으로써 주가는 계속 상승패턴으로 이어갈 수 있는 것이다.

　따라서 거래량이 증가하는 패턴이 끝이나고 거래량 바닥이 형성됨으로써 새로운 거래량 패턴이 만들어지는 과정을 반복하면서 거래량 그래프가 이어지는 것이다.

　이 시점에서 주목해야 할 것은 거래량 그래프를 보면 거래량이 증가와 감소를 반복하면서 이어지는데 어느 시점을 경계로 해서 거래량 패턴을 분리할 것이냐 이다. 이러한 난제에 대한 해답은 다음에 살펴보게 될 현실적인 거래량 그래프에 자세하게 설명되어 있으니 이를 참조하기 바란다.

◎ 거래량 패턴 분류에는 거래량 추세선 연결이 필수적이다.

• • •

① 거래량 패턴의 분류방법과 거래량 추세선 연결방법을 분석한다.

　㉠ 본 주식의 거래량 Ⓨ패턴에서 거래량 ①이 거래량의 바닥점으로 결정된 것은 직전 거래량 패턴에서 형성시켜 준 것이기도 하다. 그러나 거래량 바닥점인 거래량 ①을 기점으로 하여 ㉮-㉯의 거래량 추세선은 거래량 꼭지 추세선이고, ㉮-㉰는 중간 추세선, ㉮-㉱는 바닥 추세선인데 바닥점 거래량 ①에서 시작한

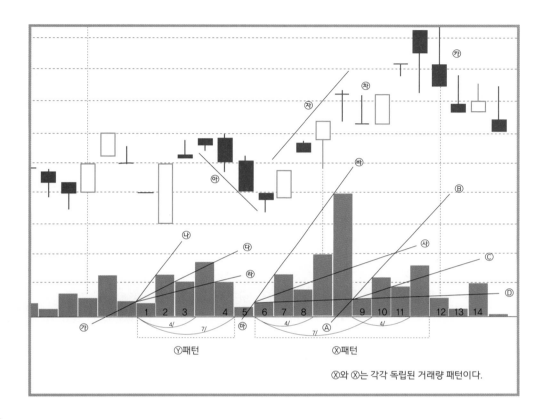

ⓧ와 ⓧ는 각각 독립된 거래량 패턴이다.

패턴이 거래량 ③에서는 4/가 되었고 거래량 ④에서는 7/까지 형성되었으므로 거래량 ①이 본 거래량 패턴의 바닥점으로 인정되는 것이다. 그러므로 거래량 ①을 바닥점으로 하여 거래량 ④를 경유하는 거래량 추세선 ㉮-㉰가 가장 낮은 선이기 때문에 거래량 바닥 추세선이 된다.

Ⓛ 거래량 Ⓨ패턴에서 거래량④가 발생하기 전까지는 ㉮-㉯의 거래량 중간 추세선이 거래량 바닥 추세선이었다.

Ⓒ Ⓨ패턴에서 거래량 바닥 추세선 ㉮-㉰를 밑으로 이탈한 거래량 ⑤가 거래량 Ⓨ패턴의 바닥점인 ①보다 적게 거래량이 형성되었으므로 거래량 Ⓨ패턴은 일단 종료된 것이다. 그러나 거래량 Ⓨ패턴에 상응하는 주가가 거래량 Ⓨ패턴이

종료되기 전까지는 ㉮와 같이 하락하고 있었기 때문에 거래량 ⑤가 ㉮-㉰의 거래량 바닥 추세선을 밑으로 이탈함으로써 그에 상응하는 주가는 ㉳와 같이 상승으로 전환되었다.

　❷ 거래량 ⑤가 이후 진행되는 거래량 패턴의 바닥점이 되지 못하고 거래량 ⑥이 바닥점이 된 이유는 이미 살펴보았으나 한 번 더 언급하면은 거래량의 바닥점을 정하는 것은 직전 거래량 패턴의 바닥 거래량보다 현재의 바닥 거래량이 적게 형성되면 그 적게 형성된 거래량이 바닥점이 되어 4/나 7/가 형성되었을 때 즉, 그 바닥이 곧 새로 형성되는 거래량 패턴의 바닥점이 되는 것이다.

　그러나 거래량 Ⓧ패턴에서는 거래량 ⑤를 기점으로 거래량 4/와 7/가 연속 형성되지 못하였으나 거래량 ⑥을 기점으로 거래량 4/와 7/가 연속 형성되었기 때문에 거래량 ⑥이 거래량 Ⓨ패턴의 바닥점이 된 것이다.

　여기서 예외적으로 언급하고자 하는 것은, 거래량 ⑤과 같은 바닥점은 거래량 ⑤를 바닥으로 하여 거래량 4/나 7/의 바닥이 형성되지 못한 경우의 거래량 바닥이므로, 이런 바닥점을 기점으로 하여 연결되는 거래량 추세선은 거래량이 급증하여 그에 상응하는 주가가 폭등주나 급증주가 되는 주가 그래프일 때 적용한다.

　❸ 거래량 Ⓧ패턴에서는 거래량 ⑥을 바닥점으로 하여 거래량 ⑧까지는 4/이고 ⑨까지는 7/이다. 그러므로 거래량 바닥 ⑥을 기점으로 하여 ㉱-㉲는 거래량 꼭지 추세선이고 ㉱-㉴는 바닥 추세선이다. 그런데 거래량 ⑨가 ㉱-㉴의 거래량 바닥 추세선을 밑으로 이탈했으나 거래량 ⑥을 기점으로 한 거래량 패턴 상으로는 거래량 ⑨까지가 거래량 7/가 형성되었다. 그러므로 이 시점의 거래량 Ⓧ패턴은 두 가지로 나눌 수가 있는데, 결론부터 말하자면 두 분석 방법 모두 주가가 ㉮로부터 하락 전환되었다는 사실이다.

　첫 번째, 거래량 ⑥을 기점으로 하여 거래량 7/인 거래량 ⑨를 경유하는 거래량 바닥 추세선인 ㉱-Ⓓ를 ⑫의 거래량의 밑으로 이탈했기 때문에 그에 상응하는 주가는 ㉮로부터 하락 전환했다.

　두 번째, 거래량 ⑥을 기점으로 한 ㉱-㉯의 거래량 바닥 추세선을 밑으로 이
탈한 거래량 ⑨를 새로운 바닥점으로 하는 거래량 꼭지 추세선 Ⓐ-Ⓒ의 사이에
있는 거래량을 새로운 패턴으로 분류해 분석할 수가 있다. 따라서 ⑫의 거래량
이 Ⓐ-Ⓒ의 거래량 바닥 추세선을 밑으로 이탈했으므로 그에 상응하는 주가 ㉮
는 하락 전환했다.

　결론적으로 독자 여러분의 정확한 거래량 패턴 분류와 바닥점의 확인, 추세선
연결만 할 수 있다면 향후 주가의 향방을 정확하게 예측할 수 있을 것이다.

▶ 거래량 패턴의 분류 방법과 거래량 추세선 연결 방법을 분석한다.

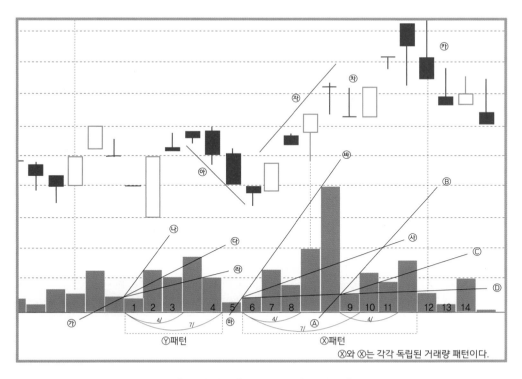

※ 독자들을 위하여 같은 그래프를 하나 더 넣음.

② 거래량의 새로운 패턴의 시작점에 대한 결정은 어떻게 이루어지며, 거래량 패턴에 따라서 주가는 어떻게 움직이는가?

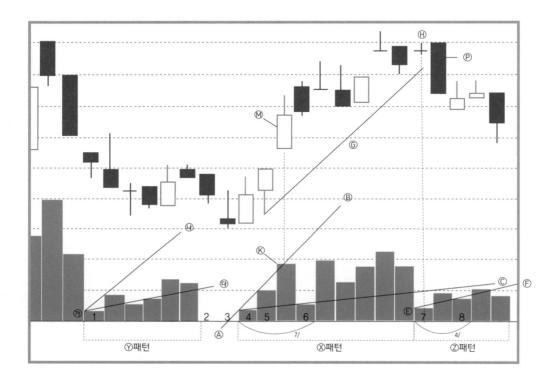

　● 거래량 바닥 추세선인 ㉮-㉯를 밑으로 이탈한 거래량 ②가 ⓨ패턴의 거래량 바닥점인 ①의 거래량 보다 적기 때문에 거래량 ⓨ패턴은 거래량 ②에서 종료되었다.

　● 거래량 ②와 ③이 거래량 ⓧ패턴의 바닥점이 되지 못하고 ④의 거래량 바닥점이 되어야 하는 이유는 ④의 거래량이 바닥점이 되어 ⑥의 거래량에서 거래량 7/가 형성되었기 때문이다.

　그러므로 ④의 거래량을 바닥점으로 한 Ⓐ-Ⓑ의 거래량 추세선은 꼭지 추세선이고, Ⓐ-Ⓒ는 바닥 추세선이다. 또한 Ⓐ-Ⓑ의 거래량 꼭지 추세선은 거래량 ④와 ⑤를 연결한 선이고 Ⓐ-Ⓒ의 바닥 추세선은 거래량 ④와 ⑥을 연결한 선이다.

ⓒ 거래량 ⓧ패턴의 시작점이 거래량 ④가 바닥점이 되어 꼭지 추세선 Ⓐ-Ⓑ와 바닥 추세선 Ⓐ-Ⓒ사이에서 거래량 ⓧ패턴의 형성되고, 거래량 ⑦에 이르러서는 거래량 ⑦이 바닥 추세선인 Ⓐ-Ⓒ를 밑으로 이탈했다. 거래량 ⑦을 기점으로 하여 ⑧에 이르면 거래량 4/를 형성하여 새로운 거래량 패턴인 Ⓔ-Ⓕ의 바닥 추세선이 형성된다. 그러므로 거래량 ④에서 ⑦까지의 거래량 ⓧ패턴은 종료되고 거래량 ⑦을 바닥점으로 하는 새로운 거래량 ⓩ의 패턴이 시작되는 것이다.

ⓔ 거래량 Ⓚ가 꼭지 추세선 Ⓐ-Ⓑ를 위로 벗어났는데도 꼭지 추세선인 Ⓐ-Ⓑ를 연결시키는 이유는 일반 투자자들의 과열 매수로 인해 세력의 통제를 벗어난 거래량이기 때문에 Ⓚ의 거래량이 Ⓐ-Ⓑ의 거래량 꼭지 추세선 안에 들어 있는 것으로 인정하기 때문이다.

이것은 거래량 Ⓚ에 상응하는 주가가 Ⓜ과 같이 양봉이 발생했으므로 이를 증명하고자 하는 것이다. 만약 주가 Ⓜ이 음봉이었다면 이것은 세력이 의도하는 바에 의해서 형성되는 것으로 주가 Ⓜ은 주가의 꼭지가 되어서 하락으로 전환되었을 것이다.

ⓜ 주가가 Ⓖ와 같이 상승하는 것은 주가 Ⓖ에 상응하는 거래량 ⓧ패턴의 거래량이 증가하고 있기 때문이며, 증가하던 거래량 패턴이 거래량 ⑦에서 거래량 바닥 추세선인 Ⓐ-Ⓒ를 밑으로 이탈하였기 때문에 거래량 ⑦에 상응하는 주가 Ⓗ의 다음 날인 Ⓟ의 주가부터 하락으로 전환했다. 거래량 ⑦의 다음날에 상응하는 Ⓟ의 주가부터 하락하는 것은 거래량이 주가에 선행하기 때문이다.

ⓗ 거래량 ⓩ패턴이 새로운 거래량 패턴으로 형성되는 것은 거래량 ⓧ패턴의 바닥점 ④보다는 ⓩ패턴의 시작거래량인 ⑦이 높지만 ⑦의 거래량을 바닥점으로하며 ⑧의 거래량까지가 거래량 4/가 형성되었기 때문에 ⓩ패턴으로 인정하는 것이다.

③ 거래량이 거래량 바닥 추세선을 밑으로 이탈했을 때 그에 상응하는 주가가
상승 중일 때에는 하락으로, 하락 중일 때는 상승으로 전환한다.

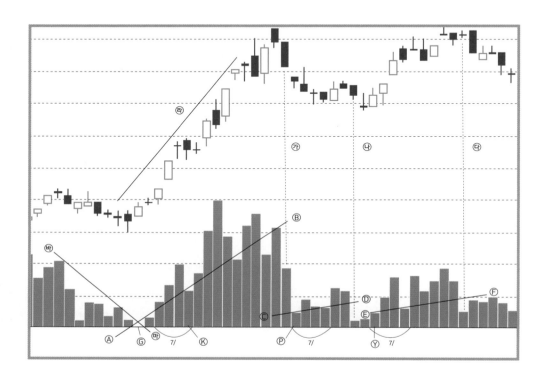

　❼ 거래량이 바닥 추세선을 밑으로 이탈하면 그에 상응하는 주가는 지금까지
의 진행과는 반대 방향으로 변형을 가져온다. 즉 상승하던 주가는 하락으로, 하
락하던 주가는 상승으로 변형된다. 예를 들어 ⓒ-ⓓ의 거래량 바닥 추세선을 밑
으로 이탈하는 거래량 ④이후에 상응하는 주가는 상승으로 전환되었으나 ⓐ-ⓑ
와 ⓔ-ⓕ의 거래량 바닥 추세선을 밑으로 이탈한 거래량 ㉮와 ㉰ 이후에 상응하
는 주가는 도리어 하락했다.

ⓛ 거래량 추세선 Ⓐ-Ⓑ와 Ⓒ-Ⓓ, Ⓔ-Ⓕ는 각각의 패턴에서 모두 거래량 바닥 추세선이다.

ⓒ 거래량 바닥 추세선이자 상향 추세선인 Ⓐ-Ⓑ를 연결하는데 있어서 시작점(바닥점)을 ⓖ로 하고 첫 눌림점인 Ⓚ를 경유하게 한 것은 거래량 ⓖ는 거래량 하향 추세선인 ㉞-㉟를 밑으로 이탈한 거래량 1/(일박자)이기 때문이고 거래량 Ⓚ는 거래량 바닥 1/(일박자)인 ⓖ로부터 증가하기 시작한 거래량이 첫눌림을 받은 점이기 때문이며 거래량이 폭증하는 급등주이기 때문이기도 하다. 따라서 거래량 상향 추세선인 Ⓐ-Ⓑ에 상응하는 주가 ㉣도 급등하게 된다.

거래량 바닥 추세선인 Ⓒ-Ⓓ와 Ⓔ-Ⓕ의 시작점을 Ⓟ와 Ⓨ로 한 것은 거래량과 그에 상응하는 주가가 급등주가 아니기 때문에 거래량 7/의 바닥점을 기점으로 하여 7/의 눌림점을 경유한 추세선이 된 것이다.

ⓔ ㉮, ㉯, ㉰의 점선으로 분류된 거래량과 주가는 제각각의 패턴으로 분류되며, 거래량에 상응하는 주가는 거래량 패턴에 따라 분류된다.

④ 선그래프의 주가 패턴 분류

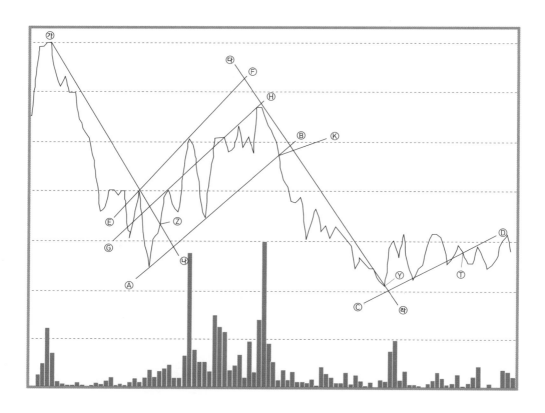

❼ ㉮–㉯와 ㉰–㉱의 왼쪽은 각각 독립된 패턴이고 Ⓐ–Ⓑ와 Ⓒ–Ⓓ의 위쪽 또한 마찬가지이다.

❷ Ⓐ–Ⓑ의 주가 바닥 추세가 Ⓚ밑으로 하락하지 않고 살아 있어야 꼭지 추세선 Ⓔ–Ⓕ와 Ⓖ–Ⓗ도 살아있게 된다.

❸ 주가가 바닥 추세선을 Ⓚ, Ⓣ와 같이 밑으로 가면 주가의 상승 패턴이 하락으로 바뀌고, 꼭지 추세선인 ㉮–㉯와 ㉰–㉱도 Ⓨ와 Ⓩ로부터 위로 각각 이탈하면서 하락하던 주가가 상승으로 바뀌어 새로운 상승 패턴이 형성된다.

◎ 거래량과 주가의 추세선을 정확하게 연결시켜야 한다.

• • •

주가 그래프를 분석하여 주가의 등락을 예측하고자 할 때 주가나 거래량의 추세선 연결이 대단히 중요한 가늠자 역할을 한다. 그러므로 추세선을 정확하게 연결시키면 주가의 등락을 한눈에 파악할 수 있게 된다. 만약 그렇지 못할 경우 잘못된 결과로 인해 엄청난 재화의 손실로 이어질 수 있으므로 추세선의 정확한 연결은 매우 중요하다.

여기에서는 거래량이 주가에 선행하므로 우선 거래량의 추세선 연결을 중심으로 살펴보고, 주가의 추세선 연결 방법은 실전 주가 그래프의 분석에서 살펴보기로 하겠다.

거래량 추세선을 연결하는 핵심 포인트는 거래량의 바닥점의 결정과 거래량 바닥점을 기점으로 한 거래량 꼭지 추세선과 거래량 바닥 추세선의 경유점 결정이므로 이것을 각각 기술하여 독자 여러분의 이해를 돕고자 한다.

① 거래량 추세선의 바닥점은 어디로 할 것인가?

▪ 보통주의 경우

보통주란 급등주나 폭등주를 제외한 일반적인 주식을 말한다. 거래량 하향 추세선을 밑이나 위로 이탈한 거래량이 바닥점이 되어 4/나 7/가 형성되었을 때, 그 4/나 7/의 바닥이 새로 형성되는 거래량 상향 추세선의 바닥점이 된다.

이 경우는 보통주일 때 적용한다.

▪ 급등주나 폭등주의 경우

거래량 패턴이 하향 추세로 진행될 때 거래량이 하향 추세선을 밑으로 이탈한 후 거래량이 급증하여 연속 증가하는 경우에는 거래량 하향 추세선을 밑으로 이탈한 거래량 자체가 바닥점이 되고 이것을 거래량 1/(일박자)라고 한다.

거래량 2/(이박자)는 거래량 패턴이 하향추세로 진행될 때 거래량이 바닥가까이 왔다고 예측이 될 때 거래량이 거래량 하향 추세선을 위로 한 번 밑으로 한 번 연속해서 이탈한 후에 거래량이 급증하여 연속 증가하는 경우에는 거래량이 거래량 하향 추세선을 위로 한 번, 아래로 한 번 연속해서 이탈한 거래량 자체를 거래량 2/(이박자)라고 하고 거래량 바닥점은 거래량 하향 추세선을 밑으로 이탈한 거래량을 거래량 바닥점으로한다.

② 거래량 바닥 추세선이 형성되려면 거래량 바닥점으로부터 어느 거래량을 경유해야 하는가?

▪ 보통주의 경우

거래량의 바닥점에서 거래량 4/나 7/가 형성되었을 때, 그 4/나 7/의 눌림점의 거래량을 경유하는 선이 거래량 바닥 추세선이 된다.

▪ 급등주나 폭등주의 경우

거래량 하향 추세선을 밑이나 위로 이탈한 거래량을 바닥점으로 하여 거래량의 4/나 7/가 형성되지 않고 계속 거래량이 증가할 때는 증가하던 거래량의 첫 눌림을 주는 거래량을 경유하는 선이 거래량 바닥 추세선이 된다 즉 급등주나 폭등주, 계단식 4/의 경우 거래량이 거래량의 바닥점에서 폭증하다가 첫 눌림을 주는 거래량을 경유하는 선이 거래량 바닥 추세선이 되는 것이다. 단, 눌림점에 상응하는 주가가 상한가를 쳤다면 눌림점이 될 수 없다.

③ 거래량 꼭지 추세선이 형성되려면 거래량 바닥점으로부터 어느 거래량을 경유해야 하는가?

▪ 보통주의 경우

거래량 하향 추세선을 밑이나 위로 이탈한 첫 번째 거래량이 바닥점이 되어 거래량 4/나 7/가 형성된다면, 그 4/나 7/의 꼭지를 경유하는 선이 거래량 꼭지 추세선이 된다.

- 급등주나 폭등주의 경우

거래량이 바닥에서 급증할 때는 바닥 다음번의 거래량을 경유하는 선이 거래량 꼭지 추세선이 된다. 단 바닥 다음번의 거래량이 소량이기 때문에 거래량 바닥 추세선을 밑으로 이탈했을때는 거래량 꼭지 추세선을 연결 할 수 없으므로 거래량 꼭지 추세선을 거래량 바닥 추세선과 겸용해서 활용하고 이런 선을 거래량 겸용 추세선이라고 한다. 거래량이 바닥권에서 계단식 4/가 형성되었을 때 계단식 4/의 거래량 꼭지를 계속 맞춘 선이 거래량 꼭지 추세선이다.

이 외에도 해당되는 유형이 많으나 통계적으로 많이 발생하는 경우를 예로 들었다.

그 다음은 추세선의 연결 방법인데, 거래량 추세선은 세 점 이상이 연결되어야 인정을 받고 신빙성도 높다. 그러나 예외도 있다. 거래량 추세선을 연결시킬 때 두 점이 만나는 것으로부터 시작하여 세 점이 연결되기 전에 해당 거래량 패턴이 끝나는 경우도 많기 때문이다.

그러므로 상향선이나 하향선, 각각 두 점이 만나는 선(거래량 바닥 추세선과 꼭지 추세선)도 일단 추세선으로 인정하고, 세 점이 만나길 기다리는 여유를 갖고 거래량 분석에 임하는 것이 좋은 것이다.

◎ 보통주의 거래량 추세선 연결 방법

• • •

① 보통주의 거래량 추세선을 연결시킬 때 거래량의 바닥점과 다음 경유점을 어디로 하는 것이 합리적인가?

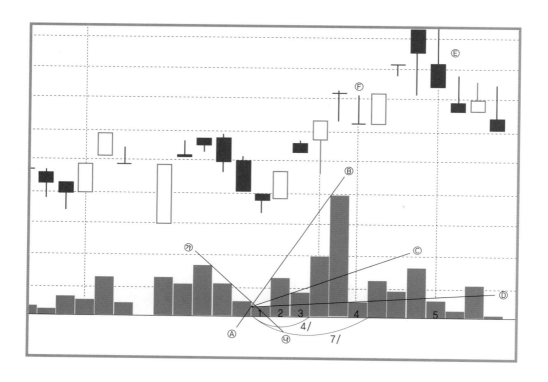

◯ 위 그래프에서 거래량 ㉮-㉯의 추세선은 하향 추세선이고 Ⓐ-Ⓑ, Ⓐ-Ⓒ, Ⓐ-Ⓓ의 거래량 추세선은 상향 추세선이다. 거래량 하향 추세선인 ㉮-㉯를 위로 이탈한 거래량 ①을 바닥점으로 하여 거래량 ②를 경유한 Ⓐ-Ⓑ의 거래량 추세선은 거래량 꼭지 추세선이고 Ⓐ-Ⓒ는 중간 추세선이며 거래량 ④를 경유한 Ⓐ-Ⓓ의 거래량 추세선은 바닥 추세선이 된다.

ㄴ 거래량 ①, ②, ③은 4/인데 거래량 바닥인 ①에서 거래량 ③을 경유한 거래량 중간 추세선 Ⓐ-Ⓒ는 거래량 ④가 발생하기 전까지는 거래량 바닥 추세선이었다. 그러나 거래량 ④가 거래량 ①에서부터 시작한 거래량 패턴의 7/가 형성되었기 때문에 거래량 ④를 경유하는 추세선이 거래량 바닥 추세선이 된 것이다. 그리고 거래량 ④가 거래량 7/의 눌림날이므로 거래량 ④에 상응하는 주가 Ⓕ가 장중 조정을 받은 것이다.

ㄷ 거래량 ⑤에 상응하는 주가 Ⓔ부터 주가가 하락으로 전환한 것은 거래량 바닥 추세선인 Ⓐ-Ⓓ를 거래량 ⑤가 밑으로 이탈했기 때문이다. 즉 주가는 Ⓔ이전까지는 상승 패턴이었지만 거래량 ⑤가 바닥 추세선을 밑으로 이탈한 시점부터 하락 패턴으로 변형되었다.

/투/자/격/언/

하루 이틀의 잔파도는 타지 마라
하루하루의 주가 등락은 거의 100% 우연성에 의해서 결정되기 때문에 그것을 예측하고 편성하는 것은 거의 불가능하다. 1일 파동 또는 2~3일 단위의 초단기 매매는 결국 손실만 쌓아가는 결과가 된다.

② 거래량 추세선을 연결시킬 때 두 곳만 접해도 추세선으로 인정하는 경우를
  분석한다.

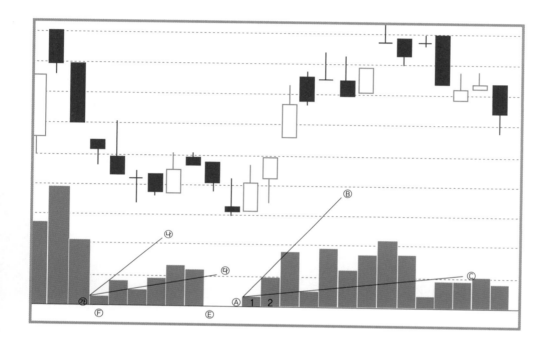

　🔴 거래량이나 주가의 추세선을 연결시킬 때 세 곳 이상이 접해야 추세선으로
서 기능을 수행함에 있어 그 신뢰성이 높다. 그러나 추세선이 처음 시작될 때는
두 곳만 접하고 세 곳이 접하기를 기다리는 경우가 많다. 이런 경우에는 세 곳이
접하기도 하지만 때로는 두 곳만 접하고 해당 패턴이 끝나기도 한다. 이것은 거
래량이나 주가의 추세선이 바닥이나 꼭지에서 처음 시작될 때 주로 발생한다. 그
러므로 여기에서는 현실적인 거래량 그래프부터 분석해보기로 하자.
　🔵 거래량 꼭지 추세선 ㉮-㉯와 바닥 추세선 ㉮-㉰의 거래량 패턴은 ㉮-㉰
의 거래량 바닥 추세선을 밑으로 이탈한 거래량 Ⓔ가 전 패턴의 거래량 바닥 Ⓕ

보다 낮게 거래량이 형성되었으므로 본 거래량 패턴은 종료된 것이다. 이 시점
에서 거래량 꼭지 추세선 ㉮-㉯와 바닥 추세선 ㉮-㉰는 두 곳만 접하는 추세선
으로서 세 곳이 접하기를 기다리다가 해당 거래량 패턴이 끝나는 결과가 되었다.

ⓒ 거래량 꼭지 추세선 Ⓐ-Ⓑ와 바닥 추세선 Ⓐ-Ⓒ의 거래량 패턴은 새로운
바닥 ①을 기점으로 하여 두 곳만 접하는 추세선이 형성되고 있으나 각각 맡은
역할을 제대로 수행하고 있다.

ⓔ 거래량 꼭지 추세선의 경우 바닥 추세선과 같이 두 곳만 접해도(Ⓐ-Ⓑ의
거래량 꼭지 추세선은 ①, ②의 거래량만 접하였음) 거래량 꼭지 추세선으로서
의 분석이 가능하다.

③ 거래량 추세선을 연결시킬 때 거래량 바닥점의 자격 요건을 확인한다.

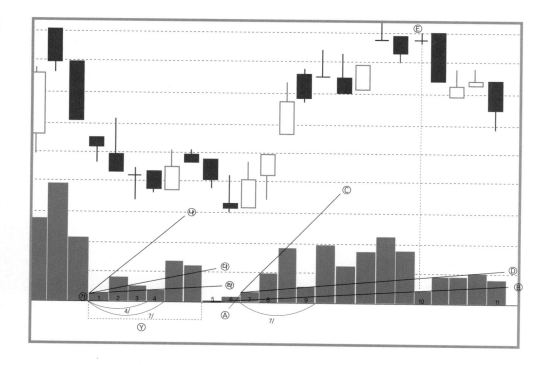

❼ 거래량 Ⓨ패턴의 바닥점을 ①의 거래량으로 결정한 것은 ①의 거래량이 직전 거래량 패턴의 바닥 거래량보다 적기 때문이다. 거래량 ①을 바닥으로 하여 ②, ③의 거래량으로 거래량 4/와 ②, ③, ④의 거래량으로 거래량 7/가 형성되었으므로 거래량 ①은 거래량 Ⓨ패턴의 바닥점이 된 것이다.

❶ 거래량 Ⓨ패턴의 바닥 추세선인 ㉮-㉣를 밑으로 이탈한 거래량 ⑤와 ⑥이 거래량 Ⓨ패턴의 바닥인 ①의 거래량보다 적으므로 거래량 Ⓨ패턴은 거래량 ⑤에서 종료되었고, 이것은 새로운 거래량 패턴이 형성될 것이라는 사실을 예고하는 것이다. 그러나 거래량 ⑤와 ⑥은 새로 형성될 거래량 패턴의 바닥점이 될 만

한 요건을 갖추지 못했다. (본 주식은 급등주가 아니기 때문에 거래량 ⑤와 ⑥이 각각 바닥이 되어 4/나 7/가 형성되어야 거래량 ⑤와 ⑥이 거래량 바닥점이 될 만한 요건을 갖추는 것임).

ⓒ 거래량 ⑤와 ⑥이 거래량 바닥점이 될 만한 요건을 형성하지 못한 상태에서 거래량 ⑤를 바닥점으로 하여 거래량 바닥 추세선 ⑤-Ⓑ를 연결한 결과 거래량 ⑪에 이르도록 ⑤-Ⓑ의 거래량 바닥 추세선을 밑으로 이탈하는 거래량이 없다. 그런데도 거래량 ⑩에 상응하는 주가 Ⓔ부터 주가가 하락 전환한다는 것은 거래량 바닥 추세선인 ⑤-Ⓑ가 존재해서는 안된다는 것을 의미한다.

ⓓ 그러므로 거래량 바닥 요건을 형성한 거래량 ⑦(거래량 ⑦을 바닥점으로 하여 거래량 ⑦, ⑧, ⑨로 7/를 형성함)을 바닥점으로 하여 거래량 바닥 추세선 Ⓐ-Ⓓ를 연결한 결과, 거래량 ⑩이 바닥 추세선인 Ⓐ-Ⓓ를 밑으로 이탈하여 그에 상응하는 주가는 Ⓔ이후부터 하락 전환하였는데, 이것은 지극히 정상적인 거래량 패턴의 진행으로 볼 수 있다.

따라서 거래량 추세선을 연결시킬 때, 거래량 바닥점을 확정하는 것이 가장 먼저해야 할 요건이므로 거래량 바닥점의 요건 형성 여부를 예의주시 해야한다.

ⓔ 거래량 ⑦을 바닥점으로 하여 거래량 ⑧을 경유한 Ⓐ-Ⓒ의 추세선은 꼭지 추세선이고 Ⓐ-Ⓒ 꼭지 추세선을 위로 이탈한 Ⓕ부분의 거래량은 일반 투자자들에 의해 형성된 것으로 일시적인 주식 거래의 과열 현상으로 인해 세력의 통제선을 벗어났으나 다음날 세력의 통제선 안으로 다시 복귀했다.

◎ 급등주나 폭등주의 거래량 추세선 연결 방법

• • •

① 거래량 1/(일박자)의 급등주나 폭등주의 거래량 추세선 연결 방법과 보통주
  의 거래량 추세선 연결 방법을 비교 분석한다.

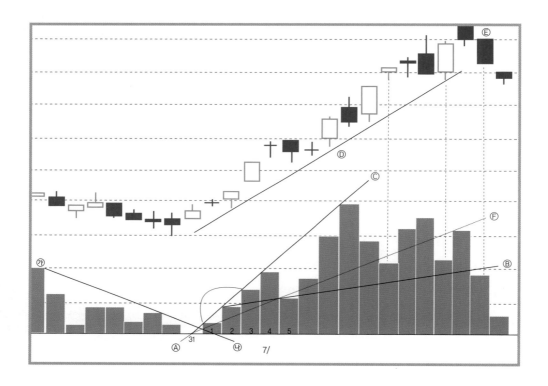

❼ 보통주의 거래량 상향 추세선을 연결하는 방법은 다음과 같다. 거래량 상
향 추세선인 ㉠-㉡를 위로 이탈한 거래량 ②를 바닥점으로 하여 ②, ③, ④의 거
래량을 경유한 추세선인 Ⓐ-Ⓒ선은 거래량 꼭지 추세선이고 거래량 ②를 바닥
점으로 하여 거래량 ⑤를 경유한 Ⓐ-Ⓑ추세선은 거래량 바닥 추세선이다.

　이 때 거래량 ①이 거래량 바닥 추세선의 시발점이자 바닥점이 되어야 하지

만, 거래량 바닥 추세선을 연결하는 바닥점으로서 요건을 구비하지 못했기 때문에 제외시켰다. 즉 거래량 ①은 거래량 ①의 바닥으로 한 거래량 4/나 7/를 형성시키지 못했기 때문이다.

거래량 ②는 거래량 ②를 바닥점으로 하여 ③, ④, ⑤의 거래량으로 거래량 7/을 형성시켰기 때문에 거래량 ②는 거래량 7/의 바닥점으로 검증을 받은 것이다. 따라서 거래량 바닥점 ②을 기점으로 하여 ③, ④, ⑤의 거래량으로 거래량 7/ 형성시켰으므로 거래량 ②를 기점으로 하여 7/의 눌림점인 거래량 ⑤를 경유한 Ⓐ－Ⓑ선이 거래량 바닥 추세선이 된다.

Ⓛ 급등주나 폭등주의 거래량 상향 추세선 연결방법은 거래량 하향 추세선인 ㉮－㉯를 밑으로 이탈한 ㉛이 거래량 1/(일박자)이기 때문에 거래량 바닥으로서의 자격이 있다. 즉 급등주나 폭등주는 거래량의 바닥 자체가 거래량 1/(일박자)임으로 바닥으로서 자격이 있으며 보통주에서 논하는 바닥 조건은 배제된다.

Ⓒ 본 주식의 그래프를 급등주나 폭등주의 거래량 연결 방법으로 한다면 먼저 거래량 1/(일박자)인 ㉛이 거래량 바닥점이 되고 거래량 바닥 점 ㉛과 첫 눌림점인 ⑤와 연결된 선이 거래량 바닥 추세선인 Ⓐ－Ⓕ가 된다.

Ⓔ 본 주식의 거래량 그래프는 보통주와 급등주, 폭등주등의 거래량 상향 추세선의 연결방법을 적용해도 결과는 동일하다. 왜냐하면 거래량 ⑥이 보통주와 급등주, 폭등주등의 거래량 바닥 추세선인 Ⓐ－Ⓕ,Ⓐ－Ⓑ를 모두 밑으로 이탈하였고 그에 상응하는 주가 Ⓔ가 하락하여 본 주식의 패턴은 거래량 ⑥으로서 종료되었기 때문이다.

Ⓜ 거래량 꼭지 추세선인 Ⓐ－Ⓒ는 보통주와 급등주, 폭등주에 공통적으로 활용된다.

② 거래량 2/(이박자)의 급등주나 폭등주의 거래량 추세선을 연결 시킬 때 거래
량의 바닥점과 경유점을 어디로 하는 것이 합리적인가?

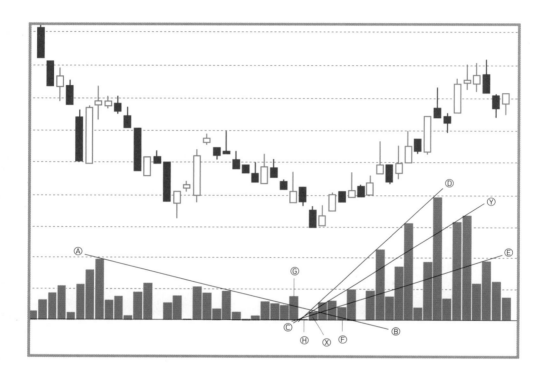

본 거래량 추세선 연결 방법은 거래량 2/(이박자)이기 때문에 폭등주나 급등
주에 준한 거래량 추세선 연결방법으로 한다.

㉠ 위그래프에서 거래량 하향 추세선인 Ⓐ-Ⓑ를 위로 이탈한 Ⓖ와 밑으로 이
탈한 Ⓗ를 거래량 2/(이박자)라고 칭한다. 거래량 2/(이박자)의 구성 원리는 제1
장에 기술되어 있으니 참고하시기 바랍니다.

㉡ 본 그래프의 거래량 바닥점은 거래량 2/의 Ⓗ점이 되고 거래량 2/의 바닥
점 Ⓗ와 거래량의 첫 눌림점(거래량 감소)인 Ⓕ를 연결시킨 선인 Ⓒ-Ⓔ선이 거

래량 바닥 추세선이 된다.

ⓒ 본 그래프의 거래량 꼭지 추세선은 거래량 2/ 바닥점인 ⒣점과 직후의 거래량인 ⓧ점과 연결선인 거래량 ⓒ-Ⓓ선이 거래량 꼭지 추세선이다. 거래량 꼭지 추세선 역시 중요한 것은 거래량이 거래량의 꼭지 추세선을 위로 이탈하면 그에 상응하는 주가가 거래량의 과열 현상으로 인해서 하락으로 반전하는 경우가 있기 때문이다.

거래량 꼭지 추세선을 연결시킬 때 연결이 불가능할 경우가 발생할 수 도 있다. 즉 거래량 바닥점인 ⒣거래량의 직후에 발생하는 거래량의 수량(높이)이 거래량 바닥 추세선인 ⓒ-Ⓔ보다 아래의 위치에 있을 경우에는 거래량 꼭지 추세선의 연결이 불가능함으로 이런 경우에는 거래량 바닥 추세선인 ⓒ-Ⓔ를 거래량 꼭지 추세선과 겸용으로 활용하고 이것을 거래량 겸용 추세선이라 칭한다.

ⓔ 위 그래프에서의 바닥점은 ⒣인데 ⒣는 거래량 하향 추세선인 Ⓐ-Ⓑ를 밑으로 이탈한 것으로서 직전의 ⒢가 위로 이탈했으므로 바닥 중에서도 이상적으로 형성된 거래량 2/(이박자)인 바닥이다. 거래량 바닥 추세선을 이탈할 때 처음 거래량 봉 ⒢는 위로, 다음 봉 ⒣는 밑으로 이탈하여 형성된 바닥은 거래량 2/(이박자)로서 주가를 탄력있게 상승시킬 수 있는 거래량 바닥으로 보기 때문이다.

ⓜ 거래량 바닥 추세선 ⓒ-Ⓔ는 어느 거래량과 연결시키느냐가 중요하다. 정확한 연결점을 찾아야 함은 물론이다. 이는 거래량 바닥 추세선을 거래량이 밑으로 이탈하면 주가가 변형을 가져오기 때문이다. 그러므로 거래량 바닥 추세선 ⓒ-Ⓔ의 바닥점은 하향 추세선인 Ⓐ-Ⓑ를 밑으로 이탈한 ⒣가 되고 ⓒ-Ⓔ의 바닥 추세선을 연결하는 거래량은 Ⓕ가 된다. 따라서 Ⓕ는 거래량 하향 추세선 Ⓐ-Ⓑ를 위로 이탈한 거래량의 첫 눌림점이 되기 때문이다.

◎ 거래량 추세선을 두 가지 방법으로 연결하여 비교 분석한다.

• • •

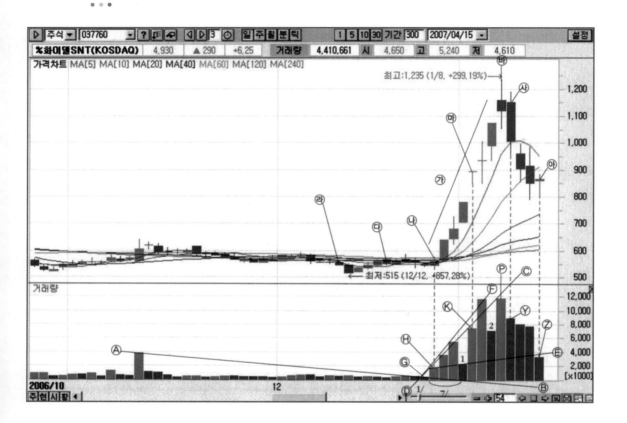

① 거래량 추세선을 연결시킬 때 정확한 연결점을 찾지 못하면 그래프 분석에
엄청난 오류가 발생한다.

　🕤 독자 여러분은 주가 그래프를 접했을 때 먼저 이 주식이 폭등주냐 보통주
냐를 판독해야하며 판독이 애매할 때는 두 가지를 모두 적용시켜 볼 것이다. 위
의 주가 그래프는 폭등주이므로 폭등주에 준하는 거래량 추세선을 연결하고 이
와 함께 보통주의 거래량 연결방법으로 거래량 추세선을 연결하여 비교 분석 해

보고자 한다.

   ⓛ 거래량 하향 추세선인 Ⓐ-Ⓑ를 위로 이탈한 거래량 바닥 추세선 Ⓓ-Ⓒ는 폭등주에 준해서 연결되어 있으며 거래량 바닥 추세선 Ⓓ-Ⓔ와 거래량 꼭지 추세선 Ⓓ-Ⓕ는 보통주의 추세선 연결방법을 채택하고 있다.

   폭등주의 거래량 바닥 추세선인 Ⓓ-Ⓒ를 연결할 때 거래량 바닥 1/Ⓖ점을 기점으로 하여 거래량 Ⓟ점과 연결한 이유를 분석한다.

   폭등주의 거래량 바닥 추세선을 연결시킬 때의 규칙이 거래량 바닥 1/(일박자)에서 거래량이 증가하다가 제일 처음 눌림을 받는 거래량과 연결된 추세선이 거래량 바닥 추세선인데 본 그래프에서는 거래량 바닥 1/(일박자) Ⓖ이후 거래량 ①과 ②는 그에 상응하는 주가가 상한가를 쳤기 때문에 거래량 바닥 추세선 위에 있는 것으로 간주됨으로써 거래량 1/Ⓖ이후 첫눌림점의 거래량은 Ⓟ임으로 거래량의 바닥 추세선은 거래량 1/Ⓖ와 거래량 Ⓟ가 연결되는 Ⓓ-Ⓒ선이 되는 것이다.

   여기에서 밝힐 것은 폭등주에 준하는 거래량 추세선을 연결시킬 때 거래량 꼭지 추세선을 연결시킬 수가 없다는 것이다. 즉, 폭등주의 거래량 꼭지 추세선을 연결하려면 거래량 하향 추세선인 Ⓐ-Ⓑ를 밑으로 이탈한 거래량 1/(일박자) Ⓖ를 기점으로 하여 거래량 1/Ⓖ를 완성시킨 거래량 Ⓗ와 연결되는 선이 거래량 꼭지 추세선이 되는 것인데 본 그래프에서는 거래량 Ⓗ가 거래량 바닥 추세선인 Ⓓ-Ⓒ선 밑에 위치하고 있기 때문에 거래량 꼭지 추세선을 연결할 수가 없으므로 거래량 바닥 추세선인 Ⓓ-Ⓒ를 거래량 꼭지 추세선과 겸용으로 활용하기로 한다.

   ⓒ 본 그래프는 폭등주이며 보통주는 아니다. 그러므로 폭등주로 본 그래프를 분석하고 난 다음에 보통주로 분석을 해서 비교해 보겠다.

   Ⓐ 거래량 하향 추세선 Ⓐ-Ⓑ를 밑으로 이탈한 거래량 1/(일박자) Ⓖ가 발생했다.

❸ 거래량 바닥 추세선(겸용 추세선) ⒟–ⓒ를 따라서 거래량이 증가함으로 써 그에 상응하는 주가는 ㉮와 같이 폭등을 하였다.

❹ 본 폭등주의 주가의 매수 시점은 거래량 하향 추세선인 Ⓐ–Ⓑ를 밑으로 이탈한 거래량 1/(일박자) ⒢를 완성시킨 거래량 Ⓗ에 상응하는 주가 ㉯ 날이다.

주가 ㉯날의 주가 5일 MA선의 선유봉인 ㉰와 10일 MA선의 선유봉인 ㉱ 의 주가 값이 주가 ㉯날의 주가값보다도 낮은 값에 위치하고 있기 때문에 주가 ㉯날의 5일 MA선과 10일 MA선이 상향함으로 그에 상응하는 주가 ㉯가 따라서 상승하게 되어있기 때문에 주가 ㉯날이 매수 시점이다.

❹ 본 폭등주의 주가의 매도 시점은 거래량 바닥 추세선(겸용 추세선)인 ⒟ –ⓒ를 밑으로 이탈한 거래량Ⓨ에 상응하는 주가 ㉳날이다.

주가 ㉳날의 전날인 주가 ㉲날에 음십자봉이 발생한 것으로 볼 때 세력 은 주가 ㉲날로부터 자신들의 보유물량을 매도하고 있었다. 그러나 민구 은의 주식 4/이론에 근거한 주가의 매도 시점은 거래량 Ⓨ에 상응하는 주가 ㉳날이 매도 시점임에는 변함이 없다.

❷ 본 주식은 폭등주임이 틀림없으나 보통주식이라 추정하고 주가를 분석해 보겠다.

❶ 거래량 하향 추세선 Ⓐ–Ⓑ를 위로 이탈한 거래량 7/가 발생했다.

❷ 거래량 바닥 추세선인 ⒟–Ⓔ와 거래량 꼭지 추세선인 ⒟–Ⓕ사이에는 거 래량이 증가해서 그에 상응하는 주가는 ㉮와 같이 폭등을 하였다. 여기 까지는 폭등주의 분석결과와 별로 다를바가 없다. 그러나 주가의 매수 시 점과 매도 시점에서 보통 주식이 아닌 폭등주라는 것이 증명된다.

❸ 보통주로 볼때의 거래량 매수 시점은 거래량 7/를 완성시킨 거래량 Ⓚ에 상응하는 주가 ㉤인데 주가㉤는 폭등주의 매수 시점인 주가 ㉯점과 비교 해서는 주가가 너무도 많이 상승한 연후가 된다.

❶ 보통주로서의 거래량 매도 시점을 보자 거래량 바닥 추세선인 ⒟-Ⓔ를 밑으로 이탈한 거래량 ⓩ에 상응하는 주가 ㉕는 너무나 많이 주가가 하락한 상태이다.

이상으로 본 주가 그래프를 폭등주와 보통주로 비교 분석해 본 결과 폭등주임에 틀림이 없다. 그러므로 독자 여러분들은 주식을 매수했을 때 진행중에 폭등주와 보통주를 비교분석해 가면서 결과를 기다리는 것이 현명한 분석방법이라 생각한다.

※ 독자들을 위하여 같은 그래프를 하나 더 넣음.

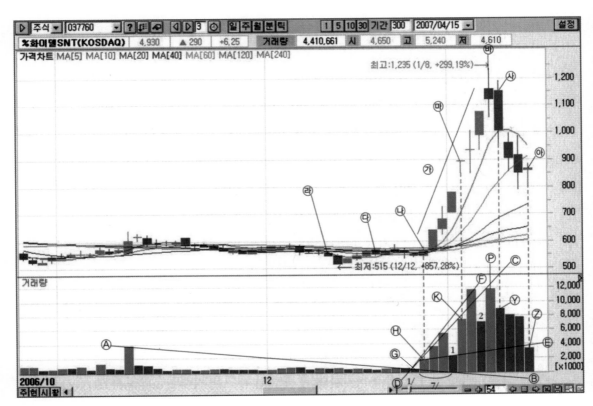

◎ 주가 MA선의 1선 추월의 원칙이란 무엇인가

• • •

① 주가 MA선의 1선 추월의 원칙이란?

상승이나 하락하던 주가가 반대방향의 추세로 전환하기 시작할 때 가장 먼저 주가와 5일 MA선이 전환하게 된다. 이 때 전환되는 주가봉에 5일 MA선이 접하거나 관통하면 당일의 주가는 5일 MA선의 직상위선인 10일 MA선까지만 상승과 하락이 진행된다.

다음에는 5일 MA선이 진행되는 방향(상향이나 하향)으로 곡선을 형성하기 시작하는 당일의 주가부터 5일 MA선의 직상위선인 10일 MA선을 1선 추월하고 10일 MA선의 직상위선인 20일 MA선까지상승과 하락이 진행된다. 그런 다음 10일 MA선이 진행되는 방향으로 곡선을 형성하기 시작하면 당일의 주가부터는 10일 MA선의 직상위선인 20일 MA선을 추월하고 60일(40일) MA선까지 상승과 하락이 진행된다. 20일 MA선이 진행되는 방향으로 곡선을 형성하기 시작하면 당일의 주가부터는 20일 MA선의 직상위선인 60일(40일) MA선을 추월하고 120일 MA선까지 상승과 하락이 진행되는 것이다.

이와 같은 등식으로 주가와 MA선이 계속 상승이나 하락으로 진행되다가 (주가 MA선이 정배열이나 역배열 상태로서 하위 MA선에서 상위 MA선으로 질서 있게 배열된 상태) 어느 시점에서 순서에 의해 해당 MA선이 상향이나 하향 곡선을 형성하지 못하는 경우가 발생한다. 이 때 주가는 상향이나 하향 곡선을 형성하지 못하는 주가 MA선의 직상위선까지만 상승이나 하락이 진행되고 그 다음부터는 반대 방향으로 주가의 향방이 전환되는 것이다.

이와 같은 등식으로 주가와 MA선이 하위선에서 상위선으로 추세가 계속 진행되는 과정에서 곡선을 형성하기 시작하는 MA선의 당일부터의 주가가 직상위 MA선을 1선씩만 추월하면서 진행된다는 의미에서 필자는 이 현상을 '1선 추월의 원칙'이라는 용어를 쓰기로 했다.

주가의 상승이나 하락시 1선 추월의 원칙이 적용되는 사례는 더욱 구체적으로 살펴보자.

㉠ 주가가 역배열 상태에서 바닥을 찍고 상승을 시작할 때 5일 MA선도 같이 상승하게 되는데, 5일 MA선이 양봉을 접하거나 관통하면 당일의 주가는 10일 MA선까지 상승하고 5일 MA선의 상향 각도가 곡선을 형성하면 그날부터의 주가가 5일 MA선의 직상위선인 10일 MA선을 1선 추월하여 20일 MA선까지 상승하고 10일 MA선이 상향 곡선을 형성하는 날부터의 주가는 10일 MA선의 직상위선인 20일 MA선을 1선 추월하여 60일(40일) MA선까지 상승하는 것이다.

이와 같은 등식으로 주가와 주가 MA선이 계속 상승하다가 어느 시점에서 순서에 의해 해당 MA선이 상향 곡선을 형성하지 못하면 주가는 상향 곡선을 형성하지 못하는 MA선의 직상위선까지만 상승하고 하락으로 전환한다.

㉡ 주가가 정배열 상태에서 꼭지를 찍고 하락을 시작할 때 5일 MA선도 같이 하향하게 되는데, 5일 MA선이 음봉과 접하거나 관통하게 되면 당일의 주가는 10일 MA선까지만 하락하고 5일 MA선이 하향곡선을 형성하면 그날부터의 주가는 5일 MA선의 직상위선인 10일 MA선을 1선 추월하여 20일 MA선까지 하락하고 다음 10일 MA선이 하향 곡선을 형성하면 그날부터의 주가는 10일 MA선의 직상위선인 20일 MA선을 1선 추월하여 60일(40일) MA선까지 하락한다.

이와 같은 등식으로 주가와 주가 MA선이 계속 하락하다가 어느 시점에서 순서에 의해 해당 MA선이 하향 곡선을 형성하지 못하면 주가는 하향곡선을 형성하지 못하는 직상위선까지만 하락하고 상승으로 전환한다.

주가가 정배열이나 역배열이 진행될 때 20일 MA선과 60일 MA선의 중간선인 40일 MA선은 보조 MA선이기 때문에 주가 그래프 상에 입력이 필요한 경우와 필요하지 않은 경우로 나뉜다. 각각의 경우를 현실적인 주가 그래프를 통해 살펴보고 있으니 참조하기 바란다.
(119p, 120p 참조)

⊟ 주가 MA선의 1선 추월의 원칙에 의해 주가의 등락을 예측하는 데는 현재가에 대한 주가의 선유봉의 위치가 매우 중요하다. 즉 주가의 선유봉의 위치에 따라서 주가 MA선의 향방이 결정되고, 주가 MA선의 향방에 따라서 주가 MA선의 1선 추월의 원칙이 진행되며, 이에 따라 주가의 등락이 결정되기 때문이다.

이것을 더욱 구체적으로 설명하면 다음과 같다. 주가의 현재가에 대비해서 주가의 선유봉의 위치가 현재가보다 아래에 있으면 현재가에 위치하고 있는 주가 MA선이 상향하는 것이므로 주가는 상승할 확률이 높고 주가의 현재가에 대비해서 주가의 선유봉의 위치가 현재가보다 위에 있으면 현재가에 위치하고 있는 주가 MA선이 하향하는 것이므로 이에 상응하는 주가는 하락할 확률이 높다.

② 주가 MA선의 1선 추월의 원칙을 그래프로 분석한다.

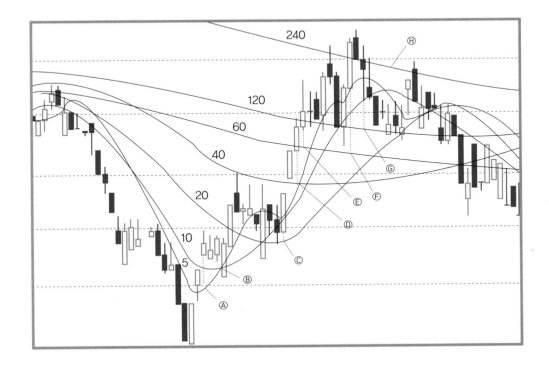

❼ 주가가 역배열에서 정배열로 전환할 때, 가장 먼저 주가가 상승을 시작하면 즉각 주가 5일 MA선이 뒤따라 상향하는데 위 그래프를 보면 주가 5일 MA선이 Ⓐ점에서 상향(곡선을 그림)을 시작하므로 당일의 주가부터는 10일 MA선인 Ⓑ선을 1선 추월하여 20일 MA선인 Ⓒ선까지 상승하였고 10일 MA선인 Ⓑ선이 Ⓑ점에서 상향하니 그에 상응하는 주가는 20일 MA선인 Ⓒ선을 1선 추월하여 40일 MA선인 Ⓓ선까지 상승했다.

또한 20일 MA선이 Ⓒ점에서 상향하니 이날부터의 주가는 40일 MA선인 Ⓓ선을 1선 추월하여 60일 MA선인 Ⓔ선까지 상승했다. 40일 MA선이 Ⓓ점에서 상향하니 이날부터의 주가는 60일 MA선인 Ⓔ선을 1선 추월하여 120일 MA선인 ⑥선까지 상승하였으며, 60일 MA선이 ⑰점에서 상향하니 이날부터의 주가는 120일 MA선인 ⑥선을 1선 추월하고 240일 MA선인 ⑭선까지 상승했다.

　❷ 위의 그래프에서 주가가 240일 MA선을 상향 돌파하여 계속 상승하지 못하고 하락으로 전환한 것은 120일 MA선이 계속 하향함으로써 주가가 240일 MA선을 1선 추월하지 못하기 때문이다.

　❸ 여기에서 유의할 것은 60일 MA선인 ⑮선은 ⑰지점에서 단 하루 상향한 것이 주가를 240일 MA선까지 상승할 수 있게 한 원인이 되었다는 사실이다. 주가의 MA선은 미세하게라도 상향이나 하향하는 것이 대단히 중요한 힘을 발휘한다. 그러므로 육안으로 상향이나 하향을 판별할 수 없을 때는 수치, 즉 주가의 선유봉을 이용해야 한다. 60일 MA선의 ⑰점에 해당되는 날의 주가가 ⑰날로부터 시작하여 61일 전의 주가보다 높은 위치에 있어야 한다.

③ 1선 추월의 원칙에 의해 주가가 상승하는 중에 일시 반락이나 횡보하는 경우에도 1선 추월의 원칙에 의해 주가가 움직이는 것을 분석한다.

　❼ 주가는 ㉮에서부터 1선 추월의 원칙에 의해 10일 MA선인 ④선을 1선 추월하여 20일 MA선인 ⑧선까지 상승하였고, 이어서 10일 MA선은 ④점부터 상향하여 이날부터의 주가는 20일 MA선인 ⑧선을 1선 추월하여 60일 MA선인 ⓒ선까지 상승했다. 그러나 주가가 60일 MA선인 ㉯지점에서 5일간 횡보한 것은 20일 MA선인 ⑧선이 ㉯에 상응한 지점에서 상향하지 못하고 계속 횡보했기 때문이다.

　❷ 그러나 20일 MA선이 ⑩점에서 상향했기 때문에 이날부터의 주가는 60일 MA선을 1선 추월할 수 있게 되어 ⑥까지 상승하였으나 ⑥점인 120일 MA선이 1차적인 상승 한계점이 되어 조정을 받는다. ⑥점이 1차 상승한계점이 된 원인은 ⑥날에 상응하는 날의 60일 MA선인 ⓒ선이 계속 하향 중이어서 주가가 120일 MA선을 1선 추월할 수가 없기 때문이다.

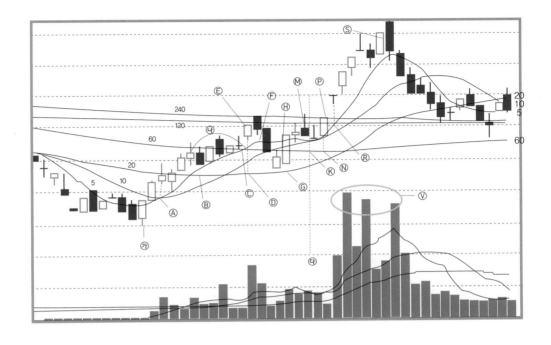

  ⓒ Ⓔ까지 상승한 주가는 3일간 조정을 받는데 그 이유는 5일 MA선의 Ⓕ점이 하향하고 있기 때문에 주가는 하락 추세로 1선 추월의 원칙에 의해 10일 MA선인 Ⓗ선을 1선 추월하여 20일 MA선인 Ⓖ까지 하락하였고, Ⓖ선이 하락 한계점이 되어 다시 반등했다. Ⓖ선이 주가의 하락 한계점이 된 이유는 5일 MA선이 Ⓕ점에서 하향하였으나 10일 MA선인 Ⓗ선은 계속 상향하고 있기 때문에 주가가 하락 방향으로 20일 MA선인 Ⓓ를 1선 추월할 수 없기 때문이다.

  그러므로 주가는 20일 MA선인 Ⓖ선에서 반등하는 것이다. 또한 20일 MA선이 Ⓖ점에서부터 상향하였기 때문에 주가는 상향 추세로 바뀌어 60일 MA선을 1선 추월하여 120일 MA선까지 상승했다.

  ⓔ 주가가 Ⓜ선인 120일 MA선에서 2일간 다시 조정을 받은 것은 60일 MA선이 Ⓚ점에서 하향하고 있어 주가가 120일 MA선을 1선 추월할 수 없기 때문인

데, 다행이 60일 MA선이 Ⓝ점부터 상향했으므로 주가는 120일 MA선을 1선 추월하여 240일 MA선인 Ⓟ까지 상승하게 된 것이다.

Ⓜ 120일 MA선이 Ⓡ점부터 상향하기 때문에 주가는 240일 MA선을 1선 추월하여 Ⓢ까지 상승했다.

그러나 주가가 Ⓢ까지 상승한 또 다른 이유는 120일 MA선의 Ⓡ점이 상향한 주가가 240일 MA선은 1선 추월할 때 주가와 동반하여 주가 하위 MA선인 5,10,20,60일선이 정배열이 되어 상승하였기 때문이다.

그럼 왜 주가가 Ⓢ이상으로 상승하지 못할까 하는 의문이 생길 것이다. 그것은 주가 60일 MA선의 직상위선인 120,240일 MA선이 상향 곡선을 이루지 못하여 하위 MA선의 정배열에 합류하지 못했기 때문에 주가가 하위 MA선의 정배열상의 상승 한계점이 Ⓢ가 된 것이다. 이 시점에서는 주가의 상위 MA선인 120, 240일 MA선이 너무도 뚜렷한 횡보세이기 때문에 처음부터 대세 상승의 정배열은 배제되어 있었다.

Ⓑ 주가가 Ⓢ를 정점으로 하여 하락으로 전환한 것은 거래량 Ⓥ에서 예고되었다. Ⓥ의 원내 거래량의 꼭지는 세 번 모두 점점 감소했는데 그에 상응하는 주가는 Ⓢ까지 계속 상승했기 때문에 더 이상 주가를 상승시킬 수 있는 거래량의 힘이 소진되었으므로 주가가 하락 전환할 수밖에 없었던 것이다. 따라서 1선 추월의 원칙에 의해서는 주가는 Ⓢ이상으로 상승하지 못했다.

④ 주가 MA선의 1선 추월의 원칙을 MA선의 정배열과 역배열을 분리하여 분석한다.

㉠ 주가가 상승할 때의 1선 추월의 원칙과 주가의 상승 한계점에 대해 살펴보자. 주가 그래프의 ㉮점에서 5일 MA선이 상향하니 이날부터의 주가는 10일 MA선인 ㉯선을 1선 추월하여 20일 MA선인 ㉰선까지 상승하였고, ㉯점의 10일 MA선이 상향하니 이날부터의 주가는 20일 MA선인 ㉰선을 1선 추월하여 ㉱선인

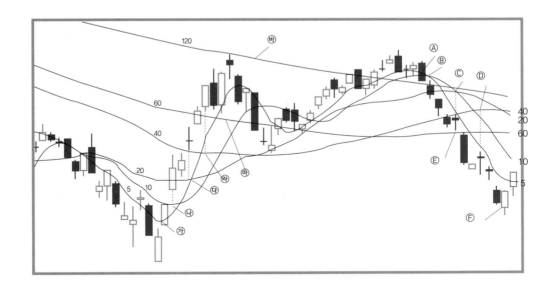

40일 MA선까지 상승하였으며, ㉰점에서 20일 MA선이 상향하니 이날부터의 주가는 ㉱선인 40일 MA선을 1선 추월하여 60일 MA선인 ㉲선까지 상승했다. ㉰점에서 40일 MA선이 상향하니 이날부터의 주가는 60일 MA선인 ㉲선을 1선 추월하여 120일 MA선인 ㉳까지 상승했다.

120일 MA선인 ㉳선이 상승 한계점이 되어 주가가 하락으로 전환하는 것은 60일 MA선인 ㉲선이 계속 하향함으로써 120일 MA선을 1선 추월할 수 없기 때문이다.

㉡ 주가가 하락할 때의 1선 추월의 원칙과 주가의 하락 한계점에 대해 살펴보자. 주가 그래프의 Ⓐ점에서 5일 MA선이 하향하니 이날부터의 주가는 10일 MA선인 Ⓑ선을 하락 추세로 1선 추월하여 20일 MA선인 Ⓒ선까지 하락하였으며, Ⓑ점에서 10일 MA선이 하향하니 이날부터 주가는 20일 MA선인 Ⓒ선을 1선 추월하여 40일 MA선인 Ⓓ선까지 하락했다. 또한 20일 MA선이 Ⓒ점에서 하향하니 이날부터 주가는 60일 MA선인 Ⓔ선을 1선 추월하여 Ⓕ까지 하락했다.

ⓒ 주가가 Ⓕ에서 반등하게 된 것은 다음과 같은 이유 때문이다. 60일 MA선인 Ⓔ선이 하향하지 않고 계속 상향함으로써 주가는 60일 MA선인 Ⓔ선을 1선 추월하여 하락한 Ⓕ점이 하락 한계점이 되고, 하위 MA선인 5, 10, 20일선이 역배열로서 주가를 계속 하락시키는데 40일 MA선인 Ⓓ선이 역배열의 하위 MA선과의 이격 균형을 맞추어 역배열 대열에 합류하지 못함으로써 주가는 하위 MA선의 하락 한계점을 Ⓕ로 하고 상승으로 전환한 것이다.

ⓔ 주가는 역배열이든 정배열이든 하위 MA선만으로 이루어지면 하락과 상승의 한계점이 빨리온다. 하락과 상승이 이어지게 하려면 직상위 MA선이 순서대로 해당 배열에 계속 합류해 있어야 한다.

직상위 MA선이 순서대로 상향이나 하향하면 1선 추월의 원칙도 계속 진행된다.

⑤ 주가 MA선의 1선 추월의 원칙이 진행되는 것은 그에 상응하는 거래량의 형성이 뒷받침되기 때문이다.

㉠ 주가가 ㉮에서 ㉯까지 상승한 것은 주가 MA선이 5일 MA선에서 240일 MA선까지 질서 있게 1선 추월의 원칙의 정해진 룰을 지키면서 진행되었기 때문이다. (1선 추월의 원칙 참조).

㉡ 거래량 하향 추세선인 Ⓐ-Ⓑ를 위로 이탈한 거래량 Ⓖ(거래량 7/의 시작점)에 상응하는 주가 ㉮가 주가 MA선의 1선 추월의 원칙에 의해 상승을 시작하는 주가의 바닥점이 되어 있는 것은 우연이 아니라 거래량 하향 추세선인 Ⓐ-Ⓑ를 위로 이탈한 거래량 Ⓖ에 의한 것이다.

㉢ 거래량 하향 추세선인 Ⓐ-Ⓑ를 위로 이탈한 거래량 Ⓖ를 바닥점으로 하여 연결된 Ⓒ-Ⓓ거래량 상향 추세선은 거래량 바닥 추세선이고, Ⓒ-Ⓔ는 거래량 중간 추세선, Ⓒ-Ⓕ는 거래량 꼭지 추세선이다. 거래량 바닥 추세선 Ⓒ-Ⓓ와 꼭지 추세선 Ⓒ-Ⓕ사이에서 거래량이 증감을 해가면서 증가함으로써 그에 상응하

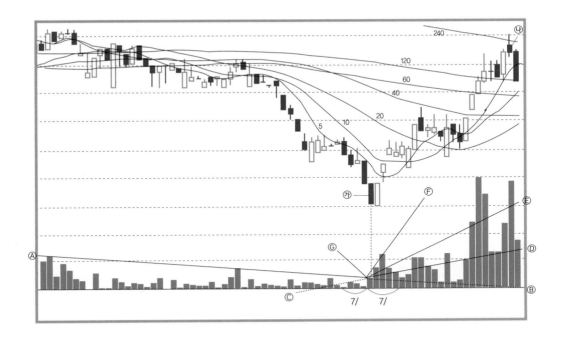

는 주가가 ㉮에서 ㉯까지 상승하는 동안 주가 MA선이 1선 추월의 원칙을 형성
하면서 상승하게 된 것이다.

주가 MA선의 1선 추월의 원칙도 그에 상응하는 거래량이 상승할 수 있는 모
양의 바탕 위에서 이루어진다.

◎ 주가 MA선의 2대 1의 원칙이란 무엇인가

• • •

2대 1의 원칙이란 주가 MA 3선 중 2선의 향방으로 주가의 향방이 정해지는
것을 말한다. 즉, 주가 MA 3선 중 2선의 향방이 상향이고 1선만이 하향이면 그
에 상응하는 주가는 상승하고, 2선의 향방이 하향이고 1선만이 상향이면 그에

상응하는 주가는 하락한다.

① 1선의 추월의 원칙에서 2대 1의 원칙으로 연결되는 그래프를 분석한다.

　⦿ Ⓑ점의 5일 MA선이 하향 곡선을 형성했기 때문에 주가는 Ⓑ점부터 1선 추월의 원칙에 의해 10일 MA선인 Ⓒ선을 1선 추월하여 하락으로 전환하여 20일 MA선인 Ⓓ선까지 하락하였다가 상승으로 전환했다. 이처럼 주가가 상승으로 전환하게 된 것은 원내의 ㉮는 20일 MA선이고 ㉯는 5일 MA선인데 2선 모두 상향하고, ㉰는 10일 MA선으로 하향하고 있으므로 3선중 2선이 상향하고 있기 때문에 2대 1의 원칙에 의해 주가는 ㉱쪽으로 상승이 이어지게 된 것이다.

　⦿ 원내 MA선 중 MA선인 Ⓐ는 Ⓐ점에서 음봉을 접하였기 때문에 주가가 10일 MA선까지 하락하였고, 원내 MA선중 Ⓑ선은 Ⓐ선과 같은 5일 MA선이지만

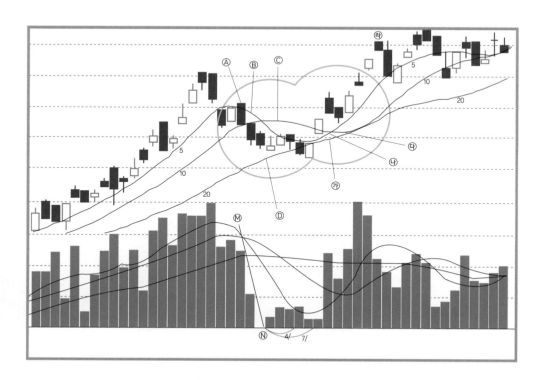

Ⓑ점에서 하향 곡선이 형성되었으므로 당일의 주가부터는 10일 MA선을 1선 추월하여 며칠간에 걸쳐 기어코 20일 MA선인 Ⓓ까지 하락하였다가 반등했다.

Ⓒ 원내 MA선 중 Ⓒ의 MA선은 5일 MA선으로부터 1선 추월을 당한 10일 MA선인데 여기에서는 5일 MA선을 1선 추월하게끔 MA선의 위치가 바뀌었다. 그러므로 주가는 10일 MA선이 5일 MA선을 1선 추월하여 20일 MA선인 Ⓓ선까지 하락 돌파하였다가 반등하였는데, 이와 같이 반등하게 된 것은 1선 추월의 원칙은 물론 ㉮지점의 주가 MA선이 2대 1의 원칙이 적용되었기 때문이다. 거래량 측면에서 분석한다면 거래량 하향 추세선 Ⓜ-Ⓝ을 위로 이탈한 거래량 4/와 7/가 형성되어 주가의 반등을 뒷받침했다.

Ⓔ 주가 그래프에서 주가 MA선의 2대 1의 원칙이나 1선 추월의 원칙을 적용할 때는 필요에 따라 하위 MA선을 1선씩 차례대로 제외시키면서 응용하면 된다.

예) (5, 10, 20), (10, 20, 40), (20, 40, 60), (40, 60, 120), (60, 120, 240)

> 일반적으로 하위 MA선인 5, 10, 20일선의 적용 빈도는 높은 반면, 중ㆍ상위 MA선의 적용 빈도는 낮다.

② 주가 MA선이 1선 추월의 원칙에서 2대 1의 원칙으로 전환되어 그에 상응하는 주가가 하락하는 경우를 분석한다

Ⓖ 다음 주가 그래프에서 10일 MA선이 Ⓐ점에서 상향함으로써 주가는 20일 MA선을 1선 추월하여 Ⓑ까지 상승했다. 그러나 20일 MA선이 계속 하향하고 있기 때문에 주가는 더 이상 상승하지 못하고 하락으로 전환했다.

Ⓛ 주가 하위 MA선인 5, 10, 20일선 등 3선 중 20일 MA선이 계속 하향하고

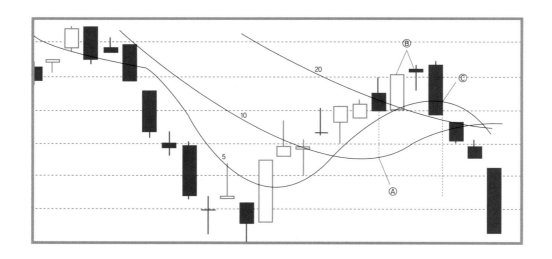

있는 상태에서 5일 MA선이 ⓒ점에서 하향하게 됨으로써 주가 하위 MA선인 5,10,20일선 중 10일 MA선인 Ⓐ선만 상향하고 5일과 20일 MA선은 하향하게 됨으로써 주가는 ⓒ점의 점선에 접한 MA선부터 2대 1의 원칙이 적용되어 하락하게 되었다.

㉢ 다음 주가 그래프에서 20일 MA선이 급경사로 계속 하향하고 있는 터에 5일 MA선이 ⓒ점에서부터 하향하기 때문에 2대 1의 원칙이 적용되어 주가가 하락하게 되었는데, 5일 MA선은 하위 MA선 중에서도 최하위선이기 때문에 상향과 하향의 변화가 가장 먼저 온다. 그러므로 20일 MA선이나 10일 MA선 중 어느 한 선이 급경사로 상향이나 하향하고 있을 때는 항상 긴장하고 5일 MA선의 향방을 주시해야 한다.

㉣ 주가가 많이 상승한 상태에서 ⓒ와 같이 긴 주가 음봉의 가격 변동폭 내에서 주가 Ⓑ를 비롯해서 3일간 주가가 싸안겨져 있다는 것은 주가가 꼭지임을 암시하는 것이다.

◎ 40일 MA선이 필요한 경우와 그렇지 않은 경우

• • •

주가 MA선 중 40일 MA선은 보조선이기 때문에 일반적으로는 많이 활용되지 않는다. 그러나 1선 추월의 원칙을 분석하는 데 있어 40일 MA선을 꼭 입력해야 할 경우와 입력하지 말아야 할 경우가 있다. 꼭 입력해야 할 경우는 20일 MA선과 60일 MA선의 이격이 여타 하위 MA선과의 이격보다 현격하게 벌어져 있을 때이고, 반대로 40일 MA선이 20일 MA선이나 60일 MA선에 근접해 있을 때는 입력하지 말아야 한다.

① 침체 장세의 주가 그래프에는 40일 MA선을 입력하는 것이 주가의 기술적 분석에 도움이 된다.

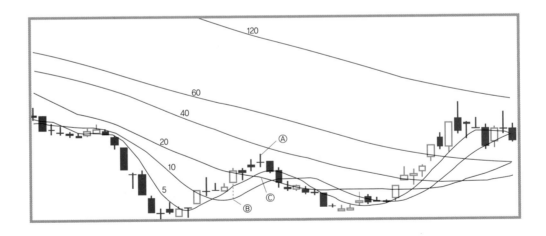

➐ 주식 시장이 침체 장세일 때는 상승하는 주식이더라도 상승 탄력이 둔화되는 경우가 많기 때문에 40일 MA선을 주가 그래프에 입력해야만 기술적 분석의 적중률이 높아진다.

ⓛ 위의 그래프에서는 10일 MA선인 Ⓑ선이 Ⓑ지점으로부터 상향 곡선을 형성하였으므로 주가는 이 시점부터 상승하기 시작하여 20일 MA선인 Ⓒ선을 1선 추월하여 40일 MA선에 근접하다가 하락한 것은 40일 MA선의 존재를 인정하기 때문이다. 만약 40일 MA선이 필요하지 않다면 주가는 60일 MA선까지 도달하거나 근접했어야 했을 것이다. 주식 시장의 침체기 일때는 Ⓐ와 같이 상승 한계 MA선까지 주가가 상승하지 않고 하락하는 경우가 있다는 것을 유의하기 바란다.

② 주가 MA선으로 1선 추월의 원칙을 분석하는 데 있어 40일 MA선이 필요한 경우를 분석한다.

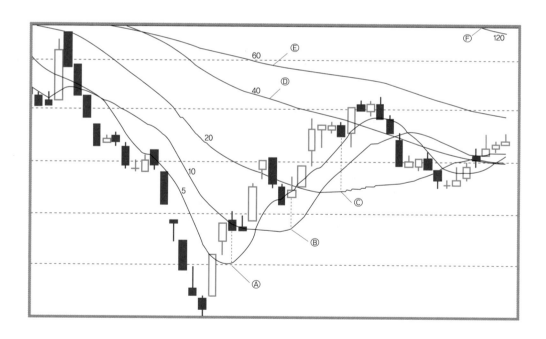

ⓖ 주가 그래프에서 20일 MA선과 60일 MA선 사이의 이격이 다른 MA선 사이의 이격보다 현격히 벌어져 있을 경우에는 40일 MA선을 입력하고 기술적 분석에 임하는 것이 좋다. 그러나 40일 MA선은 어디까지나 주가 MA선의 보조선이므로 일반적인 경우에는 40일 MA선을 활용하지 않는다는 것을 기억해 둘 필요가 있다.

ⓛ 위 주가 그래프에서 5일 MA선인 Ⓐ선이 Ⓐ점에서 상향하므로 주가는 이 시점에서 상승하기 시작하여 10일 MA선인 Ⓑ선을 추월하여 20일 MA선인 Ⓒ선까지 상승하였는데, 10일 MA선인 Ⓑ선이 Ⓑ점에서 상향하므로 주가는 이 시점부터 다시 상승하기 시작하여 20일 MA선인 Ⓒ선을 1선 추월하여 40일 MA선인 Ⓓ선까지 상승했다.

ⓒ 20일 MA선이 Ⓒ점에서 상향했으므로 Ⓒ점부터의 주가는 40일 MA선을 1선 추월하여 60일 MA선까지 상승해야 하는데, 근처까지만 상승하고 하락으로 전환했다. 만약 이 시점에서 40일 MA선이 없다면 주가는 60일 MA선인 Ⓔ선을 1선 추월하여 120일 MA선까지 상승해야 하는 모순이 발생하는 것이다. 그러므로 이런 경우에는 40일 MA선을 입력해야 한다. 또한 주가가 1선 추월하고 다음 MA선까지 꼭 도달하지 않더라도 1선 추월한 것으로 인정해야 하는 경우가 많이 있다는 것을 기억해 두기 바란다.(특히 침체장일 경우)

③ 주가 MA선으로 1선 추월의 원칙을 분석하는 데 있어 40일 MA선이 필요하지 않은 경우를 분석한다.

ⓖ 주가의 40일 MA선은 보조선이기 때문에 일반적인 주가 그래프에서는 많이 활용하지 않는다.

ⓛ 다음 그래프에서 굳이 40일 MA선이 필요하지 않는 경우를 분석해 본다면 다음과 같다. 20일 MA선이 Ⓑ지점에서부터 상향함으로써 주가는 이 시점부터 상승하기 시작하여 40일 MA선을 1선 추월하여 60일 MA선인 Ⓓ까지 상승한 것

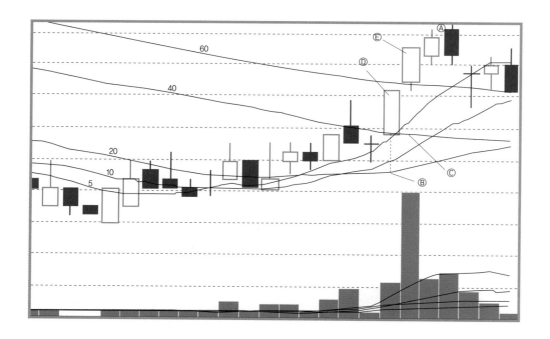

은 정상적인 1선 추월의 원칙에 부합한다.

ⓒ 그러나 ⓔ날의 주가부터는 60일 MA선을 상승 돌파하여 ⓐ까지 도달했음에도 불구하고 40일 MA선이 계속 하향하고 있으므로 1선 추월의 원칙에 의한다면 주가는 60일 MA선에 머물러야 하는 모순이 발생한다. 그러므로 위의 그래프에서 40일 MA선을 제외시킨다면 20일 MA선이 ⓑ점 이후부터 계속 상향하고 있으므로 주가는 60일 MA선을 1선 추월하여 ⓐ까지 상승한 것이 지극히 정상적이라고 할 수 있다. 따라서 그래프 분석을 할 때 항상 40일 MA선을 입력시켜서 활용 여부를 먼저 판단하는 것이 좋은 것이다.

40일 MA선이 20일 MA선이나 60일 MA선에 접해 있거나 근접해 있을 때는 제외시키는 것이 주가 그래프 분석에 유효하다.

◎ 기술적 분석을 피해야 하는 주가 그래프에는 어떤 것이 있는가?

. . .

주식은 정배열과 역배열로 끝없이 순환하기 때문에, 주가가 정배열에서 역배열로 역배열에서 정배열로 교차되는 과도기에 있는 주가 그래프에는 관심을 둘 필요가 없다고 생각한다. 즉 정배열로 진행되고 있는 주식이나 역배열에서 정배열로 전환하려는 주식은 기술적 분석으로 얼마든지 찾아낼 수 있기 때문에 굳이 주가 MA선이 무질서하게 엉킨, 진로가 불투명한 주가 그래프를 주시할 필요가 없다는 뜻에서 MA선이 무질서하게 뒤엉켜 있는 주식은 보지도 말고 지나가라는 것이다.

① 주가 MA선이 무질서하게 뒤엉켜 있는 주식은 관심을 갖지 말라.

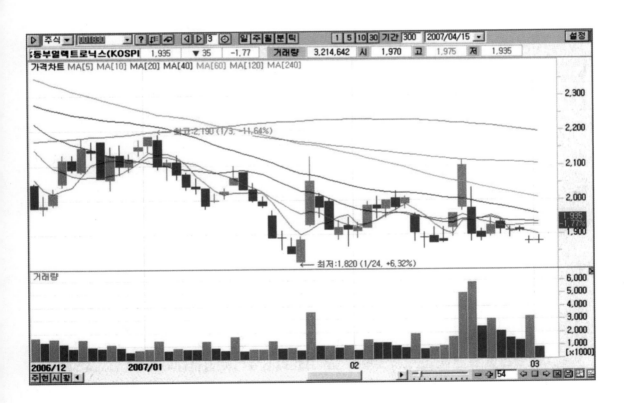

ⓖ 위 그래프에서와 같이 MA선이 정배열도 그렇다고 역배열도 아닌 상태에서 뒤엉켜 있는 것은 정배열이든 역배열이든 대오를 정비하려는 과도기 현상이다. 따라서 이런 예측 불능의 주식은 관심을 갖지 않는 게 좋다.

ⓛ 본 주식은 직전에 정배열로서 높은 상승세를 보였기 때문에 현재는 조정 과도기에 있다. 과도기가 끝나면 역배열 상태로 주가는 하락할 것이다.

◎ 주가의 선유봉을 분석하여 주가의 상승과 하락을 예측한다.

• • •

① 주가의 선유봉이란 무엇이며, 주가의 등락에 어떤 영향을 미치는가?

ⓖ 독자 여러분의 이해를 돕기 위해 '과거에 흘러간 주가봉'을 '선유봉(先流棒)'이라는 용어로 설명하고자 한다. 주가가 정배열 상태에서 꼭지를 치고 하락을 시작할 때 1선 추월의 원칙에 의해 주가의 향방을 예측하다가 5일 MA선 전후까지 하락하게 되면 이 시점부터는 선유봉의 위치를 분석하여 주가의 향방을 예측한다. 만약 주가가 역배열 상태에 있다면 정배열의 반대 개념으로 이해하면 될 것이다. 그러나 주가가 바닥이나 꼭지에서 5일 이상 횡보하다가 상승이나 하락할 경우에는 그 즉시 선유봉의 위치를 분석해서 향후의 주가 향방을 예측해야 할 것이다. 선유봉은 1선 추월의 원칙과 불가분의 관계에 있다. 선유봉의 위치가 MA선의 향방을 결정하게 되고 MA선의 향방에 따라서 주가의 등락까지 결정되기 때문이다.

ⓛ 현 주가보다 선유봉의 가격대 위치가 낮으면서 계속 낮은 가격대의 위치로 하향한다면 현 주가 MA선은 상향하게 될 것이고 따라서 주가도 상승하게 될 것이다. 반대로 현 주가의 위치보다 선유봉의 위치가 높으면서 계속 상향한다면 현 주가 MA선은 하향할 것이고 따라서 주가도 하락하게 된다.

ⓒ 주가의 상승 여부를 판가름하는 것은 '선유봉'과 '1선 추월의 원칙'이다.

따라서 선유봉의 위치가 현 주가에 미치는 영향을 예측해 보는 것은 대단히 중요하다. 즉 주가 5일 MA선의 선유봉은 현 주가 위치로부터 6일 전날의 주가 봉이고 10일 MA선의 선유봉은 11일 전날의 주가봉이며, 20일 MA선의 선유봉은 21일 전날의 주가봉이다. 이런 방식으로 각 MA선의 선유봉 위치를 측정한다. 독자 여러분의 정확한 이해를 위해 현실적인 주가 그래프를 중심으로 하여 분석한 자료들이 다음 페이지에 열거되어 있으니 잘 살펴보기 바란다.

② 선유봉을 분석하여 주가의 반등을 예측한다. 1

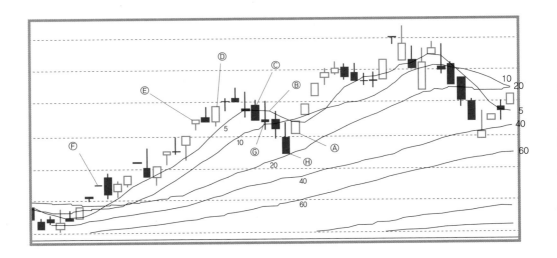

ㄱ ⑥날의 주가가 10일 MA선까지 조정을 받은 이유는 ⑥날의 주가가 ⑥날의 5일 MA선의 선유봉인 ⑩보다 낮은 위치에 있고, 주가 5일 MA선이 ⓒ날의 주가 음봉을 관통하고 하향중에 있기 때문이다. 또한 주가가 ⑭까지 더 깊게 조정을 받는 것은 주가 5일 MA선이 ⑧지점에서는 하향곡선을 이루었기 때문에 이 시점부터의 주가는 1선 추월의 원칙에 의해 10일 MA선을 1선 추월하여 20일 MA선까지 하락해야하기 때문이다.

ⓛ 주가가 ⓗ까지 조정을 받고 반등한 것은 주가 ⓗ의 위치에 있는 MA 3선 (5,10,20일 MA선)중 10,20일 MA선이 상향하기 때문에 2대 1의 원칙에 의해 주가가 반등하는 것인데, MA선의 상향의 원인을 선유봉에서 찾는다면 주가 Ⓐ의 위치에서 10일 MA선의 선유봉은 Ⓔ날이고 20일 MA선의 선유봉은 Ⓕ 날인데, Ⓔ나 Ⓕ날의 주가가 모두 Ⓐ의 주가보다 낮은 위치에 있기 때문에 주가 10일 MA선과 20일 MA선이 계속 상향함으로써 주가도 따라서 상승하는 것이다.

위의 그래프에서 주가가 ⓗ점까지 조정을 받았다가 반등한 것은 위에서 분석한 바와 같이 1선 추월의 원칙과 2대 1의 원칙이 모두 적용되었기 때문이다.

ⓒ 5일 MA선이 하락중인 주가가 음봉을 접하거나 관통하면 주가 음봉 Ⓖ와 같이 주가는 10일 MA선까지 하락한다.1선 추월의 원칙 참조)

③ 선유봉을 분석하여 주가의 반등을 예측한다. 2

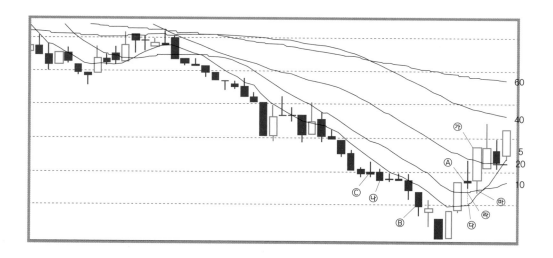

ⓐ 주가의 등락을 예측하기 위해서는 각 MA선의 선유봉의 위치값을 확인하는 것이 매우 중요하다. 주가가 상승하려면 MA선도 동반 상향해야하고, 하락 중

인 주가가 상승하려면 가장 먼저 5일 MA선이 상향해야 1선 추월의 원칙에 의해 주가가 상승할 수 있는 계기를 마련할 수 있는 것이다. 그러므로 5일 MA선이 상향할 것이냐 하향할 것이냐는 5일 MA선의 선유봉의 위치가 현 주가의 위치보다 높으냐 낮으냐에 따라서 달라진다.

Ⓛ 그래프 상의 Ⓐ를 당일이라고 가정할 때 Ⓐ의 5일 MA선의 선유봉은 Ⓑ(Ⓑ 는 Ⓐ로부터 6일째 되는 날)인데 Ⓑ의 가격이 Ⓐ보다 낮은 위치에 있기 때문에 Ⓐ에 상응하는 날의 5일 MA선이 ㉲점부터 상향하게 되고, 따라서 주가도 Ⓐ와 같이 상승하게 된 것이다. 그러나 10일 MA선의 선유봉 Ⓒ는 주가 Ⓐ로부터 11일째 되는 날의 주가로 Ⓒ의 주가가 Ⓐ의 주가보다 높은 위치에 있기 때문에 10일 MA선이 Ⓐ날에 상응하는 ㉱지점에서 상향하지 못해 주가도 Ⓐ의 위치에서 20일 MA선을 추월하지 못한 것이다.

그러나 ㉮의 주가를 당일이라고 가정할 때 ㉮의 10일 MA선의 선유봉인 ㉯의 주가값이 ㉮의 주가값보다 낮기 때문에 ㉮에 상응하는 10일 MA선이 ㉰점부터 상향하게 되었고, 따라서 주가도 1선 추월의 원칙에 의해 20일 MA선을 상승돌파하여 40일 MA선까지 이르게 되었다.

④ 선유봉을 분석하여 주가의 하락을 예측한다.

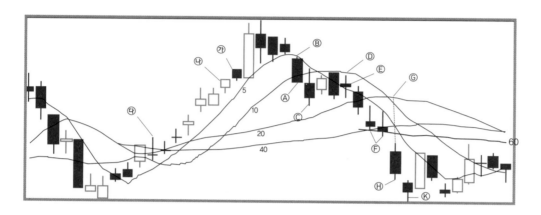

❼ 위 그래프에서의 Ⓐ를 당일의 주가라고 가정할 때, 주가 Ⓐ의 5일 MA선의 선유봉인 ㉮의 위치가 주가 ㉮보다 높기 때문에 주가 ㉮날에 상응하는 주가 5일 MA선이 Ⓑ점에서 하향하기 시작했다. 그러므로 주가는 10일 MA선인 Ⓓ선을 1선 추월하여 Ⓒ까지 하락하게 된 것이다.

❷ Ⓔ점의 주가를 당일의 주가라고 가정할 때, 주가 Ⓔ의 10일 MA선의 선유봉인 ㉯의 위치가 Ⓔ점의 주가보다 높기 때문에 10일 MA선이 Ⓓ점부터 하향하기 시작했다. 그러므로 주가는 20일 MA선인 Ⓖ선을 1선 추월하여 Ⓕ까지 하락하게 된 것이다.

❸ Ⓗ점의 주가를 당일의 주가라고 가정할 때, 주가 Ⓗ의 20일 MA선의 선유봉인 ㉰의 위치가 Ⓗ점의 주가보다 높은 위치에 있기 때문에 Ⓗ의 주가 날짜에 상응하는 20일 MA선이 Ⓖ점에서 하향하기 시작했다. 그러므로 주가는 20일 MA선의 직상위선인 40일 MA선과 60일 MA선을 동시에 추월하여 Ⓚ까지 하락하게 된 것이다.

❹ 주가 Ⓗ가 40일 MA선과 60일 MA선을 동시에 하향 추월한 것은 두선이 근접해 있기 때문이다. 40일 MA선은 보조선이기 때문에 본 주가 그래프 분석시에는 적용하지 않는 것이 옳은 판단이다.

폭등주나 대박주를
발굴하는 방법을 논한다

오늘도 우리 증권투자가들은 폭등주나 대박주를 발굴하려고 수없이 노력하고 있다. 그러나 막상 실전 그래프의 분석에 들어가 보면 어떤 종목이 폭등주나 대박주가 될 것인지 선택하기가 대단히 까다롭다.

누가 뭐라해도 폭등주나 대박주를 찾으려면 주식의 그래프분석의 기초가 탄탄해야 하기 때문에 본 저서의 제 1장에서 제2장까지는 열심히 공부를 해서 완전히 내 것으로 습득이 되어야 합니다.

지금까지 대다수 투자자들은 폭등주나 대박주가 꽃을 피우고 난 다음에야 이것이 폭등주나 대박주로구나 했지 미리 예측이란 대단히 어려웠던 것이 현실이었다.

그러나 본 저서를 습득하고 나면 아! 하고 탄성을 지를 만큼 놀랄 경우가 많이 발생할 것으로 생각됩니다.

필자가 실전에서 경험한 결론으로는 폭등주나 대박주가 형성될려면 반드시 폭등주나 대박주가 형성되기 수개월 전부터 주가가 횡보를 하다가 폭등 직전에

와서는 주가의 형성 구도를 특수한 형태로 만든다는 사실입니다.

본 저서에서는 거래량과 주가가 어떤 특수한 형태로 구성되는지를 연구하여 확률적으로 가장 적중률이 높은 주식 그래프만을 엄선해서 분석 하였으니 독자 여러분들은 이것을 참고하여 주가의 폭등주와 대박주를 발굴하는데 많은 도움이 되었으면 하는 것이 필자의 기원하는 바입니다.

폭등주나 대박주는 발생하기 직전의 거래량이 반드시 거래량 1/(일박자)나 거래량 2/(이박자)나 거래량 4/(사박자)나 거래량 7/(칠박자)나 계단식 거래량 4/(사박자)등이 형성되어야 그 다음에 오는 것이 폭등주나 대박주가 발생한다는 사실입니다.

그러므로 본 저서에서는 폭등주나 대박주가 발생할 수 있는 거래량과 주가의 기본구도가 어떤 모양으로 형성되었는지를 구체적이고 현실적인 주가 그래프를 통해서 독자 여러분들에게 밝혀드리고자 함이 필자의 희망사항입니다. 특히 본 저서의 폭등주나 대박주의 분석에 있어서는 매수 시점과 매도 시점을 중점적으로 분석하여 독자 여러분들의 주식 투자에 생기를 얻을 수 있는 계기가 될 수 있도록 노력하였습니다.

그러므로 거래량 1/와 거래량 2/와 거래량 4/와 거래량 7/등을 각각 분리해서 구체적으로 분석했으니 독자 여러분들은 이것을 정독하여 현실적인 실전 투자에 적용시켜 많은 수익을 획득할 것을 기원합니다.

◎ 폭등주나 대박주가 발생할 수 있는 조건

• • •

㉠ 폭등주나 대박주는 과거 수개월 동안 거래량의 등락없이 당시의 주도 종목 집단에서 배제된 소외 종목이라야 한다.

㉡ 폭등주나 대박주는 이전의 거래량에 비해 폭발적으로 많은 거래량이 형성

됨으로써 큰 세력이 매집에 개입했다는 증거가 될 수 있다.

ㄷ 폭등주나 대박주는 거래량이 폭증하면서 그에 상응하는 주가도 큰폭의 상승세를 보인다. 주가는 약 30~40% 정도 상승하는데 이때가 기술적 분석상으로 상승 1파에 해당되고 세력이 일반 투자자들의 물량을 빼앗기 위해서 계획적으로 주가를 상승시키는 것이다.

ㄹ 폭등주나 대박주는 조정시에는 거래가 가장 많이 이루어진 날짜의 주가를 반드시 지켜준다.

ㅁ 폭등주나 대박주는 상승 1파 후 조정시에 반드시 매집 가격대를 지키면서 물량을 확보한다. 매집 가격대를 지키면서 조정을 하는 것은 매집물량에서도 손실을 보지 않고 상승 3파에 임하겠다는 뜻이다.

ㅂ 폭등주나 대박주의 매수 시점은 상기조건이 형성되었을 때 거래량이 거래량의 하향 장기 추세선을 밑으로 이탈하는 거래량 1/나 위와 아래로 이탈하는 거래량 2/나 거래량을 위로 이탈한 4/나7/혹은 거래량 계단식 4/가 형성되고 그에 상응하는 주가는 주가의 4/가 형성되고 주가 MA선이 1선 추월의 원칙이 진행될 수 있는 시점이거나 MA선의 배열상 정배열 등 주가가 상승할 수 있는 준비가 완료되었다고 판단될 때이다.

◎ 주식의 기술적 분석에 있어서 꼭 알아두어야 할 몇가지 방법

• • •

① 거래량 1/, 2/, 4/, 7/가 형성되는 것과 완성된다는 것의 정의

거래량 1/(일박자) 2/(이박자) 4/(사박자) 7/(칠박자)등등의 거래량이 형성되어도 다음 날 거래량이 감소하고 주가도 하락하는 경우에는 거래량 1/, 2/, 7/만 형성되는 것이고 다음날 거래량이 증가하고 주가가 상승하면 그 때가 거래량 1/, 2/, 4/, 7/가 완성 되었다고 하는 것이다.

② 폭등주나 대박주의 거래량 꼭지 추세선과 거래량 겸용 추세선의 연결방법

거래량 겸용 추세선은 주로 거래량 1/(일박자)나 거래량 2/(이박자)에서 발생하는 데 거래량 바닥 추세선은 당연히 연결되는 거래량이 발생하는데 거래량 꼭지 추세선은 연결을 못하는 경우가 발생한다. 거래량 꼭지 추세선의 연결방법은 거래량 하향 추세선을 밑으로 이탈한 거래량 1/(일박자)나 거래량 2/(이박자)의 바닥점에서 직후에 발생하는 거래량과 연결되는 선이 거래량 꼭지 추세선인데 직후에 발생하는 거래량이 바닥 거래량 추세선을 위로 이탈하는 거래량이 형성되지 못하고 바닥 거래량 추세선까지 도달하지 못하는 거래량이 발생할때는 거래량 꼭지 추세선을 연결할 수가 없고 설사 연결한다고 해도 거래량 꼭지 추세선이 성립되지 못하는 것은 이미 연결되어 있는 거래량 바닥 추세선보다도 아래나 겹친 선으로 거래량 추세선이 연결되기 때문에 거래량 분석에 아무의미가 없으므로 거래량 꼭지 추세 선을 연결시킬수가 없다고 간주하고 거래량 바닥 추세선을 거래량 꼭지 추세선과 겸용으로 활용하기로 하면서 이것을 거래량 겸용 추세선이라 한다.

③ 폭등주나 대박주의 거래량 바닥 추세선을 연결하는 규칙.

거래량 하향 추세선을 밑으로 이탈한 거래량 1/(일박자)나 거래량 2/(이박자)의 바닥 점을 기점으로 하여 거래량이 증가하다 제일 먼저 거래량이 감소(늘림)하는 거래량과 연결하는 선이 거래량 바닥 추세선이다.

단, 거래량이 감소하더라도 감소한 거래량에 상응하는 주가가 상한가를 쳤을 때는 감소하는 거래량으로 인정하지 않고 이런 거래량은 거래량 바닥 추세선과 거래량 꼭지 추세선 사이에 위치한다고 간주함으로 거래량 바닥 추세선 연결 시에는 제외 되는 것이니 각별히 주의를 하여 정확한 연결을 해야 합니다.

④ 폭등주나 대박주가 발생하는 조건

　폭등주나 대박주가 발생하는 주가의 그래프는 주가가 폭등이나 급등을 하기 직전의 기본구도로서 거래량에서는 거래량 1/(일박자)나 2/(이박자) 4/(사박자) 7/(칠박자) 등이 발생되어야 하고 주가에서는 주가 4/(사박자)로서 W나 N형의 주가구도가 형성되어야 폭등주나 대박주가 발생할 확률이 많다.

⑤ 거래량 바닥 추세선과 그에 상응하는 주가의 5일 MA선과의 관계

　주가가 상승 중에 주가에 상응하는 거래량이 거래량의 바닥 추세선을 밑으로 이탈하면 상승중인 주가가 하락으로 전환되는 것이 정설이오나 주가가 상승 중에 하루나 이틀 하락을 하더라도 주가가 5일 MA선의 밑으로 이탈하지 않으면 주가가 하락 추세로 전환된 것이 아니라고 보고 일단 기다려 보는 것이다.

　그러므로 주가가 상승 중에 있는데 그에 상응하는 거래량이 거래량 바닥 추세선을 밑으로 이탈 하더라도 그에 상응하는 주가가 양봉이면 주가가 하락전환 되는 것이 아니고 음봉일 때 하락 전환 될 확률이 많다. 그러나 양봉이던 음봉이던 간에 주가가 5일 MA선을 밑으로 이탈하지 않으면 그 주가는 살아있는 것이다.

　만일의 경우 주가가 5일 MA선을 접하거나 밑으로 이탈했을 경우에는 일단 1선 추월의 원칙에 의해서 주가 10일 MA선이나 20일 MA선에서 하락 한계점이 되어 반등할 것인지 아니면 추세가 하락으로 전화될 것인지를 세밀히 분석해 보면 그의 해답이 나올 것이다.

⑥ 거래량이 거래량 꼭지 추세선을 위로 이탈할 때의 처리방법

　거래량이 주가의 상승초기에 거래량이 꼭지 추세선을 위로 이탈하는 것은 일반 투자자들의 과열매매로 인한 것이고(단, 그에 상응하는 주가가 양봉일 때) 주가가 천정권에 있을 때는 그에 상응하는 거래량이 꼭지 추세선을 위로 이탈하면 세력이 자신들의 보유물량을 매도하는 것이다.(단, 그에 상응하는 주가가 음봉일 때)

Part 3

Part 3

거래량
일박자(1/)에
상응하는
주가가
폭등하는 것을
분석한다.

Chapter 1

거래량 일박자(1/)가 발생한 주가가 폭등하는 대박주를 분석한다.

◎ 거래량 1/(일박자)가 주가의 폭등기초를 어떻게 형성시키는가?

• • •

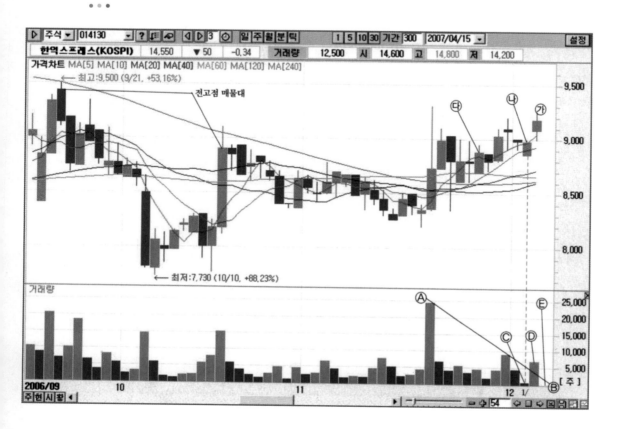

🗝 거래량 하향 추세선인 Ⓐ−Ⓑ를 밑으로 이탈한 거래량 바닥 Ⓒ를 거래량 1/(일박자)라고 칭하고 동시에 거래량 바닥이라고 한다.

거래량이 거래량의 하향 추세선인 Ⓐ−Ⓑ를 따라서 점점 감소하다가 거래량 하향 추세선을 밑으로 이탈하는 소량의 거래량이 발생하면(거래량 Ⓒ보다도 하루나 이틀 더 적은 거래량이 형성될 수도 있다.) 이것을 거래량 1/(일박자)의 바닥점이라고 하는데. 이런 현상이 왜 발생하느냐 하면 그동안 약 3개월 동안이나 거래량이 증가하지 못한데다 최근까지 그에 상응하는 주가도 전고점의 매물대를 돌파하지 못하고 최근의 주가 움직임도 기복이 심한 보합현상을 지속하니까 일반투자자들이 불안해서 보유주식을 모두 매도하고 세력은 이것을 모두 받아서 매집했기 때문에 더이상은 일반투자자들로부터 매도 물량이 출회될 것이 없기 때문에 거래량은 자연적으로 ⓒ와 같이 급감하게 되어 거래량 바닥이 발생하는 것이다.

Ⓛ 1/(일박자)의 거래량 바닥이 발생하면 다음날의 거래량이 바닥보다 약간만 증가해도 그에 상응하는 주가는 상승하는 것이 일반적인 예이다.

즉, 거래량 바닥 ⓒ에서 다음날인(둘째날) Ⓓ의 거래량이 증가하니까 그에 상응하는 주가 ㉮가 상승하는 것을 보아도 알수가 있는 것이다.

만약에 거래량 1/(일박자)의 바닥거래량(첫째날의 거래량)에 비교해서 다음날인(둘째날)의 거래량이 증가하고 섯째 날의 거래량이 감소하면 거래량 4/가 형성되는 것이므로 거래량 바닥은 여러 가지 가능성을 형유하고 있다고 할 것이다.

즉, 거래량 4/란 섯째 날의 거래량인 Ⓔ가 바닥거래량 보다는 많고 둘째 날의 거래량보다 적은 거래량이 형성되는 것이다.

Ⓔ 거래량 바닥 ⓒ에 상응하는 주가 ㉯를 기점으로 한 5일 MA선의 선유봉인 ㉰값이 낮으므로 해서 5일 MA선이 상향하게 되어 있기 때문에 그에 상응하는 주가 ㉮는 상승하게 되어 있는 것이다.

그러므로 거래량 바닥인 ⓒ가 발생한 날이 거래량 바닥으로 확인이 된 것이나 다름이 없다. 그러나 거래량 1/(일박자)의 바닥을 확인 할 때는 반드시 거래량 1/(일박자)에 상응하는 주가의 위치가 1선 추월의 원칙에 의해서 5일 MA선이 상향하고 있는지를 5일 MA선의 선유봉을 확인해서 정확하게 거래량 1/(일박자)의 바닥을 재확인해야 할 것이며 따라서 본 그래프의 주가 매수 시점은 거래량 Ⓓ에 상응하는 주가 ㉮점이 되는 것이다.

※ 본 그래프는 다음 페이지의 그래프와 연속된 것으로서 본 그래프의 Ⓐ, Ⓑ, ⓒ, Ⓓ, Ⓔ와 ㉮, ㉯, ㉰는 다음 페이지의 Ⓐ, Ⓑ, ⓒ, Ⓓ, Ⓔ와 ㉮, ㉯, ㉰가 같은 위치에 있는 것이다.

◎ **거래량 1/(일박자) ⓒ로 바닥을 형성하고 난 후 폭등하는 주가를 분석한다.**

• • •

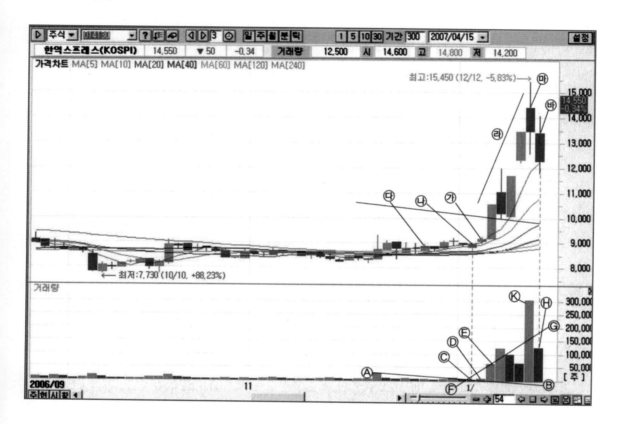

※본 그래프는 전 페이지의 그래프와 연속된 것이다.(Ⓐ, Ⓑ, Ⓒ, Ⓓ, Ⓔ와 ㉮,
㉯, ㉰가 같은 위치에 있다.)

㉠ 약 6개월간 횡보하는 본 주가 그래프는 거래량 하향 추세선인 Ⓐ–Ⓑ를 밑
으로 이탈한 거래량 1/ⓒ가 바닥이 형성되고 난 후 거래량이 폭증하고 그에 상
응하는 주가도 ㉱와 같이 폭등하였다.

㉡ 거래량 바닥 추세선이 Ⓕ–Ⓖ가 상향하는 것을 따라서 거래량이 증가하면
서 그에 상응하는 주가는 ㉱와 같이 폭등을 하였다.

거래량 꼭지 추세선은 거래량 ⑩가 거래량 바닥 추세선인 ⑯-ⓖ아래에 있기 때문에 거래량 꼭지 추세선을 연결시킬 수가 없어서 거래량 바닥 추세선인 ⑯-ⓖ를 가상의 거래량 꼭지 추세선으로 인정해서 분석하고 거래량 바닥 추세선인 ⑯-ⓖ를 거래향 꼭지 추세선으로도 분석한다하여 이런 경우의 추세선을 거래량 겸용 추세선이라 한다.

ⓒ 본 그래프의 주가의 매도 시점은 거래량 바닥 추세선인 ⑯-ⓖ를 밑으로 이탈한 거래량 ⑭에 상응하는 주가 ⑭날이다.

ⓓ 거래량 바닥 추세선(겸용 추세선)을 위로 크게 이탈한 거래량 ⓚ는 그에 상응하는 주가 봉인 ⑭를 볼 때 음십자봉이 크게 발생했는데 이것은 세력이 자신들의 보유주식을 매도하기 때문이다. 만약 주가 ⑭가 양봉이 발생했다면 세력은 아직 보유물량을 매도하지 않는 것이고 대신 일반 투자자들이 주가가 계속 상승할 것이라고 판단하고 주식을 계속 매수하는 현상이 되는 것이다. 그러나 이 시점의 거래량 ⓚ는 폭증하고 이에 상응하는 주가 ⑭는 심하게 흔들리므로 이 현상은 세력이 보유물량을 매도하고 손을 데는 현상이므로 가급적이면 주가 ⑭의 주가봉 윗수염 부근에서 매도하는 것이 상책일 것이다. 그러나 이것이 예의치 못하면 다음날인 주가 ⑭날에는 아침 동시 호가에 미련없이 매도해야 한다.

◎ 폭등주인 거래량 1/(일박자) Ⓕ가 발생한 거래량의 추세선을 연결하는
  방법을 분석한다.

· · ·

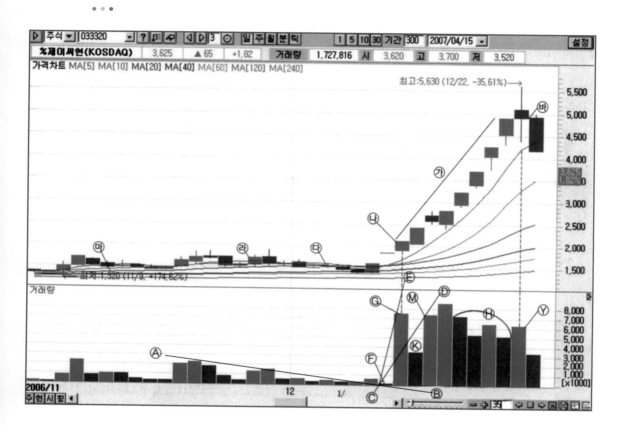

　　Ⓖ 거래량 하향 추세선인 Ⓐ-Ⓑ를 밑으로 이탈한 거래량 Ⓕ가 거래량 1/(일박
자)이다.

　　여기에서 특별히 유의할 것은 거래량 바닥 추세선인 Ⓒ-Ⓓ와 거래량 꼭지 추
세선인 Ⓒ-Ⓔ사이에서 거래량이 증가했다고 했는데 본 그래프를 단편적으로 보
면 거래량이 증가한 것으로 보이지 않는다.

　　그러나 거래량 Ⓗ에 상응하는 주가가 상한가를 쳤기 때문에 문제가 달라진다.

즉 상한가를 친 주가에 상응하는 거래량은 아무리 소량일지라도 거래량 바닥 추세선과 거래량 꼭지 추세선 사이에 있는 것으로 간주하기 때문에 Ⓗ의 거래량은 거래량 바닥 추세선인 Ⓒ–Ⓓ와 거래량 꼭지 추세선인 Ⓒ–Ⓔ사이에서 거래량이 증가한 것이 되는 것이다.

　Ⓛ 거래량 바닥 추세선인 Ⓒ–Ⓓ와 거래량 꼭지 추세선인 Ⓒ–Ⓔ사이에서 거래량이 증가함으로서 그에 상응하는 주가는 ㉮와 같이 폭등을 하였다.

　Ⓒ 본 그래프의 주가의 매수 시점은 거래량 하향 추세선을 밑으로 이탈한 거래량 1/Ⓕ를 완성시킨 거래량 Ⓖ에 상응하는 주가 ㉯날이다.

　주가 ㉯날의 5일 MA선의 선유봉인 ㉰를 비롯하여 10일 MA선의 선유봉인 ㉱와 20일 MA선의 선유봉인 ㉲까지 모두의 주가가 ㉯날의 주가값보다 낮은 값에 위치하고 있기 때문에 주가의 ㉯날의 5일 MA선과 10일 MA선과 20일 MA선이 상향하여 정배열을 형성하였으므로 그에 상응하는 주가 ㉯는 따라서 상승하는 것이므로 주가 ㉯날이 매수 시점이다.

　Ⓡ 본 그래프의 주가의 매도 시점은 거래량 바닥 추세선인 Ⓒ–Ⓓ를 밑으로 이탈한 거래량 Ⓨ에 상응하는 주가 ㉳날이다.

　본 그래프를 단편적으로 볼때 거래량 바닥 추세선을 밑으로 이탈한 거래량 Ⓨ를 이해하기 어렵지 않겠느냐해서 첨언합니다.

　전 항인 ㉠란에서도 기술한 봐와 같이 거래량 Ⓗ는 그에 상응하는 주가가 상한가를 쳤기 때문에 상한가에 상응하는 거래량은 거래량 바닥 추세선과 거래량 꼭지 추세선 사이에 있는 것으로 간주 되기 때문에 Ⓗ의 거래량은 이에 해당하는 것이나 거래량 Ⓨ는 그에 상응하는 주가가 상한가를 치지 못했기 때문에 거래량 바닥 추세선인 Ⓒ–Ⓓ를 밑으로 이탈한 것이 되므로 주가의 매도 시점이 되는 것이다.

　주가 ㉳는 주가가 꼭지 부근에서 음십자봉이 아래위의 수염이 길게 형성된 것으로 보아 독자 여러분들도 쉽게 주가꼭지로 이해가 될 것이다.

ⓜ 본 그래프의 거래량 추세선 연결방법은 대박주나 폭등주의 연결방법이라는 것을 독자여러분께 밝혀둔다.

대박주나 폭등주의 거래량 추세선 연결방법은 거래량 바닥을 기점으로하여 제일 처음 거래량이 감소하는 거래량과 연결된 추세선이 거래량 바닥 추세선이 되는 것이고 거래량 바닥을 기점으로 하여 거래량 바닥직후의 거래량과 연결된 추세선이 거래량 꼭지 추세선이 되는 것이다.

ⓑ 거듭 독자여러분께 밝혀둘 것은 거래량이 거래량 바닥 추세선 아래에 있을지라도 그에 상응하는 주가가 상한가 일대는 거래량이 거래량 바닥 추세선과 거래량 꼭지 추세선 사이에 있는 것으로 간주한다.

ⓢ 본 그래프에서 거래량 바닥 추세선인 ⓒ-ⓓ를 연결시켜야 하는 이유를 분석한다면 거래량 1/ⓕ를 기점으로 하여 제일 처음 거래량의 눌림을 받은 거래량 ⓜ점(거래량 바닥 1/ⓕ로부터 제일 처음 거래량이 줄어든 것)과 연결시킨 추세선이 거래량 바닥 추세선이다.

거래량 ⓜ점 이전에 육안으로 보아서는 ⓚ의 거래량이 ⓜ의 거래량 보다 먼저 눌림을 받았으나 ⓚ의 거래량에 상응하는 주가는 상한가를 쳤기 때문에 거래량 바닥 추세선 ⓒ-ⓓ와 거래량 꼭지 추세선 ⓒ-ⓔ사이에 위치하는 것으로 간주하기 때문에 거래량 바닥 1/ⓕ이후에 제일 먼저 거래량의 눌림을 받은 거래량 ⓜ가 되므로 거래량 ⓕ와 ⓜ를 연결시켜야 되는 것이고 따라서 거래량 ⓒ-ⓓ가 거래량 바닥 추세선이 되는 것이다.

ⓞ 본 그래프에서 거래량 꼭지 추세선을 ⓕ와 ⓖ로 연결시키는 이유는 거래량 바닥 1/ⓕ를 기점으로해서 직후의 거래량으로서 거래량 바닥 추세선 ⓒ-ⓓ를 위로 이탈한 거래량 ⓖ이기 때문이다. 만약 거래량 ⓖ가 거래량 바닥 추세선 밑으로 이탈되어 있다면 거래량 꼭지 추세선을 연결시킬 수가 없기 때문에 이런 경우에는 거래량 바닥 추세선 ⓒ-ⓓ를 거래량 꼭지 추세선과 겸용 추세선으로 활용한다. 이런 경우가 거래량 1/(일박자)와 거래량 2/(이박자)에서는 흔히 발

생한다.

❸ 거래량 바닥 추세선인 ©–Ⓓ를 밑으로 이탈한 거래량 ⒣는 그에 상응하는 주가가 모두 상한가를 쳤기 때문에 거래량 ⒣는 거래량 바닥 추세선인 ©–Ⓓ와 거래량 꼭지 추세선인 ©–Ⓔ사이에 위치하는 것으로 간주되는 것이고 거래량 Ⓨ는 거래량 바닥 추세선 ©–Ⓓ를 밑으로 이탈했기 때문에 거래량 Ⓨ에 상응하는 주가 ⒝가 주가의 매도 시점이 되는 것이다.

※ 독자들을 위하여 같은 그래프를 하나 더 넣음.

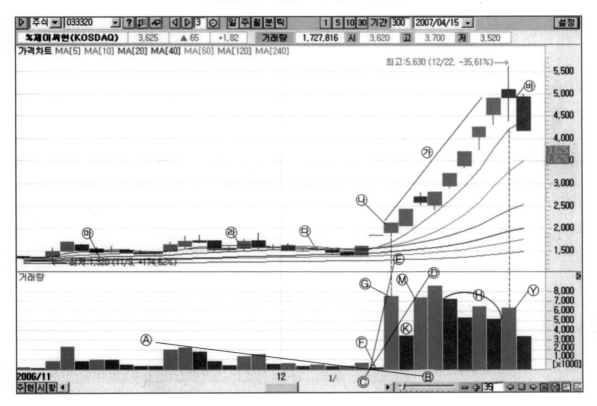

◎ 주가가 폭등하기 직전에 형성된 거래량 계단식 4/와 그에 상응하는 주가를
 분석한다

• • •

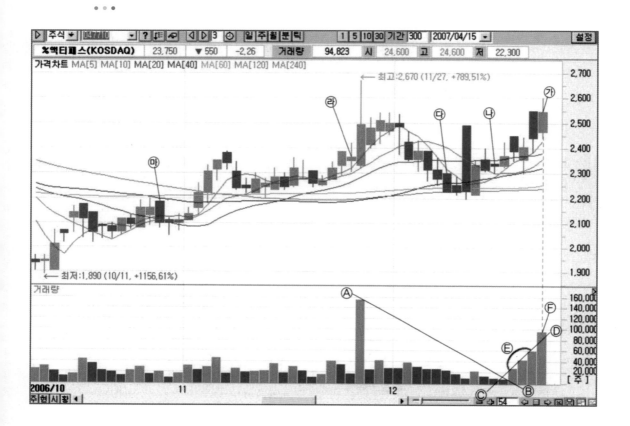

　⬤ 본 그래프를 분석하는 이유는 다음 페이지의 주가가 폭등하는 것이 그의
기초가 어떻게 구성되었는가를 분석하는데 의미를 둔다.
　⬤ 거래량 하향 추세선인 Ⓐ-Ⓑ를 위로 이탈하는 거래량 계단식 4/Ⓔ(거래량
계단식 4/는 그에 상응하는 주가가 폭등주가 될 수 있는 확률이 많음)가 형성되
었고 거래량 바닥 추세선인 Ⓒ-Ⓓ를 위로 이탈하는 거래량 Ⓕ가 발생함으로써
그에 상응하는 주가㉮가 상승할 수 있는 계기가 되었다.

ⓒ 거래량 ⓕ에 상응하는 주가 ㉮에 대하여 분석한다면 주가 ㉮에 상응하는 주가 5일 MA선의 선유봉인 ㉯로부터 시작하여 10일 MA선의 선유봉인 ㉰와 20일 MA선의 선유봉인 ㉱와 40일 MA선의 선유봉인 ㉲까지 모두 주가 ㉮의 값보다 낮은 값의 위치에 있기 때문에 주가 ㉮는 앞으로 상승할 것이라는 것이 거의 확실시 되므로 본 주식의 매수 시점으로 손색이 없다.

ⓔ 본 그래프 상의 매수 시점인 거래량 ⓕ와 주가 ㉮와의 사이에 그어져 있는 점선은 다음 페이지의 그래프 상에 표시된 거래량 ⓖ와 주가 ㉳사이에 그어져 있는 점선과 같은 선이다.

◎ 주가의 점상한가의 대박주를 분석한다.

• • •

◯ㄱ 본 주식과 같은 그래프는 몇 년 만에 한번 나올까 말까하는 엄청난 주가의 폭등이다.

이런 주식은 매일 같이 점상한가를 치기 때문에 점상한가를 치지 못하는 날이 주식을 매도하는 날로 정하는 것이 마음이 편할 것이다. 조금 더 수익을 얻고자 한다면 졸이는 마음을 주체할 수 없을 것이니 편안한 마음가짐이 더 중요할 것으로 생각된다.

◯ㄴ 전 페이지의 거래량 Ⓕ와 주가 ㉮가 연결된 점선이 본 페이지의 거래량 Ⓖ

와 주가 ㉕가 연결된 점선과 같은 선이므로 전 페이지의 주가 그래프와 연속된 그래프다.

㉢ 거래량 상향 추세선 ㉮-㉰은 전 페이지의 거래량 바닥 추세선인 ㉢-㉣를 그대로 연장시킨 거래량 바닥 추세선이다.

거래량 바닥 추세선인 ㉮-㉰을 밑으로 이탈한 9개의 거래량은 그에 상응하는 주가가 모두 상한가를 쳤기 때문에 9개의 거래량은 거래량 바닥 추세선인 ㉮-㉰ 위에 있는 것으로 간주되기 때문에 거래량은 계속 증가하는 것이나 다름이 없다.

㉣ 각설하고 본 그래프에서도 저자가 느끼는 바로는 어떠한 폭등주든지 폭등주가 형성되려면 폭등주가 발생하기 직전의 주가 그래프가 민구은의 주식 4/이론에 근거를 두고 철저한 분석을 해서 분석 평점 100점이면 반드시 좋은 결과가 온다는 것을 강조하고 싶다.

◎ 거래량 1/(일박자)가 발생해서 주가가 폭등하는 대박주를 분석한다.

• • •

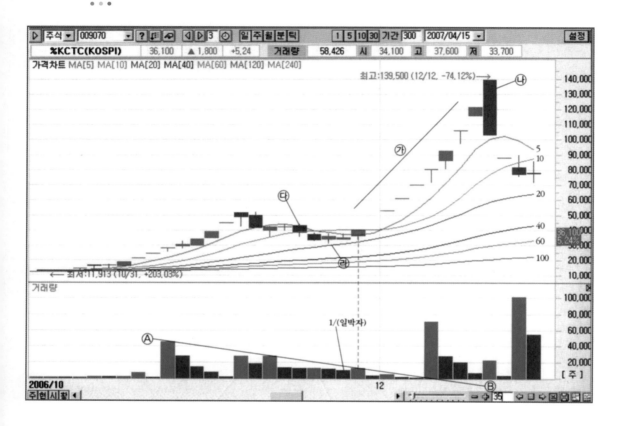

🔵 1년 2개월가량 횡보한 본 주식 그래프는 거래량 하향 추세선인 Ⓐ-Ⓑ를 밑으로 이탈한 거래량 1/가 형성됨과 동시에 그 시점부터 상한가를 친 주가는 점 상한가를 계속 치고 ㉮와 같이 주가가 ㉯점까지 폭등을 했으나 일반 투자자들에게는 그림의 떡이지 이 주식을 미리 매수할 길이 없는 것이다.

🔵 그러나 거래량과 병행해서 주가의 1선 추월의 원칙을 분석해보면 얼마든지 사전에 주식을 매수할 수 있는 기회를 잡을 수가 있다.

즉, 주가 5일 MA선인 ㉰점이 하향하고 있기 때문에 향후 주가는 1선 추월의 원칙에 의해서 20일 MA선인 ㉣점까지가 하락 한계점이 되기 때문에 (10일 MA선이 상향하고 있기 때문) 주가는 하락 한계점까지 하락하면 다시 상승으로 전환하는 성질을 가지고 있으므로 주가 ㉣점이 매수 시점이다.

Ⓒ 그렇다면 상승으로 주가가 전환할 지 여부는 주가의 10일 MA선의 상향여부에 달려있는데 과연 10일 MA선이 상향하고 있는지는 육안으로 판단하기가 어렵기 때문에 수치로서 판단을 해야 함으로 10일 MA선의 상향 여부를 판가름하는 주가의 수치로서 컴퓨터의 마우스를 활용하여 10일 MA선의 상향 여부를 판단한다.

Ⓓ 본 주식의 매도 시점은 주가 ㉯날인데 ㉯날의 주가는 아침 시초가에 상한가를 쳤다가 계속 흔들면서 종가에는 하한가까지 밀렸는데 이런 주식은 점상한가로 단시일 내에 폭등을 했으므로 점상한가가 깨어지는 날이 주식의 매도 시점이다. 그러므로 장중에 많이 흔들린다 싶으면 미련 없이 매도하는 것이 상책이다.

◎ 거래량 1/Ⓕ와 거래량 4/와 거래량 7/가 연속해서 발생한 주가가 폭등하는
　 대박주를 분석한다.

• • •

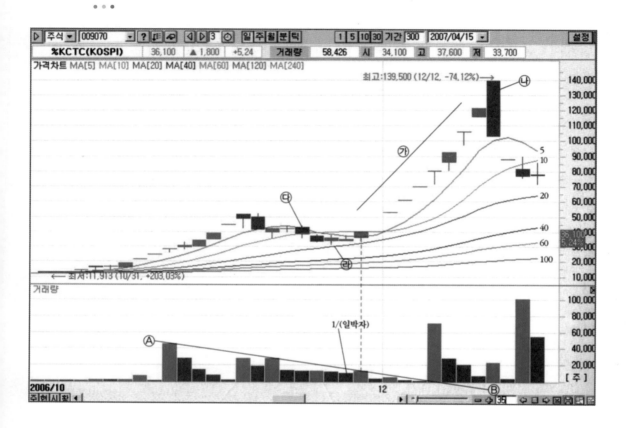

　❼ 거래량 하향선인 Ⓐ–Ⓑ를 밑으로 이탈한 거래량 1/Ⓕ와 거래량 4/와 위로
이탈한 거래량 7/가 발생했다.
　❶ 거래량 바닥 추세선인 Ⓒ–Ⓓ와 거래량 꼭지추세선인 Ⓒ–Ⓔ사이에서 거래
량이 증가함으로서 그에 상응하는 주가는 ㉮와 같이 전대미문의 폭등을 하였다.
　❸ 본 그래프의 주가의 매수 시점은 거래량 하향 추세선 Ⓐ–Ⓑ를 밑으로 이탈
한 거래량 1/Ⓕ를 완성시킨 거래량 Ⓖ에 상응하는 주가 ㉯날이다.

주가 ㉯날의 5일 MA선의 선유봉인 ㉰를 비롯하여 10일 MA선의 선유봉인 ㉴와 20일 MA선의 선유봉인 ㉵까지 모두가 주가 ㉯날의 주가 값보다도 아래의 값에 위치하고 있으므로 이에 상응하는 주가 MA선이 정배열을 형성함으로서 그에 상응하는 주가 ㉯는 따라서 상승하게 되어있으므로 주가의 매수 시점이다.

　㉣ 본 그래프의 주가의 매도 시점은 거래량 바닥 추세선인 ⓒ–ⓓ를 밑으로 이탈한 거래량 ⑭에 상응하는 주가 ㉱날이다.

　㉤ 주가 ㉶날에는 주가의 봉이 장대음봉의 역망치형 봉이 발생했으며 그에 상응하는 거래량이 ⓚ와 같이 폭증을 했으며 또한 주가 ㉶날의 전날의 주가봉이 천정권에서 T자형의 주가봉이 발생했으므로 고차원적인 주가 분석가라면 주가 ㉶날에도 주식을 매도할 수 있었을 것이다. 그러나 마음이 편안하게 순리대로 주가를 매도하는 시점은 주가 ㉱의 아침동시 호가이다.

　㉥ 거래량 바닥 추세선 ⓒ–ⓓ밑에 있는 거래량은 전부가 거래량에 상응하는 주가가 상한가를 쳤기 때문에 상한가에 상응하는 거래량은 거래량 바닥 추세선 ⓒ–ⓓ와 거래량 꼭지 추세선 ⓒ–ⓔ사이에 위치하고 있는 것으로 간주된다.

　㉦ 거래량 바닥 추세선 ⓒ–ⓓ를 연결 시킬때 거래량 1/ⓕ와 거래량 ⓨ를 연결시킨 이유를 설명코저하니 독자 여러분들은 유의하시기 바랍니다. 거래량 바닥 추세선의 시발점은 거래량 바닥점인 1/ⓕ를 기점으로 하는 것이 당연하지만 경유점인 거래량 ⓨ점은 선택하기가가 여간 까다로운 것이 아닙니다.

　거래량 바닥 추세선의 경유점은 거래량이 바닥에서 증가하다가 첫 눌림점(거래량 감소)을 경유하는 것인데 거래량 ⓨ가 첫 눌림점이 되는 것은 거래량 ⓨ이전의 거래량 ①, ②, ③은 그에 상응하는 주가가 상한가를 쳤기 때문에 거래량 바닥 추세선인 ⓒ–ⓓ와 거래량 꼭지 추세선인 ⓒ–ⓔ사이에 있는 것으로 간주되기 때문에 첫 눌림점은 거래량 ⓨ가 되는 것이다.

◎ 거래량 1/F가 발생한데 상응하는 주가가 점상한가로 폭등하는 것을
분석한다.

• • • •

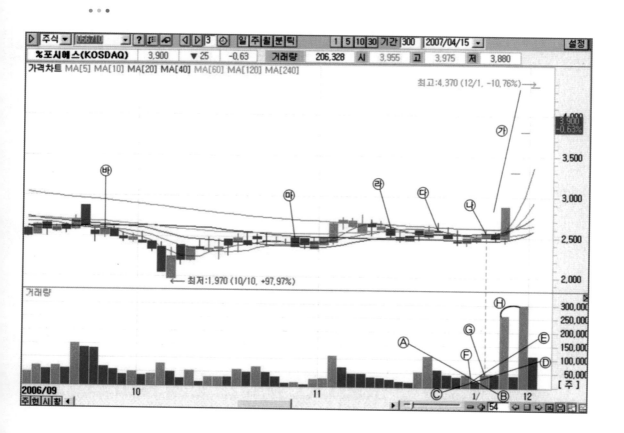

㉠ 거래량 하향 추세선인 Ⓐ–Ⓑ를 밑으로 이탈하는 거래량 1/F가 발생했다.

㉡ 거래량 바닥 추세선인 Ⓒ–Ⓓ와 거래량 꼭지 추세선인 Ⓒ–Ⓔ사이에서 거
래량이 폭증함으로서 그에 상응하는 주가가 ㉮와 같이 폭등을 하였다.

㉢ 본 그래프의 주가의 매수 시점은 거래량 하향 추세선을 밑으로 이탈한 거
래량 1/F를 완성시킨 거래량 Ⓖ에 상응하는 주가 ㉯날이다.

주가 ㉯날의 5일 MA선의 선유봉인 ㉰와 10일 MA선의 선유봉인 ㉱와 20일

MA선의 선유봉인 ㉺와 40일 MA선의 선유봉인 ㉻까지 모두 주가 ㉯의 주가값
보다 아래의 값의 위치에 있기 때문에 그에 상응하는 주가 5일 MA선과 10일
MA선과 40일 MA선 등이 정배열을 형성하기 때문에 주가 ㉯는 상승하게 되어
있으므로 주가 ㉯날이 매수 시점이다.

　　㉣ 본 그래프의 주가 매도 시점은 주가가 점 상한가로 폭등을 하고 있기 때문
에 점 상한가가 무너지는 날을 주가의 매도 시점으로 예정해 놓는 것이 좋다.

　　㉤ 거래량 꼭지 추세선을 위로 이탈한 거래량 ㉦는 세력과 일반 투자자들의
과열 매매로 인한 결과물이다.

◎ 거래량 1/Ⓕ와 거래량 4/가 동시에 발생한데 상응하는 주가의 폭등현상을
분석한다.

• • •

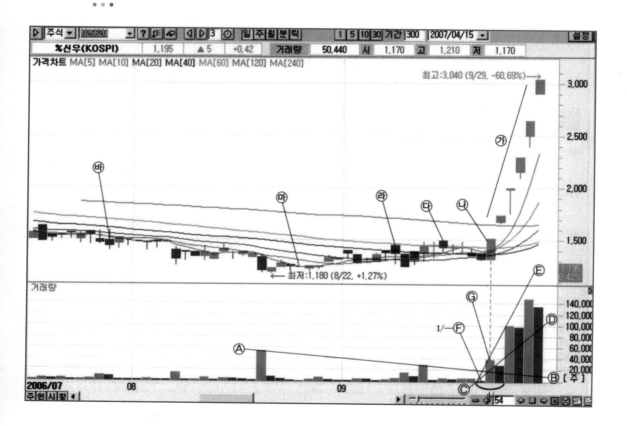

Ⓖ 거래량 하향 추세선인 Ⓐ-Ⓑ를 밑으로 이탈한 거래량 1/Ⓕ와 위로 이탈한
거래량 4/가 동시에 발생했다.

Ⓛ 거래량 바닥 추세선 Ⓒ-Ⓓ와 거래량 꼭지 추세선 Ⓒ-Ⓔ사이에서 거래량
이 증가함으로서 그에 상응하는 주가가 ㉮와 같이 폭등을 하였다.

Ⓒ 본 그래프의 주가의 매수 시점은 거래량 1/Ⓕ를 완성시킨 거래량 Ⓖ에 상
응하는 주가 ㉯날이다.

주가 ㉯날에 상응하는 주가 5일 MA선의 선유봉인 ㉰를 비롯해서 주가 10일 MA선의 선유봉인 ㉱와 주가 20일 MA선의 선유봉인 ㉲와 주가 40일 MA선의 선유봉인 ㉳등이 모두 주가 ㉯의 주가 값보다 낮은 위치의 값에 있기 때문에 그에 상응하는 주가 MA선의 향방이 전부 상향하였으므로 주가 하위 MA선인 5일 10일 20일 40일 MA선이 정배열로 형성되므로 그에 상응하는 주가도 상승하게 되는 것이므로 ㉯날이 매수 시점이다.

　❷ 본 그래프의 주가의 매도 시점은 계속 상한가로 폭등하든 주가가 어느 시점에서 상한가에 미달되는 날이 올 것인데 그날이 주가의 매도 시점으로 하는 것이 적절한 시점이다.

◎ 거래량 1/ⓕ에 상응하는 주가의 폭등을 분석한다.

• • •

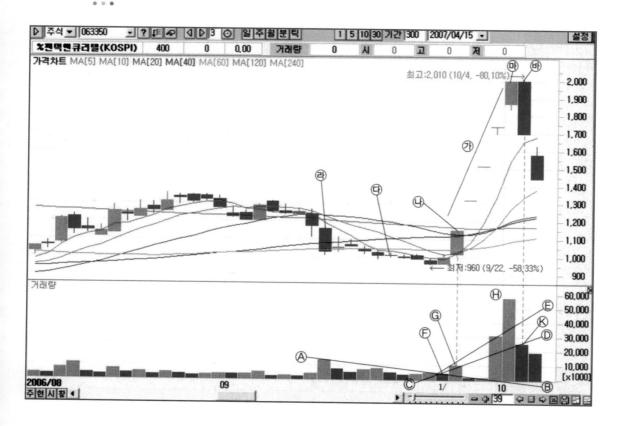

🔵 거래량 하향 추세선인 ⓐ-ⓑ를 밑으로 이탈하는 거래량 1/ⓕ가 발생했다.

🔵 거래량 바닥 추세선인 ⓒ-ⓓ와 거래량 꼭지 추세선인 ⓒ-ⓔ사이에서 거래량이 증가함으로서 그에 상응하는 주가가 ㉮와 같이 폭등을 하였다.

🔵 본 그래프의 주가 매수 시점은 거래량 하향 추세선을 밑으로 이탈한 거래량 1/ⓕ를 완성시킨 거래량 ⓖ에 상응하는 주가 ㉯날이다.

주가 ㉯날은 그에 대한 주가 5일 MA선의 선유봉인 ㉰와 10일 MA선의 선유봉인 ㉱가 모두 주가 ㉯날의 주가값보다도 아래의 위치의 값에 있기 때문에 그에 상응하는 주가 ㉯날의 MA선이 상향함으로서 주가 ㉯도 상승하게 되어 있기 때문에 주가의 매수 시점이다.

❹ 본 그래프의 주가 매도 시점은 거래량 바닥 추세선인 ©−Ⓓ를 밑으로 이탈한 거래량 Ⓚ에 상응한 주가 ㉺날이다.

자세히 분석해보면 거래량 꼭지 추세선을 거래량 Ⓗ가 위로 이탈한 것은 이미 세력은 보유물량을 매도에 들어갔기 때문에 거래량 Ⓗ가 폭증한 것이고 따라서 그에 상응한 주가 ㉺도 상한가를 치게해서 다음날 고가에 매도하고자 세력이 술수를 쓴것이라고 볼 수 있다.

/투/자/격/언/

무릎에서 사서 어깨에서 팔아라.

주가는 항상 움직이지 않는다. 침체기를 거친 주가는 대체로 곡선을 그리며 오른다. 전문가들은 침체기보다는 주가가 일정 수준 움직이기 시작할 때 투자를 한다. 반대로 주가가 오를 만큼 올라 모두가 팔려고 할 때는 팔 수 없기 때문에 일정 수준 이익을 내면 팔고 다른 종목으로 옮겨간다. 전문가는 바닥이나 상투에서 승부를 내지 않는다는 격언도 위의 경우와 같다.

◎ 거래량 1/Ⓕ가 발생한 주가가 폭등하는 것을 분석한다.

• • •

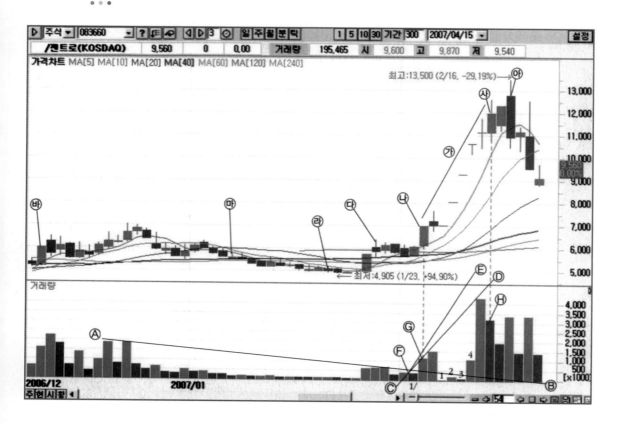

🔟 거래량 하향 추세선인 Ⓐ-Ⓑ를 밑으로 이탈하는 거래량 1/Ⓕ가 발생했다.

🔘 거래량 바닥 추세선인 Ⓒ-Ⓓ와 거래량 꼭지 추세선 Ⓒ-Ⓔ사이에서 거래량이 증가함으로서 그에 상응하는 주가는 ㉮와 같이 폭등을 하였다.

주가의 상한가에 상응하는 거래량 ①, ②, ③, ④와 같이 거래량이 다소를 막론하고 거래량 바닥 추세선인 Ⓒ-Ⓓ와 거래량 꼭지 추세선인 Ⓒ-Ⓔ사이에 있는 것으로 간주한다.

🔘 본 그래프의 주가의 매수 시점은 거래량 하향 추세선을 밑으로 이탈한 거

래량 1/Ⓕ를 완성시킨 거래량 Ⓖ에 상응하는 주가 Ⓝ날이다.

주가 Ⓝ날의 5일 MA선의 선유봉인 Ⓓ를 비롯하여 10일 MA선의 선유봉인 Ⓡ와 20일 MA선의 선유봉인 Ⓜ와 40일 MA선의 선유봉인 Ⓑ까지 모두 주가 Ⓝ날의 주가 값보다도 낮은 값에 위치하고 있기 때문에 주가 Ⓝ날의 5일 MA선과 10일 MA선과 20일 MA선과 40일 MA선등이 모두 상향함으로 주가 Ⓝ날의 MA선이 정배열이 형성되므로 그에 상응하는 주가 Ⓝ는 따라서 상승하게 되므로 주가 Ⓝ가 매수 시점이 되는 것이다.

❹ 본 그래프의 주가의 매도 시점은 거래량 바닥 추세선 ⓒ-Ⓓ를 밑으로 이탈한 거래량 Ⓗ에 상응하는 주가 Ⓢ날이다.

이 시점에서 독자 여러분들이 간과해서는 안 될 것은 주가 Ⓐ에서 주식을 매도했다면 수익을 더 많이 얻을 수가 있을 텐데 하는 욕심이 생길 수도 있다. 그러나 주가 Ⓐ의 부분은 세력이 자신들의 주식을 매도하다가 남은 잔량을 매도하는 것이기 때문에 때로는 아주 낮은 값으로 손절 매도하는 경우가 있기 때문에 까딱 잘못하면 주가 Ⓢ에서 정석으로 매도하는 것보다도 수익을 거두지 못할 경우도 있다는 것을 염두에 두시기 바랍니다.

◎ 거래량 1/ⓕ가 발생한 폭등주가 주가 MA선의 2대 1의 적용을 받았다.

• • •

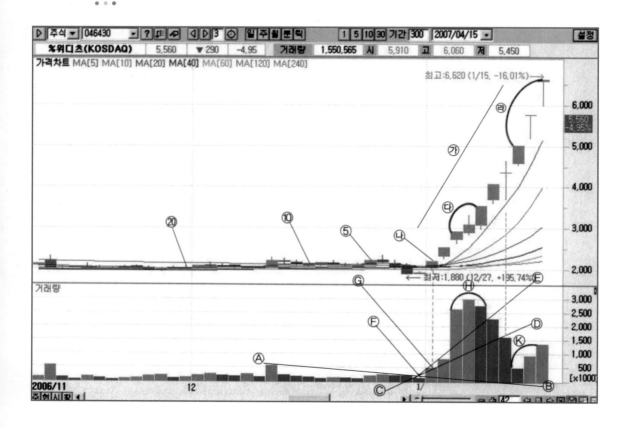

❼ 거래량 하향 추세선인 Ⓐ-Ⓑ선을 밑으로 이탈한 거래량 1/인 ⓕ가 발생했다.

❶ 거래량 바닥 추세선인 Ⓒ-Ⓓ와 거래량 꼭지 추세선인 Ⓒ-Ⓔ사이에서 거래량이 폭증하면서 그에 상응한 주가는 ㉮와 같이 폭등을 하였다.

❸ 거래량 꼭지 추세선 Ⓒ-Ⓔ를 거래량 ⓗ가 위로 이탈 한 것은 일반 투자자들의 과열 매매로 인한 것이 원인이며 따라서 그에 상응하는 주가 ㉯가 양봉인 것이 이것을 증명하는 것이다. 만약 음봉이라면 세력이 보유주식을 매도하는 것

이다.

  ㄹ 주가 ㉱가 상한가를 쳤기 때문에 그에 상응하는 거래량 ⓚ가 거래량 바닥 추세선인 ⓒ-ⓓ를 밑으로 이탈했으나 ⓚ의 거래량은 거래량 바닥 추세선인 ⓒ-ⓓ와 거래량 꼭지 추세선인 ⓒ-ⓔ사이에 존재하는 것을 간주된다.

  ㅁ 본 그래프의 주식의 매수 시점은 거래량 1/ⓕ를 완성시킨 거래량 ⓖ에 상응하는 주가 ㉲점이 되는 것인데 주가 ㉲점은 5일, 10일, 20일 주가 MA선의 선유봉중 5일 MA선만 제외하고 10일MA선과 20일 MA선의 선유봉이 주가 ㉲점보다 아래값에 위치하고 있기 때문에 주가 MA선의 2대 1의 원칙에 의해서 ㉲점의 주가가 상승하게 되어 있는 것이다.

  그러므로 주가의 매수 시점은 ㉲점이 되는 것이다.

  ㅂ 주가 MA선의 2대 1의 원칙이란 주가 MA선의 하위 3선 중 2선만 상향하고 1선은 하향하면 그에 상응하는 주가는 상승하는 것이고 반대로 하위 3선중 2선은 하향하고 1선만 상승하면 그에 상응하는 주가는 하락하는 것을 뜻한다.

◎ 거래량 1/ⓔ에 상응하는 폭등주를 분석한다.

• • •

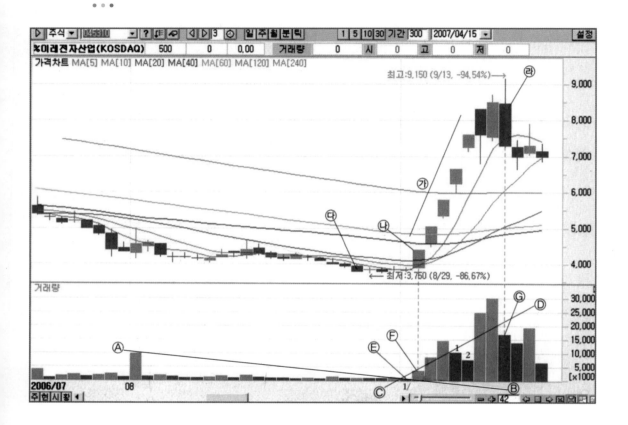

㉠ 거래량 하향 추세선인 Ⓐ-Ⓑ선을 밑으로 이탈하는 거래량 1/ⓔ가 발생하였다.

㉡ 거래량 바닥 추세선인 Ⓒ-Ⓓ는 연결되었는데 거래량 꼭지 추세선은 연결할 수가 없다.

거래량 꼭지 추세선을 연결하려면 거래량 바닥인 거래량 1/ⓔ를 기점으로 해서 직후에 거래량이 증가하는 점과 연결 하는 선이 거래량 꼭지 추세선인데 본 그래프에서는 거래량 바닥 추세선인 Ⓒ-Ⓓ가 연결된 선과 거래량 꼭지 추세선이 연결되는 선과 겹치기 때문에 거래량 ⓒ-ⓓ선이 거래량 바닥 추세선과 거래량 꼭지 추세선이 같은 선이 되므로 겸용선으로 활용하여 주가를 분석한다.

※ 이 시점에서 폭등주의 거래량 바닥 추세선 연결 방법은 한 번 더 논한다면 거래량 바닥점인 거래량 1/ⓔ를 기점으로 해서 거래량이 증가하다가 제일 먼저 눌림을 받는 거래량 봉과 연결시키는 선이 거래량 바닥 추세선이 된다.

이 방법에서 유의 할 점은 상한가를 친 주가에 상응하는 거래량은 눌림을 인정하지 않는 다는 것이 특이하다.

거래량 ①은 그에 상응하는 주가가 상한가에 미치지 못하여 거래량의 첫눌림으로 인정되어 거래량 겸임 추세선인 ⓒ-ⓓ선과 연결되는 점이 된 것이고 거래량 ②는 그에 상응하는 주가가 상한가를 쳤기 때문에 그에 상응하는 주가는 거래량 겸임 추세선인 ⓒ-ⓓ선 위에 있는 것으로 간주한다.

ⓒ 본 그래프의 거래량 겸임 추세선이 ⓒ-ⓓ선을 따라서 거래량이 증가하면서 그에 상응하는 주가는 ㉮와 같이 폭등을 하였다.

ⓔ 본 그래프의 주식 매수 시점은 거래량 1/ⓔ를 완성시킨 점인 거래량 ⓕ점에 상응하는 주가 ㉯점이다. 주가 ㉯점의 현재의 위치는 5일 MA선의 선유봉인 주가 ㉰점의 값보다 높은 위치에 있기 때문에 주가가 상승할 확률이 많기 때문이다.

ⓜ 본 그래프의 주식 매도 시점은 ⓒ-ⓓ의 겸용 거래량 바닥 추세선을 밑으로 이탈한 거래량 ⓖ에 상응하는 주가 ㉱점이 된다.

㉱점의 장대음봉은 주가의 꼭지를 확인시켜 주는 모양새가 되는 것이다.

◎ 거래량 1/Ⓔ가 발생한 그래프에 상응한 주가가 폭등하는 것을 분석한다.

• • •

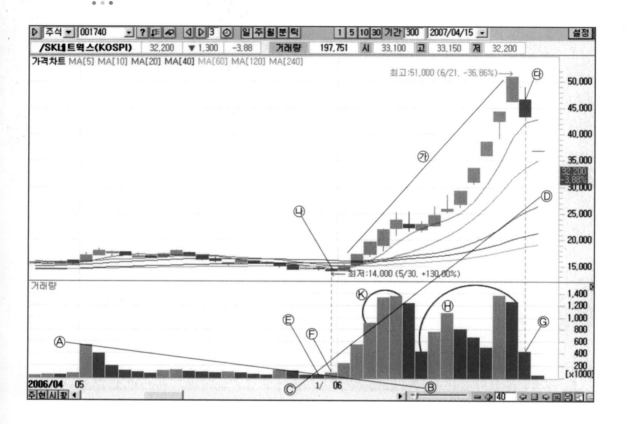

🗸 6개월 간 횡보하던 주식이 거래량 하향 추세선인 Ⓐ-Ⓑ를 밑으로 이탈한 거래량 1/Ⓔ가 발생하였다.

🗸 거래량 추세선 Ⓒ-Ⓓ는 거래량 바닥 추세선인데, 거래량 꼭지 추세선의 역할을 겸해서 하게 되었다.

폭등주의 거래량 추세선 연결 방법은 앞에서 설명한 바가 있으나 다시 설명을 한다면

① 거래량 바닥 추세선 연결 방법은 거래량 바닥점에서 증가해 가는 거래량

중에서 제일 먼저 거래량이 감소하는(눌림을 주는 거래량) 거래량과 연결시키는 것이 거래량 바닥 추세선이다. 단, 감소하는 거래량이라도 그에 상응하는 주가가 상한가를 쳤다면 거래량 바닥 추세선 위로 증가한 것으로 간주한다.

② 거래량 꼭지 추세선 연결 방법은 거래량 바닥점과 바로 다음날 거래량과 연결시키는 것이 거래량 꼭지 추세선이다.

본 그래프에서 거래량 꼭지 추세선을 연결시키려면 거래량 바닥점(거래량 1/Ⓔ)에서 거래량 Ⓕ점을 연결시켜야 되는데 거래량 Ⓔ-Ⓕ로 연결시키는 선은 오히려 거래량 바닥 추세선인 Ⓐ-Ⓓ선 밑에 위치하게 되므로 이렇게 논리적으로 맞지 않기 때문에 Ⓔ-Ⓕ로 연결되는 거래량 추세선은 없는 것으로 한다. 그러므로 본 그래프에서는 거래량 바닥 추세선인 Ⓒ-Ⓓ를 거래량 꼭지 추세선과 겸하여 활용하면서 분석하기로하여 이런 추세선을 거래량 겸용 추세선이라고 한다.

ㄷ 거래량 겸용 추세선 Ⓒ-Ⓓ를 밑으로 이탈한 거래량 Ⓗ는 그에 상응하는 주가가 5일 MA선을 지키면서 전부가 양봉이고 대부분이 상한가임으로 거래량 겸용 추세선인 Ⓒ-Ⓓ선 위로 증가한 것으로 분석한다. Ⓚ의 거래량은 Ⓒ-Ⓓ의 겸용 추세선을 위로 이탈한 모양이므로 일반 투자자들의 과열 매매로 인하여 거래량이 증가한 것으로 간주한다.

ㄹ 본 그래프의 주가는 Ⓒ-Ⓓ의 겸용 추세선을 따라서 거래량이 증가함으로서 그에 상응하는 주가가 ㉮와 같이 폭등하였다.

ㅁ 본 그래프의 주식의 매수 시점은 거래량 1/Ⓔ가 완성된 거래량 Ⓕ에 상응하는 주가 ㉯날이다. ㉯날의 주가가 바닥이고 ㉯날에 상응하는 거래량 Ⓕ는 거래량 바닥 1/Ⓔ보다 거래량이 증가해서 거래량 하향 추세선인 Ⓐ-Ⓑ를 처음으로 위로 이탈하였다는 것이 주가가 상승할 수 있는 의미를 부여하는 것이다.

ㅂ 본 그래프의 주식의 매도 시점은 주가의 상한가 대열에서 처음으로 이탈하여 역망치형의 음봉을 형성한 주가 ㉰날이다. ㉰날에 상응하는 거래량 Ⓖ도 감소하는 것으로 보아서 주가의 꼭지로 인정이 된다.

◎ 거래량 1/ⓔ가 발생한 주가의 폭등을 1선 추월의 원칙과 선유봉을 겸하여
  분석한다.

  • • •

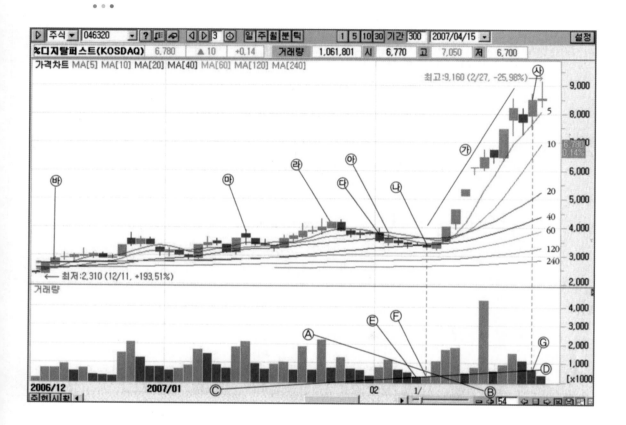

ㄱ 거래량 하향 추세선인 ⓐ-ⓑ를 밑으로 이탈한 거래량 1/ⓔ가 발생하였다.
ㄴ 거래량 바닥 추세선인 ⓒ-ⓓ를 따라서 거래량이 증가함으로서 그에 상응
하는 주가는 ㉮와 같이 폭등을 하였다.

본 그래프에서는 거래량 꼭지 추세선은 연결시킬 수가 없다. 거래량 꼭지 추
세선은 주가 바닥인 1/ⓔ와 직후의 거래량 ⓕ와 연결되어야 하는데 ⓕ의 거래량
이 거래량 바닥 추세선인 ⓒ-ⓓ밑에 위치하고 있기 때문에 거래량 꼭지 추세선

을 연결시킬 수가 없으므로 거래량 바닥 추세선인 ⓒ–ⓓ를 거래량 꼭지 추세선과 겸용으로 활용하기로 한다.

ⓒ 본 그래프의 주가의 매수 시점은 거래량 하향 추세선을 밑으로 이탈한 거래량 1/ⓔ를 완성시킨 거래량 ⓕ에 상응하는 주가 ㉯날이다.

주가 ㉯날의 주가 5일 MA선의 선유봉인 ㉰와 10일 MA선의 선유봉인 ㉱날의 주가값이 주가 ㉯날의 주가 값보다도 높은 값의 위치에 있기 때문에 주가 MA선의 선유봉의 위치로 보아서는 주가 ㉯가 상승할 수가 없다. 그리고 주가 20일 MA선의 선유봉인 ㉲와 40일 MA선의 선유봉인 ㉳의 주가값은 주가 ㉯날의 주가값보다 아래의 위치에 있으나 이들은 중기 MA선의 선유봉이기 때문에 ㉯날의 주가 값이 조금 더 상승해야 ㉯날의 주가가 상승할 수 있는 영향을 받을 수 있는 것이지 현재로서는 받을 수 없다. 그러나 주가 ㉯날의 값은 다음날부터 상승하기 시작했는데 그 이유를 분석하고자 한다.

주가 10일 MA선의 ㉭점에서 주가 10일 MA선이 하향함으로써 그에 상응하는 주가는 1선 추월의 원칙에 의해서 20일 MA선을 1선 추월하여 40일 MA선인 주가㉯까지 하락하였는데 이 시점의 20일 MA선은 하향하지 않고 상향을 하고 있기 때문에 ㉯날의 주가의 하락한 계점은 40일 MA선이 되는 것이고 따라서 주가는 40일 MA선을 접하고 있는 주가 ㉯날이 주가의 하락한 계점이 되는것이므로 주가 ㉯날의 다음날부터는 주가가 계속 상승하는 것이다.

그러므로 주가 ㉯날이 매수 시점이 되는 것이다.

ⓓ 본 그래프의 주가의 매도 시점은 거래량 바닥 추세선 (겸용 추세선)인 ⓒ–ⓓ를 밑으로 이탈한 거래량 ⓖ에 상응하는 주가 ㉴날이다.

◎ 거래량 1/Ⓔ에 상응하는 폭등주를 분석한다.

• • •

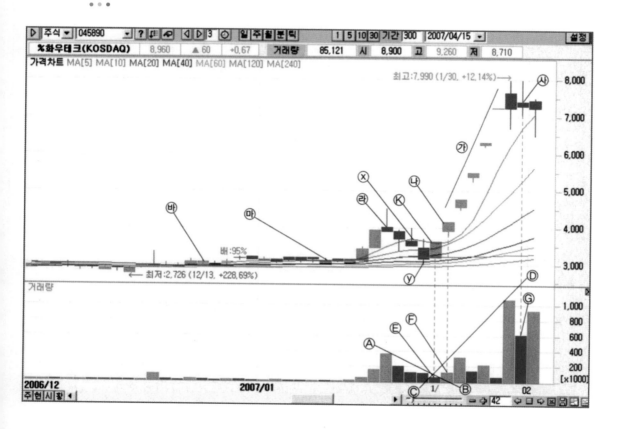

ㄱ 거래량 하향 추세선인 Ⓐ-Ⓑ를 밑으로 이탈하는 거래량 1/Ⓔ가 발생하였
다.

ㄴ 거래량 바닥 추세선인 Ⓒ-Ⓓ를 따라서 거래량이 증가하니 그에 상응하는
주가는 ㉮와 같이 폭등을 하였다. (거래량 꼭지 추세선은 거래량 바닥인 1/Ⓔ와
직후 거래량인 Ⓕ와 연결되는 선인데 거래량 Ⓕ가 거래량 바닥 추세선인 Ⓒ-Ⓓ
선 밑에 있기 때문에 거래량 꼭지 추세선을 연결시킬 수가 없으므로 거래량 바
닥 추세선인 Ⓒ-Ⓓ와 겸용으로 활용하기로 한다.)

ⓒ 본 그래프의 주가의 매수 시점은 거래량 하향 추세선을 밑으로 이탈한 거래량 1/Ⓔ를 완성시킨 거래량 Ⓕ에 상응하는 주가 ㉯날이다.

주가 ㉯날의 5일 MA선의 선유봉인 ㉱를 위시해서 10일 MA선의 선유봉인 ㉲와 20일 MA선의 선유봉인 ㉳까지 모두 ㉯날의 주가값보다 낮은 값에 위치하고 있기 때문에 주가 ㉯날의 5일 MA선과 10일 MA선 등이 모두 상향하고 있기 때문에 이들의 주가 MA선이 정배열이 형성되므로 주가 ㉯는 따라서 상승하게 되는 것이다.

ⓓ 본 그래프의 주가의 매수 시점을 하루 앞당겨서 거래량 1Ⓔ/에 상응하는 주가 Ⓚ가 될 수 있다. 즉 주가 5일 MA선이 x점에서 하향함으로서 주가가 10일 MA선을 1선 추월하고 20일 MA선인 Ⓨ까지 하락하였는데 Ⓨ가 하락한계점이 되기 때문에 주가가 반등할 수 밖에 없는데 주가가 반등하는 시점이 Ⓚ날이라는 것이다. (Ⓨ가 하락한계점이 되는 이유는 10일 MA선이 상향하기 때문이다.)

ⓔ 본 그래프의 주가의 매도 시점은 거래량 바닥 추세선(겸용추세선) ⓒ–ⓓ를 밑으로 이탈한 거래량 Ⓖ에 상응하는 주가 ㉴날이다. 주가 ㉴날의 전날에 주가의 음십자봉이 발생했으므로 세력은 이미 매집 물량을 매도에 착수했다고 볼 수 있다.

◎ 거래량 1/ⓔ가 발생하는데 상응하는 주가가 폭등하는 것을 분석한다.

• • •

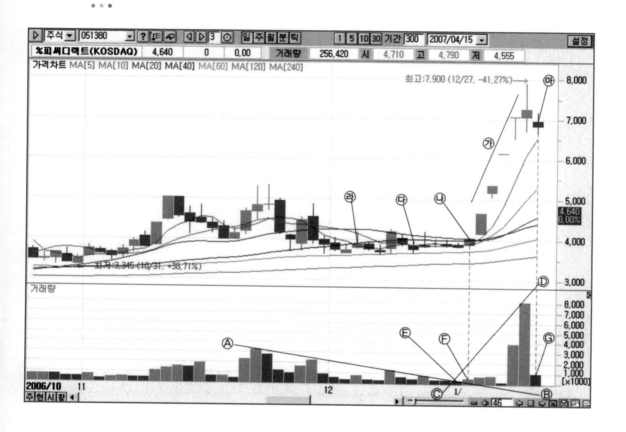

　　ㄱ 거래량 하향 추세선인 Ⓐ–Ⓑ를 밑으로 이탈하는 거래량 1/ⓔ가 발생했다.
　　ㄴ 거래량 바닥 추세선인 Ⓒ–Ⓓ를 따라서 거래량이 증가함으로서 주가가 ㉮
와 같이 폭등을 하였다.

　　본 그래프에서는 거래량 꼭지 추세선을 연결할 수가 없다. 거래량 꼭지 추세
선을 연결하려면 거래량 바닥인 ⓔ(1/)를 기점으로하여 직후에 발생한 거래량
ⓕ와 연결시켜야 하는데 거래량 ⓕ가 거래량 바닥 추세선인 Ⓒ–Ⓓ밑에 위치하
고 있기 때문에 거래량 꼭지 추세선을 연결할 수가 없으므로 거래량 바닥 추세

선인 ⓒ–ⓓ를 거래량 꼭지 추세선과 겸용으로 활용하여야 하며 이것을 거래량 겸용추세선이라 한다.

　ⓒ 본 그래프의 주가의 매수 시점은 거래량 하향 추세선인 Ⓐ–Ⓑ를 밑으로 이탈한 거래량 1/ⓔ를 완성시킨 거래량 Ⓕ에 상응하는 주가 ⓙ날의 주가가 본 그래프의 주식의 매수 시점이 되는 것이다.

　ⓒ 주가 ⓙ날의 매수 시점이라는 것을 확인시켜주는 것은 주가 ⓙ날에 상응하는 주가 5일 MA선의 선유봉인 ⓖ와 10일 MA선의 선유봉인 ⓗ날의 주가값의 위치가 ⓙ날의 주가 값의 위치보다 아래에 위치에 있기 때문에 ⓖ와 ⓗ의 주가 MA선이 상향함으로서 ⓙ날의 주가도 상승한다는 것이다.

　ⓜ 본 주식의 그래프의 주가 매도 시점은 거래량 바닥 추세선(겸용 추세선)인 ⓒ–ⓓ를 밑으로 이탈한 거래량 Ⓖ에 상응하는 주가 ⓕ날이 되는 것이다.

◎ 거래량 1/Ⓔ에 상응하는 주가의 폭등을 분석한다.

• • •

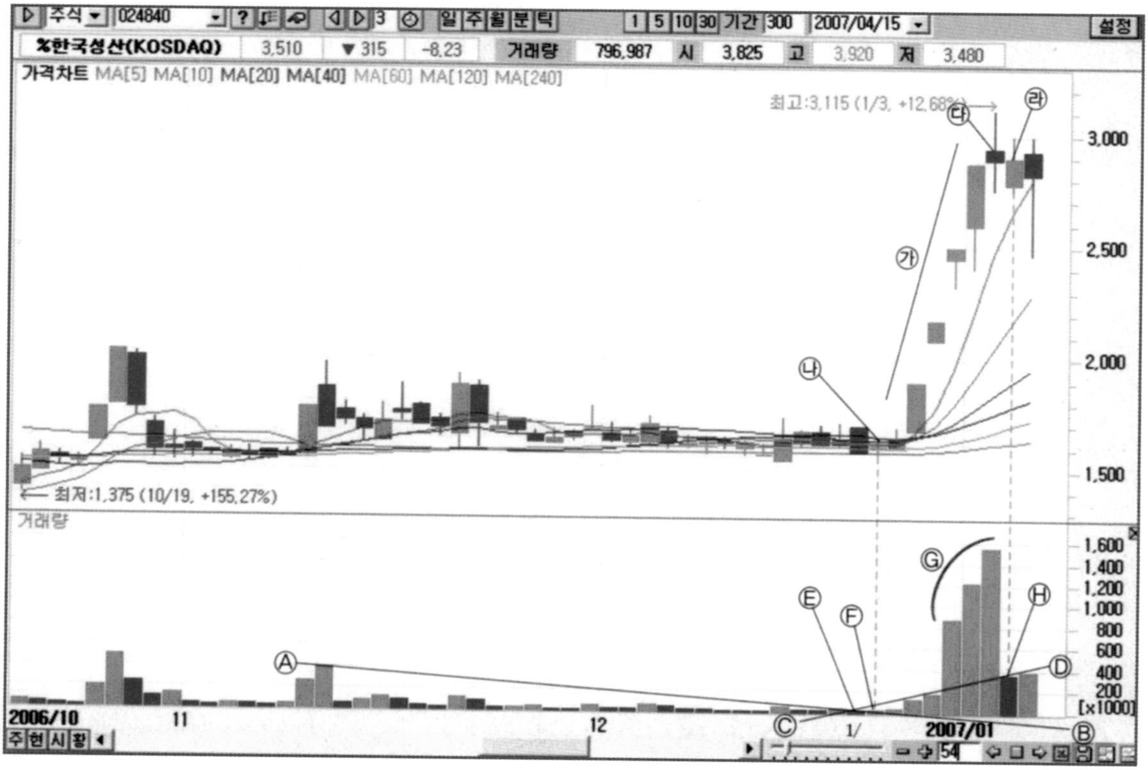

❶ 거래량 하향 추세선인 Ⓐ–Ⓑ를 밑으로 이탈한 거래량 1/Ⓔ가 발생했다.

❷ 거래량 바닥 추세선을 따라서 거래량이 증가함으로써 그에 상응하는 주가는 ㉮와 같이 폭등을 하였다. (거래량 꼭지 추세선은 연결시킬 수가 없기 때문에 거래량 바닥 추세선과 겸용함)

❸ 본 그래프의 주가의 매수 시점은 거래량 1/Ⓔ를 완성시킨 거래량 Ⓕ에 상응하는 주가 ㉯날이다.

❹ 본 그래프의 주가의 매도 시점은 거래량 바닥 추세선을 밑으로 이탈한 거

래량 ㉕에 상응하는 주가 ㉘날이다. 본 주가는 ㉘날의 전날인 ㉓날에 이미 주가가 꼭지를 예측해 주고 있다. 주가가 상당히 상승한 상태에서 주가가 ㉓와 같이 음십자봉이 발생했다는 것은 금명간 주가의 꼭지가 올것이라는 것을 암시해 주는 것이다.

▣ 거래량 ⓖ는 일반투자자와 세력들의 과열매매로 인한 결과물이다.

◎ 거래량 1/Ⓔ가 발생한 주가가 폭등하는 것을 분석한다.

• • •

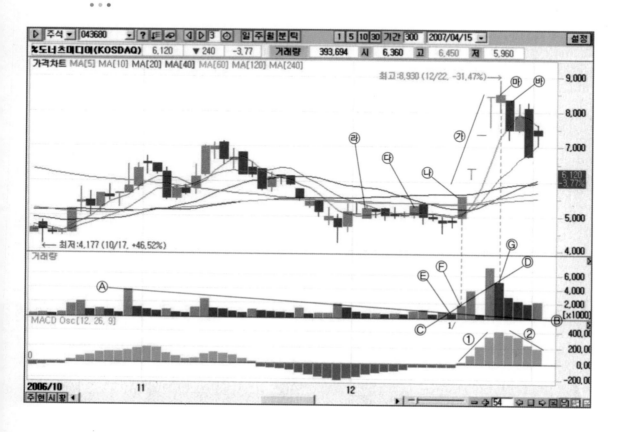

⬤➐ 거래량 하향 추세선인 Ⓐ–Ⓑ를 밑으로 이탈하는 거래량 1/Ⓔ가 발생하였다.

⬤ⓛ 거래량 바닥 추세선인 Ⓒ–Ⓓ를 따라서 거래량이 증가함으로서 그에 상응하는 주가는 ㉮와 같이 폭등을 하였다.(거래량 꼭지 추세선은 거래량 Ⓔ와 Ⓕ가 연결되어야 하는데 거래량 바닥 추세선인 Ⓒ–Ⓓ와 선이 겹치므로 생략하고 거래량 바닥 추세선과 겸용키로 함.)

⬤ⓒ 본 그래프의 주가 매수 시점은 거래량 하향 추세선인 Ⓐ–Ⓑ를 밑으로 이탈한 거래량 1/Ⓔ를 완성시킨 거래량 Ⓕ에 상응하는 주가 ㉯날이다.

주가 ㉯날의 주가 5일 MA선의 선유봉인 ㉰와 10일 MA선의 선유봉인 ㉱등이 ㉯날의 주가값보다도 아래의 값의 위치에 있기 때문에 주가 ㉯날의 5일 MA선과 10일 MA선이 상향하게 되므로 따라서 ㉯의 주가도 상승하는 것이므로 주가의 매수 시점이다.

㉣ 본 그래프의 주가 매도 시점은 거래량 바닥 추세선인 ⓒ-ⓓ(겸용 추세선)를 밑으로 이탈한 거래량 ⓖ에 상응하는 주가 ㉮날이다.

주가 ㉮는 양십자 봉으로서 주가 꼭지는 분명한데 양십자 봉의 아래와 우의 수염이 긴 것을 볼 때 세력이 자신들의 물량을 매도하면서 갖은 기교를 부리고 있다고 사료되는데 이런 때 일반투자자들은 갈팡질팡하면서 매도하지 못하는 경우가 있는데 당일에 매도를 못하면 다음날인 ㉯날의 아침 동시호가에 매도하는 것이 정석이다.

/투/자/격/언/

자신에게 가장 알맞은 투자방법을 개발하라.

주식투자의 원칙이나 요령을 모두 실천할 수 있으면 반드시 성공할 수 있다. 그러나 시세의 명인이라 하더라도 그 많은 투자원칙을 100% 실천할 수는 없다. 자기의 성격이나 습관상 자기에게 가장 알맞은 투자방법을 개발해야 된다. 예를 들어 인기주의 편승매매에 능한 사람은 그 계통으로 주력하고 유연성에 좀 부족한 사람은 좋은 종목을 주가가 낮을 때 사놓고 장기적으로 기다리는 것이 유리하다.

◎ 거래량 하향 추세선인 Ⓐ-Ⓑ를 밑으로 이탈한 거래량 1/Ⓕ가 발생한
주가가 폭등하는 대박주를 분석한다.

• • •

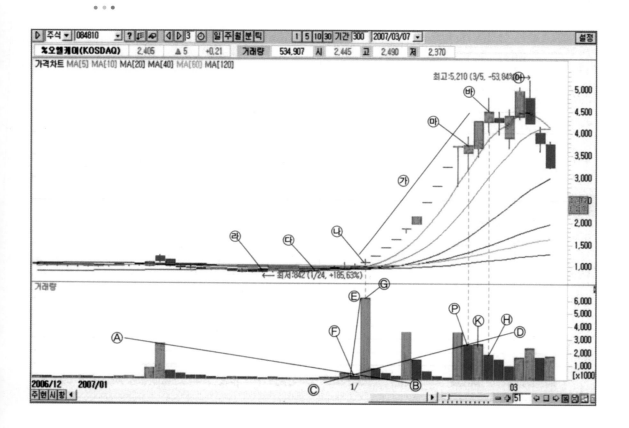

Ⓐ 거래량 하향 추세선인 Ⓐ-Ⓑ를 밑으로 이탈하는 거래량 1/Ⓔ가 발생하였
다.

Ⓑ 거래량 바닥 추세선인 Ⓒ-Ⓓ와 거래량 꼭지 추세선인 Ⓒ-Ⓔ사이에서 거
래량이 증가함으로서 그에 상응하는 주가는 ㉮와 같이 점상한가를 치면서 폭등
을 하였다.

Ⓒ 본 그래프의 주가 매수 시점은 거래량 하향 추세선인 Ⓐ-Ⓑ를 밑으로 이탈

한 거래량 1/ⓕ를 완성시킨 거래량 ⓖ에 상응하는 주가 ㉯날이다.

　주가 ㉯날의 주가 5일 MA선의 선유봉인 ㉰와 10일 MA선의 선유봉인 ㉱등이 위치하고 있는 주가의 값이 모두 주가 ㉯보다도 낮은 값의 위치에 있기 때문에 주가 ㉯의 5일 MA선과 10일 MA선이 상향함으로 주가 ㉯는 따라서 상승하는 것이다. 그러므로 주가 ㉯날이 매수 시점이다.

　❹ 본 그래프의 주가 매도 시점은 거래량 바닥 추세선인 ⓒ–ⓓ를 밑으로 이탈한 거래량 ⓗ에 상응하는 주가 ㉲날이다. 그러나 주가 ㉲날 이후에 주가 ㉳가 상승했기 때문에 본 주식의 보유자 입장에서는 아깝게 생각이 될 것이나 이것은 세력이 자신들의 보유물량인 잔량을 모두 매도하기 위한 마지막 술수이기 때문에 우리 투자자들은 거기까지 욕심을 부리면 세력에게 먹히는 술수가 숨어 있다는 것도 이해했으면 한다.

　❺ 거래량 바닥 추세선인 ⓒ–ⓓ를 밑으로 이탈한 거래량에 상응하는 주가는 거래량 ⓚ를 비롯해서 전부 상한가를 쳤기 때문에 이들 주가에 상응하는 거래량은 전부 거래량 바닥 추세선인 ⓒ–ⓓ와 거래량 꼭지 추세선인 ⓒ–ⓔ의 사이에 존재하고 있는 것으로 간주한다. 그러나 오직 거래량 ⓟ에 상응하는 주가㉲만이 상한가를 치지 못하고 거래량이 감소하며 첫 눌림을 주었기 때문에 거래량 바닥 추세선인 ⓒ–ⓓ가 연결되는 거래량이 된 것이다.

◎ 거래량 1/(일박자) ⒠가 발생한 주가의 폭등을 분석한다.

• • •

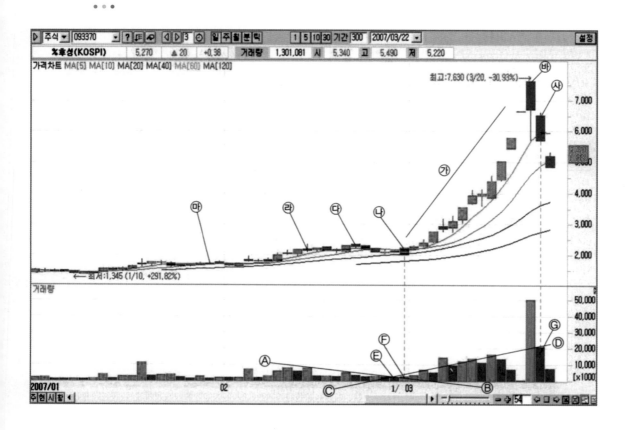

🌑 거래량 하향 추세선인 Ⓐ–Ⓑ를 밑으로 이탈한 거래량 1/(일박자) Ⓔ가 발생했다.

🌑 거래량 바닥 추세선인 Ⓒ–Ⓓ를 따라서 거래량이 증가함으로서 그에 상응하는 주가는 ㉮와 같이 폭등을 하였다. 본 그래프에서는 거래량 꼭지 추세선을 연결시킬 수가 없기 때문에 거래량 꼭지 추세선인 Ⓒ–Ⓓ를 거래량 꼭지 추세선과 겸용으로 활용하고 거래량 겸용 추세선이라고 칭한다.

🌑 본 그래프의 주가의 매수 시점은 거래량 하향 추세선인 Ⓐ–Ⓑ를 밑으로 이

탈한 거래량 1/ⓔ를 완성시킨 거래량 ⓕ에 상응하는 주가 ㉯날이다. 주가 ㉯날의 5일 MA선의 선유봉인 ㉰를 비롯하여 10일 MA선의 선유봉인 ㉱와 20일 MA선의 선유봉인 ㉲까지 모두가 주가 ㉯날의 주가 값보다 낮은 값의 위치에 있기 때문에 주가 ㉯날의 5일 MA선과 10일 MA선과 20일 MA선 등이 상향함으로서 이들 MA선등이 정배열을 형성하게 되므로 주가 ㉯날은 따라서 상승하게 되어 있으므로 주가 ㉯날이 매수 시점이 되는 것이다.

　ⓔ 본 그래프의 주가 매도 시점은 거래량 바닥 추세선인 ⓒ-ⓓ를 밑으로 이탈한 거래량 ⓖ에 상응하는 주가 ㉴날이 되는 것이다.

　ⓜ 주가 ㉳날의 시초가에서 주식을 매도하면 수익을 극대화하는 것이나 이런 결단은 세력만이 할 수 있는 것이고 일반 투자자들은 ㉳날의 주가가 너무나 많이 흔들기 때문에 정신이 혼미할 정도일 것이므로 주식을 매도하기기 쉽지 않을 것이다. 그러므로 일반 투자자들은 ㉳날의 주가가 주가의 상투권에서 발생한 망치형 음봉을 확인하고 난 다음에야 이것이 주가의 꼭지로구나 하고 주식을 매도하고자 마음의 결심을 하게 되는 것으로 주가의 매도는 ㉴날의 아침 시초가에 매도하는 것이 옳은 판단이다.

Chapter 2

거래량
일박자(1/)에
상응하는
주가가
폭등하는 것을
분석한다.

◎ 주가가 폭등주가 발생하기 전에 그에 상응하는 거래량과 주가의 움직임은
어떤 모양으로 진행되는가를 분석한다.

• • •

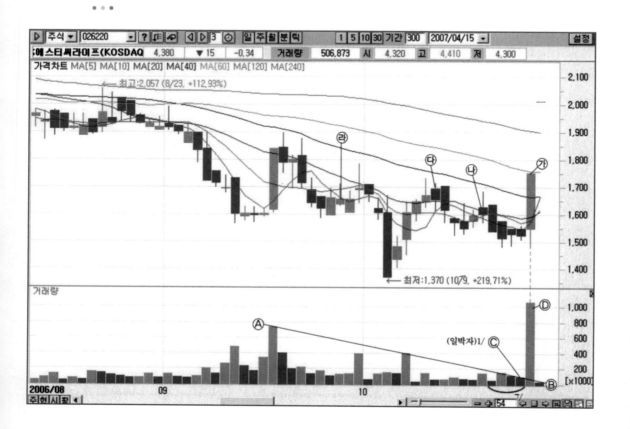

🄰 본 그래프는 거래량 ⓓ와 그에 상응하는 주가 ㉮와의 사이에 연결된 점선
이 다음 페이지의 ⓓ-㉮와 연결된 점선과 같은 선이다. 그러므로 다음 페이지는
본 그래프의 연속된 그래프다.

　본 그래프를 분석하는 이유는 다음 페이지에 전개되는 폭등주의 기초가 어떤
형태로 구성되는가를 분석하는데 의미를 둔다.

🄱 6개월 이상 횡보하는 본 그래프의 주가를 분석한다면 🄐-🄑의 거래량 하향

추세선을 밑으로 이탈한 거래량 7/와 거래량 1/ⓒ가 동시에 발생해서 거래량 ⓓ가 폭증하면서 거래량 하향 추세선인 Ⓐ-Ⓑ를 위로 이탈하였고 그리고 그에 상응하는 주가 ㉮가 상한가까지 치면서 거래량 7/와 1/ⓒ의 완성을 이루게 되었다.

ⓒ 주가 ㉮가 상한가를 쳤는데 다음날부터 주가가 계속 상승할 수 있을 것인가를 주가 MA선으로 분석한다면 주가 ㉮에 상응하는 주가 MA선의 선유봉의 위치가 어디 있느냐가 대단히 중요하다. 본 그래프의 주가 5일 MA선의 선유봉인 ㉯와 10일 주가 MA선의 선유봉인 ㉰와 20일 MA선의 선유봉인 ㉱가 모두 주가 ㉮의 위치보다 아래의 값의 위치에 있기 때문에 다음날부터 주가가 상승할 확률이 많게 되어있으므로 본 주식의 매수 시점은 거래량 ⓓ에 상응하는 주가 ㉮점이 되는 것이다.

※ 다음 페이지와 연속된 그래프를 분석해보기로 한다.

/투/자/격/언/

시대적 요구에 부합되는 미인주를 개발하라.
어느 시대에 있어서나 그 시대의 이상과 꿈을 대표하는 기업이나 업종이 있다. 만인이 좋아 하고 만인이 흥분할 수 있는 시대적 기업이나 업종이 있다면 그 주식은 증권시장에서 반드시 인기주로 부상하게 된다. 모든 투자자들에게 가장 미인으로 보이는 주식이야말로 가장 잘 올라간다.

◎ 거래량 씨말림으로 폭등한 주가 그래프를 분석한다.

• • •

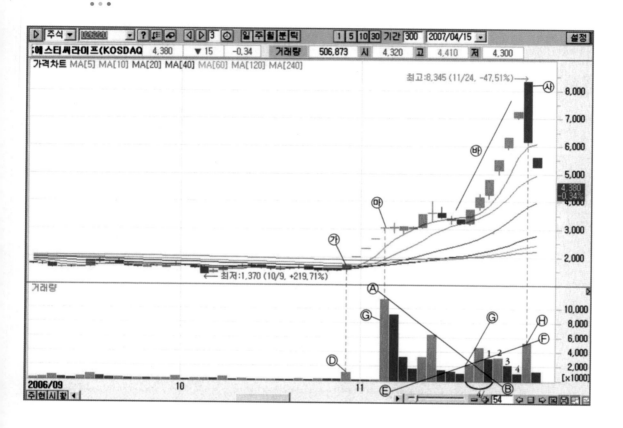

㉠ 본 주가 그래프는 앞 페이지의 주가 그래프와 연속된 것이며 본 그래프의 거래량 Ⓓ와 주가 ㉮와 연결된 점선이 전 페이지의 거래량 Ⓓ와 주가 ㉮와 연결된 점선이 같은 선이다.

㉡ 전 페이지의 그래프의 구성 자체가 워낙 주가가 상승할 수 있는 구성 요소를 완벽하게 조성되었기 때문에 본 그래프에서는 거래량 Ⓓ와 그에 상응하는 주가 ㉮부터 시작하여 점상한가를 세 번이나 치고 네 번째 ㉲에서 마감을 하는 쾌거를 이루어 냈다고 할 수 있다.

ⓒ 그러므로 폭등주가 될 수 있는 주가 그래프는 주가가 폭등하기 직전의 구성요소가 민구은의 주식 4/이론의 기본에 바탕을 둔 구성요소를 철저하게 분석할 것을 다시 한 번 강조하고자 한다.

ⓓ 다음은 본 그래프와 연속된 다음 패턴의 거래량과 그에 상응하는 주가를 분석하고자 한다. 거래량 하향 추세선인 Ⓐ-Ⓑ를 위로 이탈하는 거래량 4/를 형성하고 거래량 바닥 추세선인 Ⓔ-Ⓕ와 거래량 꼭지 추세선인 Ⓔ-Ⓖ사이에서 거래량이 증가하면서 그에 상응하는 주가가 ⒝와 같이 폭등을 하였다.

ⓔ 거래량 ①, ②, ③, ④는 모두 그에 상응하는 주가가 상한가를 쳤는데 상한가를 친 주가에 상응하는 거래량은 거래량 바닥 추세선인 Ⓔ-Ⓕ와 거래량 꼭지 추세선인 Ⓔ-Ⓖ사이에 있는 것으로 간주되기 때문에 거래량이 계속 증가한 것이나 다름이 없다.

ⓕ 본 그래프의 주식 매도 시점은 거래량 Ⓗ에 상응하는 주가 ⒮점이다.

주가 ⒮점의 아침 시초가부터 상한가를 치고 계속 하락만 하다가 종가에 가서는 하한가로 장을 마감하였기 때문에 주가가 꼭지에서 장대음봉이 발생함으로서 주식 투자자 누가 보더라도 주가의 꼭지가 분명하다. 여기에다 주가 ⒮에 상응하는 거래량 Ⓗ는 어떠한가? 거래량 Ⓗ는 그전의 거래량은 그에 상응하는 주가가 상한가를 치면서 거래량이 매일 감소만 하다가 주가 ⒮날에 상응하는 거래량 Ⓗ는 거래량 바닥 추세선인 Ⓔ-Ⓕ를 위로 이탈할 만큼 과열되게 증가하였다는 것은 이미 그에 상응하는 주가가 꼭지가 허물어졌다는 것을 의미한다.

그러므로 이런 날에는 주식을 매도해야 되는데 매도 타임을 잡을 시점이 문제다. 매도 타임은 가급적이면 당일의 종가에까지 당일의 주가가 하락하면 당일의 종가 동시호가에 매도하는 것이 정석이라고 할 수 있다.

◎ 거래량 1/Ⓔ가 발생한 주가가 폭등하는 것을 분석한다.

• • •

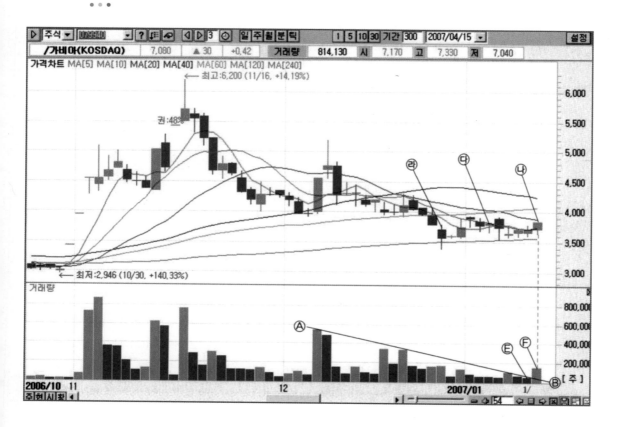

❼ 본 그래프의 분석 목적은 거래량 하향 추세선 Ⓐ-Ⓑ를 밑으로 이탈한 거래량 1/Ⓔ를 완성시킨 거래량 Ⓕ이후의 주가가 폭등하는 것을 분석하기 위해서이다.

❶ 다음 페이지에 표현된 거래량 하향 추세선인 Ⓐ-Ⓑ에 해당되는 거래량이 너무 미세하게 표현되었기 때문에 거래량 분석에 지장이 있으므로 본 그래프로 확대한 것이다.

❸ 다음 페이지에 표시된 거래량 하향 추세선 Ⓐ-Ⓑ와 거래량 1/Ⓔ와 거래량

Ⓕ와 주가 선유봉 ㉯㉰㉱등은 본 그래프에 표시된 위치와 똑같은 위치의 것이라는 것을 밝혀둔다.

㉣ 본 그래프의 주가 매수 시점은 거래량 하향 추세선을 밑으로 이탈한 거래량 1/Ⓔ를 완성시킨 거래량 Ⓕ에 상응하는 주가 ㉯날이다.

주가 ㉯날의 주가 5일 MA선의 선유봉인 ㉰와 10일 MA선의 선유봉인 ㉱등이 주가 ㉯날의 주가값보다도 아래의 값의 위치에 있기 때문에 주가 ㉯날의 5일 MA선과 10일 MA선이 상향하게 됨으로써 ㉯날의 주가가 따라서 상승하게 되는 것이므로 ㉯날의 주가가 매수 시점이 되는 것이다.

㉤ 거래량 하향 추세선 Ⓐ-Ⓑ와 Ⓔ.Ⓕ와 주가에 표시된 ㉯㉰㉱등은 다음 페이지에도 똑같이 표시되어 있다.

/투/자/격/언/

달걀은 한 바구니에 담지 말라.
주식 시장에는 성격이 다른 여러 종류의 주식이 거래된다. 안정적인 자산주, 꿈이 있는 성장주, 인기주, 저가 부실주 등은 그 움직임이나 패턴이 전혀 다르며 업종별로도 주가는 다르게 움직인다. 종목을 선택하는 데 있어서 한 두 종목에만 집중하면 성공할 때는 크게 남기지만 실패하면 큰 손해를 보게 된다. 그러므로 분산 투자를 하는 것이 바람직하다.

◎ 거래량 1/Ⓔ가 발생한 주가가 폭등하는 것을 분석한다.

• • •

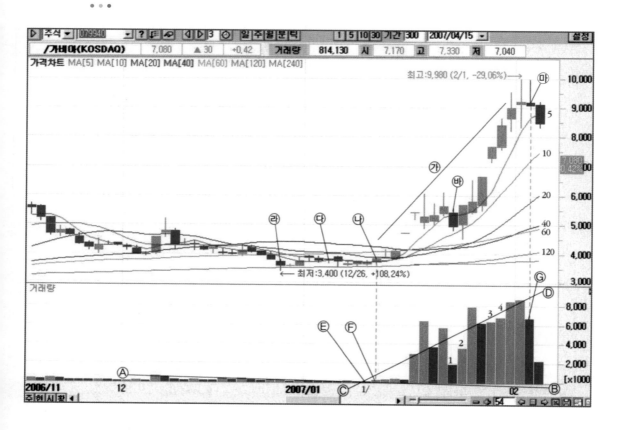

● 거래량 하향 추세선인 Ⓐ-Ⓑ를 밑으로 이탈한 거래량 1/Ⓔ가 발생했다.

● 거래량 바닥 추세선인 Ⓒ-Ⓓ를 따라서 거래량이 증가함으로써 그에 상응하는 주가는 ㉮와 같이 폭등을 하였다.

본 그래프에서는 거래량 꼭지 추세선은 연결시킬 수가 없어서 거래량 바닥 추세선인 Ⓒ-Ⓓ를 겸용 추세선으로 활용한다. 거래량 꼭지 추세선을 연결시키려면 거래량 바닥인 1/Ⓔ와 직후의 거래량 Ⓕ를 연결시켜야 하는데 거래량 Ⓕ가 거래량 바닥 추세선 Ⓒ-Ⓓ밑에 위치하고 있기 때문에 거래량 꼭지 추세선 연결이 불가능하기 때문이다.

ⓒ 본 그래프의 주가의 매수 시점은 전 페이지에서도 기술했듯이 거래량 하향 추세선인 Ⓐ–Ⓑ를 밑으로 이탈한 거래량 1/Ⓔ를 완성시킨 거래량 Ⓕ에 상응하는 주가 ㉯날이다.

주가 ㉯날의 5일 MA선의 선유봉인 ㉰와 10일 MA선의 선유봉인 ㉭의 주가값이 주가 ㉯보다도 낮은 값의 위치에 있기 때문에 주가 ㉯날의 5일 MA선과 10일 MA선이 상향하여 주가 ㉯날의 MA선이 정배열을 형성함으로 주가 ㉯는 따라서 상승하게 되므로 주가 ㉯날이 주가의 매수 시점이 되는 것이다.

ⓔ 본 주식의 그래프의 주가 매도 시점은 거래량 바닥 추세선(겸용 추세선)인 Ⓒ–Ⓓ를 밑으로 이탈한 거래량 Ⓖ에 상응하는 주가 ㉲날이다. 주가 ㉲의 전날의 주가봉이 양십자봉이 길게 발생했으므로 주가 ㉲는 당연히 주가 꼭지로 예측되는 것이다.

ⓜ 거래량 ①은 거래량 바닥 추세선인 Ⓒ–Ⓓ를 밑으로 이탈해서 그에 상응하는 주가 ㉱가 하락으로 전환이나 하지 않을까 염려스러우나 주가 ㉱가 5일 MA선에 접하고 있으면서 주가 10일 MA선은 상향하고 있기 때문에 주가가 10일 MA선에서 반등할 것이라는 것이 일선 추월의 원칙에 의해서 보장되어 있으므로 주식을 매도하지 않고 계속 보유해야 하는 것이다.

그리고 거래량 ②, ③, ④는 이에 상응하는 주가가 모두 상한가를 쳤기 때문에 거래량 바닥 추세선(겸용 추세선)위에 있는 것으로 간주되기 때문에 주가가 계속 상승을 이어갈 것이라고 예측되는 것이다. 그리고 주가가 계속 5일 MA선의 밑으로 이탈하지 않고 5일 MA선 위에서 계속 주가가 상승하는 동안은 주가가 하락전환한다는 염려는 하지 않아도 되는 것이다.

◎ 폭등주가 발생할 수 있는 기초를 거래량과 주가는 어떤 모양으로
　형성되는가?

• • •

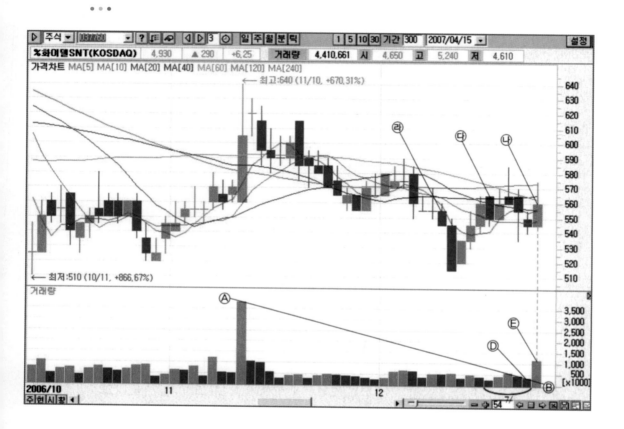

　❼ 폭등주가 발생한 주가는 그래프 전체를 놓고 볼때는 다음 페이지의 그래프
모양과 같이 그 기초가 되는 부분이 미세하게 표현이 되어서 거래량과 주가를 세
밀하게 분석하기가 난해함으로 폭등주의 기초 부분만 별도로 분리한 것이 본 그
래프이다.

　❷ 본 그래프에 기재된 거래량 하향 추세선인 Ⓐ-Ⓑ와 거래량 1/Ⓒ와 거래량
1/Ⓓ를 완성시킨 거래량 Ⓔ와 주가 ㉯, ㉰, ㉱와 거래량 7/는 다음 페이지의 그

래프에 그대로 옮겨지고 있으니 연속해서 주가를 분석하는데 혼선이 없기를 바랍니다.

Ⓒ 본 그래프의 주가의 매수 시점은 다음 페이지에서도 명기되겠지만 우선 간단히 설명을 한다면 거래량 하향 추세선을 밑으로 이탈한 거래량 1/Ⓓ를 완성시킨 거래량 Ⓔ 에 상응하는 주가 ㉯날이며 ㉯날의 주가 5일 MA선의 선유봉인 ㉰와 10일 MA선의 선유봉인 ㉱에 대해서도 상세히 분석하기로 하겠사오니 다음 페이지를 주시하시기 바랍니다.

/투/자/격/언/

넝마주도 큰 돈을 벌 수 있다.

기업 내용이 극히 부실한 소위 넝마주는 평소에는 주가가 최저가에 도착되어 투자자들의 관심 밖에 방치되지만 주식 시장이 크게 활황을 보여 우량주나 보통주들이 지나치게 오르고 나면 이들 넝마주들이 움직이기 시작한다. 기업 내용에 결함이 있는 이들 주식은 한번 움직이기 시작하면 무서운 속도로 오르는 것이 보통이며 떨어질 때에도 급속도로 떨어지는 것이 특성이다.

◎ 거래량 하향 추세선을 동시에 밑으로 이탈한 거래량 1/ⓓ와 거래량 7/에
　상응하는 주가가 폭등하는 것을 분석한다.

• • •

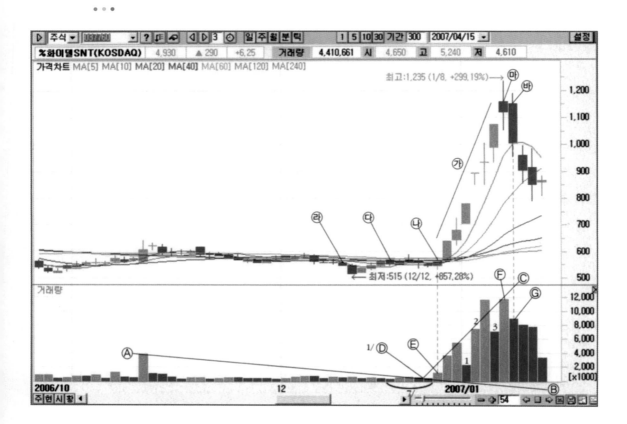

🇬 거래량 하향 추세선인 Ⓐ-Ⓑ를 밑으로 동시에 이탈한 거래량 1/ⓓ와 거래
량 7/가 발생하였다.

🇱 거래량 바닥 추세선인 Ⓐ-Ⓒ가 상향하는 것을 따라서 거래량이 증가하므
로 그에 상응하는 주가는 ㉮와 같이 폭등을 하였다.(거래량 꼭지 추세선은 거래
량 1/ⓓ와 거래량 Ⓔ를 연결시켜야 되는데 거래량 Ⓔ가 거래량 바닥 추세선 Ⓐ
-Ⓒ의 아래에 있기 때문에 거래량 꼭지 추세선을 연결될 수가 없으므로 거래량

바닥 추세선인 Ⓐ-Ⓒ를 거래량 꼭지 추세선으로 겸용해서 분석한다.)

ⓒ 본 그래프의 주가의 매수 시점은 거래량 하향 추세선인 Ⓐ-Ⓑ를 밑으로 이탈한 거래량 1/Ⓓ와 거래량 7/를 완성시킨 거래량 Ⓔ에 상응하는 주가 ㉯날이다.

주가 ㉯날의 5일 MA선의 선유봉인 ㉰와 10일 MA선의 선유봉인 ㉱날의 주가 값이 ㉯날의 주가 값보다 아래의 값의 위치에 있기 때문에 주가 ㉯날의 5일 MA선과 10일 MA선이 상향함으로 이들 MA선들이 정배열을 형성함으로서 이에 상응하는 주가 ㉯가 따라서 상승하게 되는 것이다.

ⓔ 본 그래프의 주가의 매도 시점은 거래량 바닥 추세선(겸용 추세선)을 밑으로 이탈한 거래량 Ⓖ에 상응하는 주가 ㉲날이다.

주가 꼭지는 이미 주가㉲날의 음십자봉이 예고하고 있다.

※ 거래량 바닥 추세선(겸용 추세선)을 Ⓐ-Ⓒ로 연결하는 이유를 분석합니다.

거래량 바닥 추세선(이하는 겸용 추세선으로 칭함)을 연결시키는 규칙은 거래량 바닥점 1/Ⓓ에서 거래량이 증가하다가 첫눌림점이 발생하면 즉 거래량이 처음 감소하면, 감소하는 거래량과 연결하는 선이 거래량 겸용 추세선이 되는 것이다.

그러나 본 거래량 그래프에서는 거래량의 첫 눌림점이라고 인정되어 거래량 겸임 추세선을 연결시킨 Ⓕ의 거래량은 그 이전에 형성된 ①, ②, ③의 거래량이 눌림을 받았는데도 굳이 Ⓕ의 거래량으로 눌림점으로 인정하는 이유는 거래량 ①, ②, ③에 상응하는 주가가 상한가를 쳤기 때문이다. 주가를 상한가를 치게한 거래량은 무조건 거래량 겸용 추세선 위에 있는 것으로 간주하기 때문이다. 거래량 Ⓕ에 상응하는 주가 ㉲는 상한가를 치지 못했기 때문에 첫 눌림점이 되는 것이다.

◎ 폭등주가 발생할 수 있는 기초를 거래량과 주가는 어떤 모양으로
　형성하는가?

· · ·

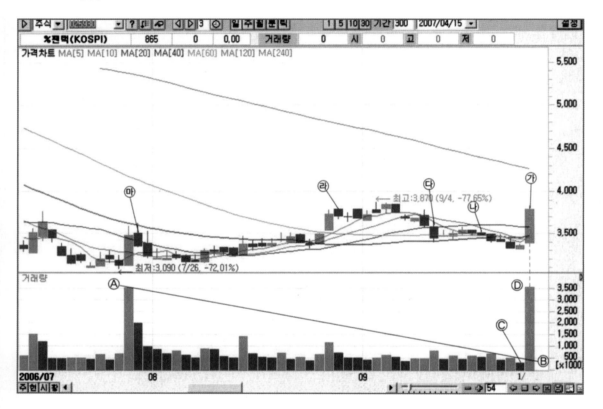

　㉠ 본 그래프는 거래량 ⑩와 그에 상응하는 주가인 ㉮다음에 형성되는 폭등주
가 사전에 어떤 모양의 거래량과 주가가 형성되는가를 분석하는데 목적을 둔 것
이다.
　㉡ 주가가 폭등하려면 반드시 본 그래프와 같이 바닥에 거래량 1/ⓒ(일박자)
나 그밖에 2/(이박자), 4/(사박자)등 본 저서의 제1장에 기술한 바 있는 민구은
의 주식 4/(사박자) 이론의 기본구도가 형성되어야 폭등하는 주가가 발생한다는

것을 독자 여러분께 거듭 말씀드립니다.

ⓒ 본 그래프의 분석에 들어간다면 거래량 하향 추세선인 Ⓐ-Ⓑ를 밑으로 이탈한 거래량 1/ⓒ를 완성시킨 거래량 Ⓓ에 상응하는 주가 ㉮부터 주가의 상승을 시작한 것인데 주가 ㉮이후에 주가가 폭등하기 위하여 주가 ㉮의 5일 MA선의선 유봉인 ㉯를 비롯하여 10일 MA선의 선유봉인 ㉰와 20일 MA선의 선유봉인 ㉱와 40일 MA선인 ㉲까지 모두 주가 ㉮보다 낮은 값의 위치에 있기 때문에 주가 ㉮의 5일 MA선으로부터 시작하여 10일 MA선과 20일 MA선과 40일 MA선까지 모두 상향하여 정배열을 형성함으로 그에 상응하는 주가 ㉮는 따라서 상승하게 되어있으므로 주가 ㉮ 이후에 주가가 폭등한 것이다.

ⓔ 본 그래프에 기재된 거래량 하향 추세선인 Ⓐ-Ⓑ와 거래량 1/ⓒ와 거래량 1/ⓒ를 완성시킨 거래량 Ⓓ와 그에 상응하는 주가 ㉮는 다음 페이지의 그래프에 그대로 옮겨지고 있으니 연속해서 주가를 분석하는데 혼선이 없기를 바랍니다.

/투/자/격/언/

대량거래가 지속되면 천장의 징조다.

주식시세는 큰손이나 전문투자가들에 의해서 주도되는 것이 보통이다. 이들 시장 전문가들은 바닥권이나 시세의 초기 단계에서 매입했다가 시장 활황을 보고 몰려드는 일반투자자나 대중 투자자들이 매입에 열중 할 때 보유주식을 사정없이 내다 판다. 전문가와 아마추어 간에 손이 바뀌는 과정에서 대량 거래가 수반되고 주가도 등락이 교차되는 혼조장세가 연출된다. 전문가들이 시장을 빠져나가면 시세는 대게 천정을 친다.

◎ 거래량 1/ⓒ에 상응하는 주가가 폭등하는 것을 분석한다.

• • •

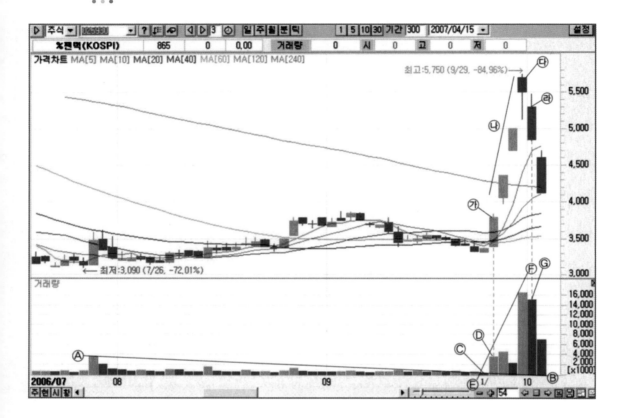

　ㄱ 본 그래프는 전 페이지에서 분석한 폭등주가 발생할 수 있는 거래량과 주
가의 구성 요소를 근거로 하여 연속해서 분석한다.

　ㄴ 거래량 하향 추세선인 Ⓐ-Ⓑ는 거래량봉이 짧게 나타났기 때문에 전 페이
지의 거래량 하향 추세선인 Ⓐ-Ⓑ를 참고로 보아가면서 거래량의 분석에 임하
는 것이 편리할 것으로 사료됩니다.

　ㄷ 거래량 하향 추세선인 Ⓐ-Ⓑ를 밑으로 이탈한 거래량 1/ⓒ를 기점으로 한
거래량 바닥 추세선인 Ⓔ-Ⓕ를 따라서 거래량이 증가함으로서 그에 상응하는

주가는 ㉕와 같이 폭등을 하였다.

　㉣ 본 그래프의 주가의 매수 시점은 거래량 하향 추세선을 밑으로 이탈한 거래 1/ⓒ를 완성시킨 거래량 ⓓ에 상응하는 주가 ㉮날이다.

　주가 ㉮날이 매수 시점이 되어야 한다는 것은 전 페이지 ㉢항에서 충분히 분석이 된 것으로 사료된다.

　㉤ 본 그래프의 주가 매도 시점은 거래량 바닥 추세선인 Ⓔ-Ⓕ를 밑으로 이탈한 거래량 ⓖ에 상응하는 주가 ㉰날이다. 그러나 주가 ㉰의 음십자봉의 밑수염이 긴 것으로 보아서는 세력이 이미 자신들의 보유물량을 주가 ㉰에 매도하기도 하고 다음날인 ㉱날에 유리한 조건으로 남은 물량을 처분하기 위하여 장 마감 때 주가 ㉰의 밑꼬리 부분을 끌어 올린 것이다.

　㉥ 본 그래프의 거래량 꼭지 추세선은 연결할 수가 없다. 거래량 꼭지 추세선 연결방법은 거래량 바닥인 1/ⓒ와 다음 거래량인 ⓓ와 연결되는 것인데 거래량 ⓓ가 거래량 바닥 추세선인 Ⓔ-Ⓕ 밑에 위치하고 있기 때문에 거래량 꼭지 추세선을 연결할 수가 없으므로 거래량 꼭지 추세선은 거래량 바닥 추세선인 Ⓔ-Ⓕ와 겸용으로 활용하기로 한다.

　보통 거래량 1/(일박자)가 발생한 주가 그래프상에는 거래량 꼭지 추세선을 연결할 수 없는 경우가 많이 발생한다.

◎ 거래량 1/ⓔ가 발생한데 상응하는 주가의 폭등을 분석한다.

• • •

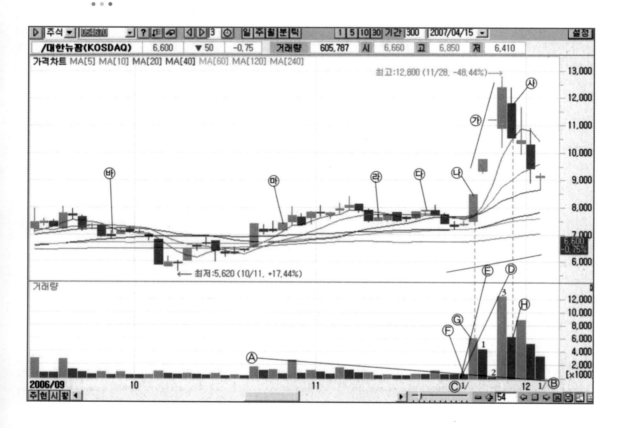

🔵 거래량 하향 추세선인 ⓐ-ⓑ를 밑으로 이탈하는 거래량 1/ⓕ가 발생하였다.

🔵 거래량 바닥 추세선인 ⓒ-ⓓ와 거래량 꼭지 추세선 ⓒ-ⓔ를 따라서 거래량이 증가함으로서 그에 상응하는 주가는 ㉮와 같이 폭등을 하였다.

🔵 본 그래프의 주가의 매수 시점은 거래량 하향 추세선인 ⓐ-ⓑ 선을 밑으로 이탈한 거래량 1/ⓕ를 완성시킨 거래량 ⓖ에 상응하는 주가 ㉯날이다.

주가 ㉯날의 5일 MA선의 선유봉인 ㉰를 비롯해서 10일 MA선의 선유봉 ㉭와 20일 MA선의 선유봉인 ㉱와 40일 MA선의 선유봉인인 ㉲까지 모두가 주가 ㉯

날의 주가 값보다 낮은 위치에 있기 때문에 주가 ㉯날의 5일 MA선과 10일 MA 선과 40일 MA선까지 상향하기 때문에 이들 MA선들이 정배열을 형성함으로 이에 상응하는 주가 ㉯가 따라서 상승하는 것이다.

ⓔ 본 주식의 그래프의 주가 매도 시점은 거래량 바닥 추세선인 ⓒ-ⓓ를 밑으로 이탈한 거래량 ㉭에 상응하는 주가 ㉰날이다.

※ 본 그래프에서 거래량 바닥 추세선인 ⓒ-ⓓ와 거래량 꼭지 추세선인 ⓒ-ⓔ와의 간격이 지나치게 좁은데 대한 설명이 필요할 것 같아서 첨언하고자 합니다.

거래량 꼭지 추세선 ⓒ-ⓔ는 정상적으로 이해하겠으나 거래량 바닥 추세선은 이해하기가 까다로울 것 같아서 말씀드린다면 거래량 바닥 추세선의 연결 규정이 거래량 1/ⓕ를 바닥점으로 해서 거래량이 증가하다가 제일 처음 감소하는 거래량과 연결한 선이 거래량 바닥 추세선이다. 거래량 1/ⓕ이후 거래량 ⑥와 ① ②에 상응하는 주가가 모두 상한가를 쳤기 때문에 그에 상응하는 거래량은 거래량 바닥 추세선과 꼭지 추세선 사이에 있는 것으로 간주되기 때문에 거래량 바닥 추세선을 연결시킬 거래량이 없다. ③의 거래량에 상응하는 주가가 처음으로 상한가를 치지 못했기 때문에 ③의 거래량이 처음으로 감소하는 꼴이 되었으므로 거래량 바닥 추세선 연결이 거래량 1/ⓕ와 거래량 ③과 연결될 수밖에 없다. 때문에 거래량 바닥 추세선인 ⓒ-ⓓ와 거래량 꼭지 추세선 ⓒ-ⓔ와의 사이가 좁게 된 것이다.

그러므로 독자 여러분들은 거래량 추세선을 연결시킬 때 거래량에 상응하는 주가가 상한가를 쳤는지를 항상 살피면서 정확한 추세선을 연결시켜서 전체 주가의 분석에 오류가 없도록 유의하시기 바랍니다.

◎ **거래량 1/Ⓕ가 발생한 주가의 폭등을 분석한다.**

• • •

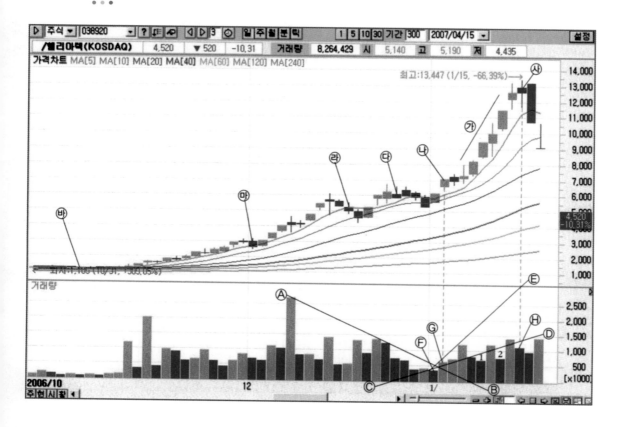

㉠ 거래량 하향 추세선인 Ⓐ-Ⓑ를 밑으로 이탈한 거래량 1/Ⓕ가 발생하였다.

㉡ 거래량 바닥 추세선인 Ⓒ-Ⓓ와 거래량 꼭지 추세선인 Ⓒ-Ⓔ 사이에서 거래량이 증가함으로서 그에 상응하는 주가는 ㉮와 같이 폭등하였다.

㉢ 본 그래프의 주가의 매수 시점은 거래량 하향 추세선인 Ⓐ-Ⓑ를 밑으로 이탈한 거래량 1/Ⓕ를 완성시킨 거래량 Ⓖ에 상응하는 주가 ㉯날이다.

주가 ㉯날의 5일 MA선의 선유봉인 ㉰를 비롯하여 10일 MA선의 선유봉인 ㉱와 20일 MA선의 선유봉인 ㉲와 40일 MA선의 선유봉인 ㉳까지 모두 주가 ㉯날의 주가값보다도 낮은 값의 위치에 있기 때문에 주가 5일 MA선를 비롯해서 10일 MA선과 20일 MA선과 40일 MA선 등이 모두 상향함으로서 이들 MA선들이 정배열을 형성하기 때문에 ㉯날의 주가도 상승하는 것이다. 그러므로 주가의 ㉯날이 매수 시점이다.

❷ 본 주식의 그래프의 주가 매도 시점은 거래량 바닥 추세선인 ⓒ－ⓓ를 밑으로 이탈한 거래량 ㉵에 상응하는 주가 ㉾날이다.

그러나 거래량 ㉵ 이전에 거래량 바닥 추세선인 ⓒ－ⓓ를 밑으로 이탈한 거래량 ①과 ②는 그에 상응하는 주가가 상한가를 쳤기 때문에 거래량 바닥 추세선인 ⓒ－ⓓ와 거래량 꼭지 추세선인 ⓒ－ⓔ 사이에 있는 것으로 간주되기 때문에 거래량 ㉵가 처음으로 거래량 꼭지 추세선인 ⓒ－ⓓ를 밑으로 이탈한 것이 되기 때문에 거래량 ㉵에 상응하는 주가 ㉾가 매도 시점이 되는 것이다.

그러나 주가 ㉾날의 전날에 주가가 양십자봉이 형성된 것으로 보아서 세력은 이미 매집하여 보유한 물량을 매도에 착수한 것으로 예측이 된다.

◎ 주가 1/ⓕ에 상응한 주가가 폭등하는 것을 분석한다.

• • •

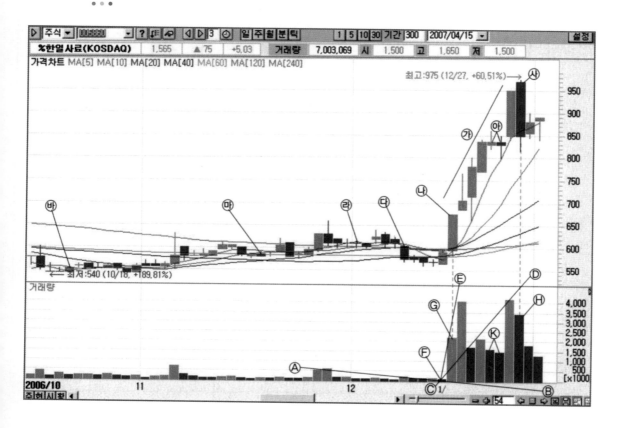

ㄱ 거래량 하향 추세선인 Ⓐ-Ⓑ를 밑으로 이탈한 거래량 1/ⓕ가 발생하였다.

ㄴ 거래량 바닥 추세선인 Ⓒ-Ⓓ와 거래량 꼭지 추세선인 Ⓒ-Ⓔ사이에서 거래량이 증가하면서 그에 상응하는 주가는 ㉮와 같이 폭등하였다.

ㄷ 본 그래프의 주가의 매수 시점은 거래량 하향 추세선인 Ⓐ-Ⓑ를 밑으로 이탈한 거래량 1/ⓕ를 완성시킨 거래량 Ⓖ에 상응하는 주가 ㉯날이다.

주가 ㉯날의 5일 MA선의 선유봉인 ㉰를 비롯하여 10일 MA선의 선유봉인 ㉱와 20일 MA선의 선유봉인 ㉲와 40일 MA선의 선유봉인 ㉳까지 모두 주가 ㉯날의 주가 값보다 낮은 값의 위치에 있기 때문에 5일 MA선과 10일 MA선과 20일 MA선과 40일 MA선 등이 모두 상향함으로서 이들 MA선들이 정배열을 형성하기 때문에 따라서 ㉯날의 주가도 상승하는 것이다. 그러므로 주가 ㉯날이 주가의 매수 시점이다.

ㄹ 본 주식의 그래프의 주가 매도 시점은 거래량 바닥 추세선인 ⓒ-ⓓ를 밑으로 이탈한 거래량 ㉮에 상응하는 주가 ㉯날이다. 주가가 꼭지에서 장대음봉이 형성된다는 것은 세력이 자신들이 매집한 보유물량을 매도하는 현상이므로 일반 투자자들은 유의할 사항이다.

ㅁ 거래량 바닥 추세선인 ⓒ-ⓓ를 밑으로 이탈한 거래량 Ⓚ에 상응하는 주가 ㉯는 매도해야 되는 것으로 생각할 수도 있으나 주가 ㉯는 2일간 횡보하면서도 주가 5일 MA선을 밑으로 이탈하지 않았기 때문에 계속 상승에 희망을 둘 수도 있으니 마음이 약한 투자자들은 주가가 음십자봉으로 심하게 흔들기 때문에 매도할 확률도 많다.

◎ 거래량 1/Ⓕ가 발생한데 대한 그에 상응하는 주가가 폭등하는 것을
  분석한다.

  · · ·

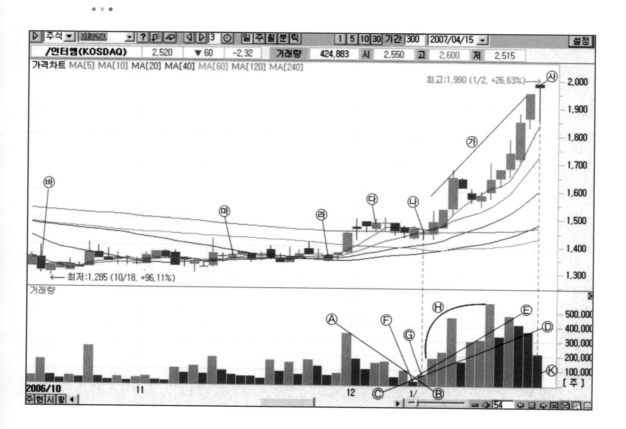

ㄱ 거래량 하향 추세선인 Ⓐ–Ⓑ를 밑으로 이탈한 거래량 1/Ⓕ가 발생하였다.

ㄴ 거래량 바닥 추세선인 ©–Ⓓ와 거래량 꼭지 추세선인 ©–Ⓔ 사이에서 거
래량이 증가함으로서 그에 상응하는 주가는 ㉮와 같이 폭등하였다.

ㄷ 본 그래프의 주가의 매수 시점은 거래량 하향 추세선인 Ⓐ–Ⓑ를 밑으로 이
탈한 거래량 1/Ⓕ를 완성시킨 거래량 Ⓖ에 상응하는 주가 ㉯날이다.

주가 ㉯날의 MA선의 선유봉을 살펴본다면 주가 5일 MA선인 ㉰를 제외하고

는 주가 10일 MA선의 선유봉인 ㉺와 주가 20일 MA선의 선유봉인 ㉻와 주가 40일 MA선의 선유봉인 ㉼등이 모두 주가 ㉯ 값보다 아래의 값의 위치에 있기 때문에 그에 상응하는 주가 MA선이 모두 상향하게 되므로 그에 상응하는 주가 ㉯가 상승하게 되는 것이다. 그러므로 주가 ㉯가 매수 시점이 되는 것이다.

　ㄹ 본 주식의 그래프의 주가 매도 시점은 거래량 바닥 추세선인 ⓒ-ⓓ를 거래량 ⓚ가 밑으로 이탈함으로서 그에 상응하는 주가 ㉽가 아래 꼬리가 긴 음봉이 형성되었으므로 매도 시점이다.

　긴 아래 꼬리음봉은 세력이 주식을 매도하기 위하여 종가에 억지로 주가를 상승시켜 놓고 다음날 고가에 매도하고자 하는 계략이 숨어 있는 것이다.

　ㅁ 거래량 꼭지 추세선인 ⓒ-ⓔ를 위로 이탈한 거래량 ⓗ는 일반투자자들이 과열매매로 인한 결과물이다.

◎ 거래량 1/ⓔ가 발생한 폭등주식을 분석한다.

• • •

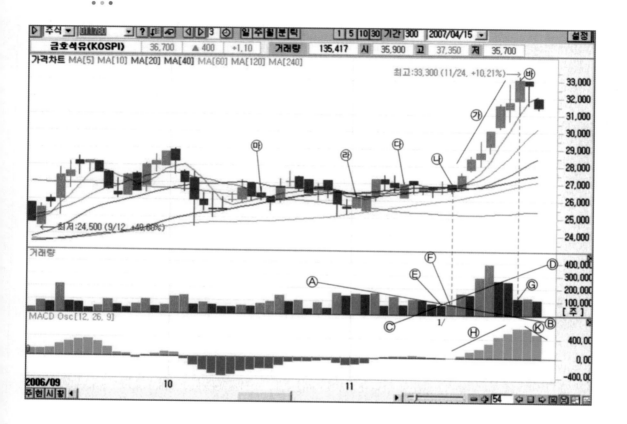

⊙ 거래량 하향 추세선인 Ⓐ–Ⓑ를 밑으로 이탈하는 거래량 1/ⓔ가 발생하였다.

ⓛ 거래량 바닥 추세선인 Ⓒ–Ⓓ가 상향하는 것을 따라서 거래량이 증가하면서 그에 상응하는 주가는 ㉮와 같이 폭등을 하였다(거래량 꼭지 추세선은 거래량 Ⓕ가 거래량 바닥 추세선 Ⓒ–Ⓓ아래에 있기 때문에 연결시킬 수가 없어서 거래량 바닥 추세선과 겸용으로 하여 분석함)

ⓒ 본 그래프의 주가의 매수 시점은 거래량 하향 추세선인 Ⓐ–Ⓑ를 밑으로 이탈한 거래량 1/ⓔ를 완성시킨 거래량 Ⓕ에 상응하는 주가 ㉯날이다.

주가 ㉯날의 5일 MA선의 선유봉인 ㉰를 비롯하여 10일 MA선의 선유봉인 ㉭와 20일 MA선의 선유봉인 ㉮날의 주가 값이 모두 ㉯날의 주가 값보다도 아래의 값의 위치에 있기 때문에 주가 ㉯날의 5일 MA선과 10일 MA선과 20일 MA선이 모두 상향함으로 이들 MA선들이 정배열을 형성함으로써 이에 상응하는 ㉯가 따라서 상승하게 되는 것이다.

여기에 더하여 MACD OSC의 보조 자료도 ⒣와 같이 양봉이 증가하고 있는 것이 고무적이다.

❷ 본 그래프의 주가 매도 시점은 거래량 바닥 추세선(겸용 추세선)인 ⓒ-ⓓ를 밑으로 이탈한 거래량 ⓖ에 상응하는 주가 ㉶날이다.

더하여 MACD OSC의 보조 자료도 ⓚ와 같이 양봉이 감소하고 있는 것은 주가 매도에 용기를 주는 것이다.

◎ 거래량 1/(일박자)가 발생한 주가가 폭등하는 것을 분석한다.

• • •

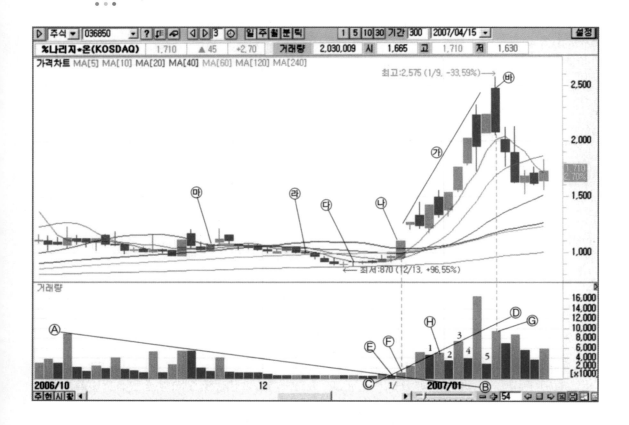

🗝 거래량 하향 추세선인 Ⓐ-Ⓑ를 밑으로 이탈하는 거래량 1/Ⓔ가 발생했다.

🗝 거래량 바닥 추세선인 Ⓒ-Ⓓ가 상향하는 것을 따라서 거래량이 증가하면서 그에 상응하는 주가는 ㉮와 같이 폭등을 하였다.(거래량 꼭지 추세선은 거래량 Ⓕ가 거래량 바닥 추세선 아래에 있기 때문에 연결시킬 수가 없어서 거래량 바닥 추세선과 겸용으로 하여 분석한다)

🗝 본 그래프의 주가의 매수 시점은 거래량 하향 추세선인 Ⓐ-Ⓑ를 밑으로 이탈한 거래량 1/Ⓔ를 완성시킨 거래량 Ⓕ에 상응하는 주가 ㉯날이다.

주가 ㉯날의 5일 MA선의 선유봉인 ㉰와 10일 MA선의 선유봉인 ㉱와 20일 MA선의 선유봉인 ㉲날의 주가 값이 모두다 ㉯날의 주가값보다도 아래의 값의 위치에 있기 때문에 주가 ㉯날의 5일 MA선과 10일 MA선과 20일 MA선이 모두 상향하여 정배열을 형성함으로써 이에 상응하는 주가㉯가 따라서 상승하게 되는 것이다.

❹ 본 그래프의 주가 매도 시점은 거래량 바닥 추세선(겸용 추세선)인 ⓒ-ⓓ를 밑으로 이탈한 거래량 ⓖ에 상응하는 주가 ㉳날이다.

❺ 거래량 ①, ②, ③, ④, ⑤가 표시된 거래량은 그에 상응하는 주가가 모두 상한가이기 때문에 이 거래량은 거래량 바닥 추세선(겸용 추세선)위에 까지 증가한 것으로 간주한다.

※ 만약 거래량 바닥 추세선과 거래량 꼭지 추세선이 존재하는 주가 그래프라면 이와 같은 거래량은 거래량 바닥 추세선과 거래량 꼭지 추세선 사이에 위치하는 것으로 간주한다.

❻ 폭등주의 거래량 바닥 추세선의 연결규칙은 거래량 1/ⓔ를 기점으로 하고 거래량 1/ⓔ에서 거래량이 계속 증가하다가 첫눌림을 한 거래량 ⓗ를 거래량 바닥 추세선으로 한다.

외관상 첫눌림은 거래량 ①인데 왜 거래량 ⓗ가 첫눌림점이 되었는가 하면 거래량 ①에 상응하는 주가는 상한가이기 때문에 거래량 ①은 거래량 바닥 추세선(겸용 추세선) ⓒ-ⓓ위에 위치하고 있다고 간주되기 때문이다.

즉 거래량 ⓗ보다도 거래량 ①이 훨씬 높은 위치에 있다고 보기 때문이다. 만약 거래량 꼭지 추세선이 있다고 가정한다면 거래량 ①의 위치는 거래량 바닥 추세선과 거래량 꼭지 추세선 사이에 위치하고 있을 자격이 있기 때문이다.

◎ 거래량 1/ⓔ가 발생한데 상응하는 주가가 폭등하는 것을 분석한다.

• • •

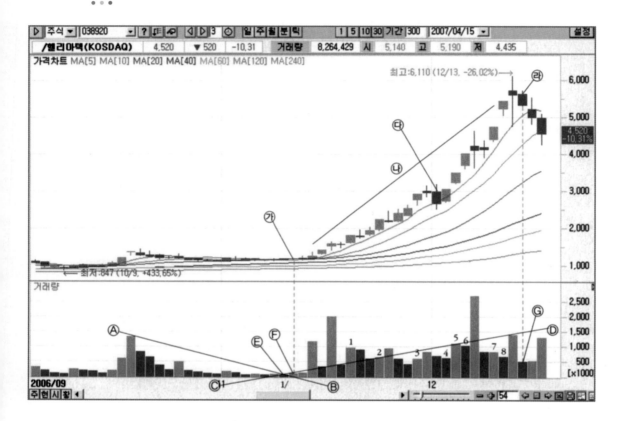

　⬤ 거래량 하향 추세선인 Ⓐ–Ⓑ를 밑으로 이탈하는 거래량 1/ⓔ가 발생하였다.

　⬤ 거래량 바닥 추세선인 Ⓒ–Ⓓ가 상향하는 것을 따라서 거래량이 증가하면서 그에 상응하는 주가는 ㉯와 같이 폭등을 하였다.(거래량 꼭지 추세선은 거래량 Ⓕ가 거래량 바닥 추세선 아래에 있기 때문에 연결시킬 수가 없어서 거래량 바닥 추세선 Ⓒ–Ⓓ와 겸용으로 하여 분석함)

　⬤ 본 그래프의 주가의 매수 시점은 거래량 하향 추세선인 Ⓐ–Ⓑ를 밑으로 이탈한 거래량 1/ⓔ를 완성시킨 거래량 Ⓕ에 상응하는 주가 ㉮날이다.

ⓡ 본 그래프의 주가 매도 시점은 거래량 바닥 추세선인 ⓒ-ⓓ를 밑으로 이탈한 거래량 ⑥에 상응하는 주가 ⓐ날이다.

ⓐ전날의 주가는 아래위의 긴 수염이 있는 음십자봉이 발생했는데 이것은 세력이 기교를 부려서 자신들의 보유주식을 이미 매도하기 시작했다는 증거이므로 일반 투자가들은 다음날인 ⓐ날에 아침동시 호가에서 매도하라는 기술을 한 바가 있다.

ⓜ 거래량 ①에서 ⑧까지 거래량에 상응하는 주가는 모두 상한가를 쳤기 때문에 거래량 ①에서 ⑧까지는 거래량 바닥 추세선(겸용 추세선) ⓒ-ⓓ위에 있는 것으로 간주한다.

그 외 거래량 바닥 추세선(겸용 추세선) ⓒ-ⓓ를 밑으로 이탈하는 거래량에 상응하는 주가는 모두 상승하였으나 유일하게 주가 ⓐ만이 주가가 하락하여 주가 ⓐ의 음봉이 5일 MA선을 접했으므로 그에 상응하는 주가는 1선 추월의 원칙에 의해서 10일 MA선까지 하락했다가 반등할 것을 예측할 수가 있는 것이므로 주가가 계속 상승할 것이라고 분석이 되는 것이다.

◎ 거래량 1/ⓔ가 발생한 데 상응하는 주가가 폭등 하는 것을 분석한다.

• • •

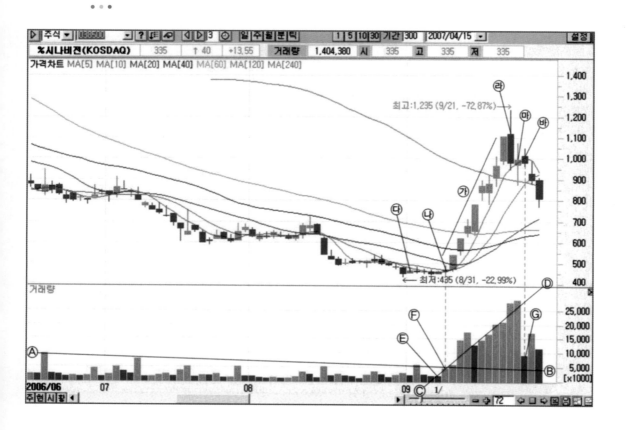

⊙ 거래량 하향 추세선인 Ⓐ–Ⓑ를 밑으로 이탈한 거래량 1/ⓔ가 발생했다.

ⓛ 거래량 바닥 추세선인 ⓒ–Ⓓ를 따라서 거래량이 증가함으로서 그에 상응하는 주가는 ㉮와 같이 폭등을 하였다. 본 그래프에서는 거래량 꼭지 추세선이 존재하지 못한다. 즉 거래량 꼭지 추세선을 연결할 거래량 1/ⓔ와 직후 거래량인 Ⓕ와 연결이 되어야 하는데 거래량 바닥 추세선인 ⓒ–Ⓓ와 선이 겹치기 때문에 부득이 거래량 바닥 추세선인 ⓒ–Ⓓ를 겸용 추세선으로 활용하기로 한다.

ⓒ 본 그래프의 주가의 매수 시점은 거래량 하향 추세선인 Ⓐ–Ⓑ를 밑으로 이

탈한 거래량 1/ⓔ를 완성시킨 거래량 ⓕ에 상응하는 주가 ㉯날이다. 주가 ㉯날의 5일 MA선의 선유봉인 ㉰가 주가 ㉯날의 값보다도 낮은 값에 위치에 있기 때문에 ㉯날의 주가 5일 MA선이 상향하므로 ㉯날의 주가도 따라서 상승하게 되므로 주가의 매수 시점이 ㉯날이 되는 것이다.

　ⓔ 본 그래프의 주가 매도 시점은 거래량 바닥 추세선(겸용 추세선)인 ⓒ-ⓓ를 밑으로 이탈한 거래량 ⓖ에 상응하는 주가 ㉲날이다.

　ⓜ 세력은 이미 역망치형의 음봉인 ㉱날과 양십자봉의 ㉲날에 자신들이 보유물량을 매도하는 기미가 보이므로 거래량과 주가를 병행해서 분석하는 고차원적인 분석가들은 적어도 주가 ㉲날에는 주식을 매도 할 수 있었을 것으로 사료된다.

◎ 주가 1/ⓔ가 발생한 주가가 폭등하는 것을 분석한다.

• • •

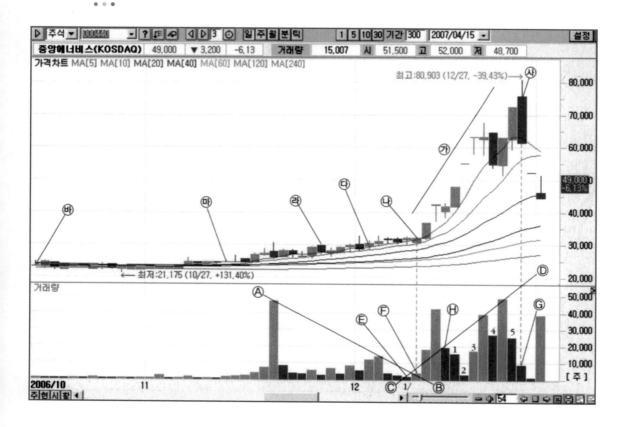

ㄱ 거래량 하향 추세선인 Ⓐ-Ⓑ를 밑으로 이탈한 거래량 1/ⓔ가 발생했다.

ㄴ 거래량 바닥 추세선인 Ⓒ-Ⓓ를 따라서 거래량이 증가하고 그에 상응하는 주가는 ㉮와 같이 폭등을 하였다. 본 그래프에서는 거래량 꼭지 추세선을 연결할 수가 없다. 거래량 꼭지 추세선을 연결하려면, 거래량 바닥인 1/ⓔ와 직후 거래량인 Ⓕ와 연결시켜야 되는데 거래량 Ⓕ가 거래량 바닥 추세선인 Ⓒ-Ⓓ선 밑에 위치하고 있기 때문에 거래량 꼭지 추세선 연결이 불가능하다. 그러므로 거래량 바닥 추세선인 Ⓒ-Ⓓ를 겸용으로 활용한다.

ⓒ 본 그래프의 주가의 매수 시점은 거래량 하향 추세선인 Ⓐ－Ⓑ를 밑으로 이탈한 거래량 1/Ⓔ를 완성시킨 거래량 Ⓕ에 상응하는 주가 ㉯날이다.

주가 ㉯날의 5일 MA선의 선유봉인 ㉰를 비롯하여 10일 MA선의 선유봉인 ㉱와 20일 MA선의 선유봉인 ㉲와 40일 MA선의 선유봉인 ㉳까지 모두가 주가㉯날의 주가값보다도 낮은 값에 위치하고 있기 때문에 ㉯날의 주가 5일 MA선을 비롯하여 10일 MA선과 20일 MA선과 40일 MA선까지 상향하여 정배열을 형성함으로서 그에 상응하는 주가 ㉯날은 따라서 상승하는 것이므로 주가 ㉯날이 매수 시점이 되는 것이다.

ⓔ 본 그래프의 주가 매도 시점은 거래량 바닥 추세선(겸용 추세선)인 Ⓒ－Ⓓ를 밑으로 이탈한 거래량 Ⓖ에 상응하는 주가 ㉴날이다.

ⓜ 본 그래프의 거래량 바닥 추세선(겸용 추세선)밑에 있는 거래량 1/Ⓔ와 거래량 Ⓗ를 연결하였는데 거래량 바닥 추세선(겸용 추세선) 밑에 있는 거래량 ①, ②, ③, ⑤에 상응하는 주가는 모두 상한가를 쳤기 때문에 ①, ②, ③, ⑤의 거래량은 거래량 바닥 추세선(겸용 추세선)위에 위치하고 있는 것으로 간주된다.

그리고 거래량 ④는 세력이 주식을 매수하지 않고 오히려 조금씩 매도하면서 주가를 하락하게 하여 다음날 매집하려는 음모가 숨어있었다. 그러므로 그 이후 두 번이나 상한가를 치고 나서야 세력은 매집한 주식을 매도하기 시작하였다.

◎ 거래량 1/Ⓔ가 발생한 그래프에 상응한 주가가 폭등하는 것을 분석한다.

• • •

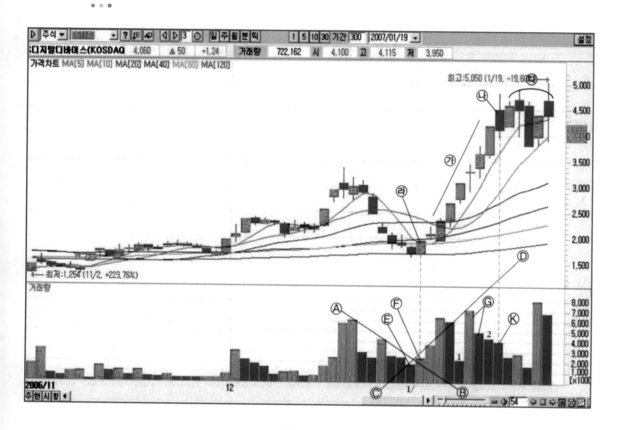

　　♊ 거래량 하향 추세선인 Ⓐ-Ⓑ를 밑으로 이탈하는 거래량 Ⓔ가 거래량 1/
이다.

　　♌ 거래량 바닥 추세선인 Ⓒ-Ⓓ가 상향하는 것을 따라서 거래량이 증가하면
서 그에 상응하는 주가는 ㉮와 같이 폭등을 하였다. 거래량 ①과 ②는 그에 상응
하는 주가가 상한가이므로 상한가에 상응하는 거래량은 거래량 바닥 추세선 Ⓒ-
Ⓓ 위에 있는 것으로 간주한다.

　　거래량 Ⓖ에 상응하는 주가는 양봉이며 5일 MA선이 받치고 있기 때문에 세

력이 주식을 매도 하는 것이 아니고, 일반 투자자들이 주식을 매수하는 것이므로 아직까지는 일반 투자자들이 매도하지 않고 보유하고 있는 것이 옳은 것으로 봐야한다.

ⓒ 본 그래프의 주식의 매수 시점은 거래량 1/Ⓔ가 완성된 거래량 Ⓕ에 상응하는 주가 ㉺날이고 본 주식의 매도 시점은 거래량 Ⓚ에 상응하는 주가 음봉인 ㉯점이다.

ⓔ 주가 음봉이 주가가 많이 상승한 시점에서 발생하면 십중팔구는 세력이 보유물량을 매도하는 주가 꼭지가 될 확률이 많다.

ⓓ 주가 ㉰에 속한 주가의 음양봉이 섞여서 발생하면서 주가도 상승시키지 못하고 제자리에서 맴돌거나 하락하는 것은 세력이 온갖 계교를 부리면서 자신들이 보유하고 있는 주식을 매도하는 것이다. 그러나 세력끼리 손바뀜의 계교도 전면 배제할 수는 없다. 그러나 우리 일반투자자들은 주가의 ㉺에서 ㉯까지만 수익을 본다 해도 대단히 큰 수익이 아닐 수 없다.

◎ 거래량 1/Ⓔ와 거래량 7/가 동시에 발생한 거래량에 대해서 그에 상응하는
주가가 폭등하는 것을 분석한다.

• • •

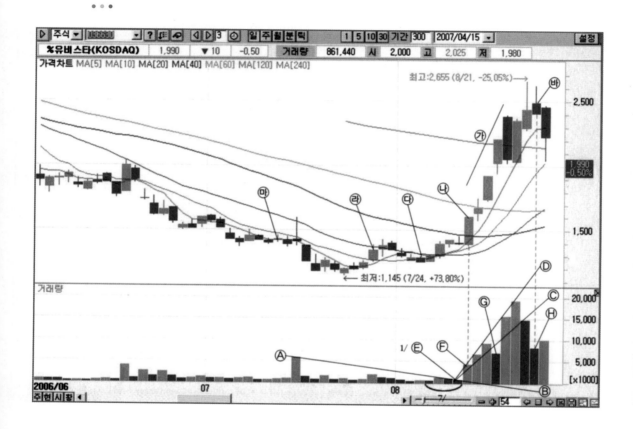

ㄱ 거래량 하향 추세선인 Ⓐ–Ⓑ를 밑으로 이탈한 거래량 1/Ⓔ와 거래량 7/가
동시에 발생하였다.

ㄴ 거래량 바닥 추세선인 Ⓐ–Ⓒ와 거래량 꼭지 추세선인 Ⓐ–Ⓓ사이에서 거
래량이 증가함으로써 그에 상응하는 주가는 ㉮와 같이 폭등을 하였다.

ㄷ 본 그래프의 주가 매수 시점은 거래량 1/Ⓔ와 거래량 7/를 동시에 완성시
킨 거래량 Ⓕ에 상응하는 주가 ㉯날이다. 주가 ㉯날은 ㉯날에 대한 5일 MA선의

선유봉인 ㉯와 10일 MA선의 선유봉인 ㉱와 20일 MA선의 선유봉인 ㉲등이 모두 ㉯날의 주가 값보다도 낮은 값의 위치에 있기 때문에 주가 ㉯날의 주가 5일 MA선과 10일 MA선과 20일 MA선 등이 상향함으로서 정배열을 형성하게 되므로 ㉯날의 주가는 상승하게 되어 있는 것이다. 그러므로 ㉯날의 주가가 매수 시점이 되는 것이다.

❹ 본 그래프의 주가 매도 시점은 거래량 바닥 추세선인 Ⓐ-Ⓒ를 밑으로 이탈한 거래량 Ⓗ에 상응하는 주가 ㉳점이 된다.

주가 ㉳점의 주가봉은 음봉으로서 역망치형이 발생했으므로 주가의 꼭지를 예고한 것이나 다름이 없다.

❺ 거래량 Ⓖ는 Ⓖ에 상응하는 주가가 상한가이기 때문에 주가의 상한가에 상응하는 거래량 Ⓖ는 거래량 바닥 추세선인 Ⓐ-Ⓒ와 거래량 꼭지 추세선인 Ⓐ-Ⓓ와의 사이에 존재하고 있는 것으로 간주한다.

그러므로 거래량 바닥 추세선의 연결점이 되지 못한 것이다.

◎ 거래량 7/와 1/ⓕ가 동시에 발생한 그에 상응하는 주가의 폭등을 분석한다.

• • •

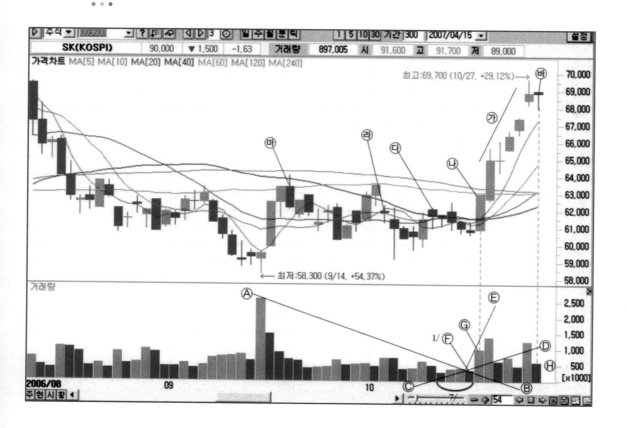

❼ 거래량 하향 추세선인 Ⓐ–Ⓑ를 밑으로 이탈한 거래량 7/와 거래량 1/ⓕ가 동시에 발생하였다.

❶ 거래량 바닥 추세선인 Ⓒ–Ⓓ와 거래량 꼭지 추세선인 Ⓒ–Ⓔ사이에서 거래량이 증가함으로써 그에 상응하는 주가는 ㉮와 같이 폭등을 하였다.

❷ 본 그래프의 주가 매수 시점은 거래량 7/와 거래량 1/ⓕ가 동시에 완성시킨 거래량 Ⓖ에 상응한 주가 ㉯날이다. 주가 ㉯날의 5일 MA선의 선유봉인 ㉰와 10일 MA선의 선유봉인 ㉱와 20일 MA선의 선유봉인 ㉲등이 모두 ㉯보다도 낮

은 값에 위치하고 있기 때문에 주가 ㉯날의 주가 5일 MA선을 비롯해서 10일 MA선과 20일 MA선 등이 상향하기 때문에 이들 MA선들이 정배열이 형성되므로 주가 ㉯는 따라서 상승하게 되어 있으므로 주가 ㉯가 주가의 매수 시점이 되는 것이다.

ㄹ 본 그래프의 주가 매도 시점은 거래량 바닥 추세선을 밑으로 이탈한 거래량 ㉭에 상응하는 주가 ㉻날이다. 주가 ㉻는 주가가 상당히 상승한 상태에서 발생한 주가 음봉으로서 밑수염이 길다는 것은 세력이 장 종가에 주가를 끌어 올려서 다음날 세력이 보유하고 있는 주식을 매도하고자 하는 술수일 가능성이 많으므로 주가 ㉻를 주가 꼭지로 보는 것이다.

/투/자/격/언/

합창을 하면 주가는 반대로 움직인다.

모든 사람들이 주가가 반락하면 사겠다고 생각하고 있으면 반락은 오지 않고, 많은 사람이 반등이 오면 팔겠다고 생각하면 반등은 오지 않는다. 모든 사람이 큰 시세가 올 것이라고 생각하고 있으면 미리 주식을 사놓고 큰 시세가 오면 팔겠다고 생각하고 있는 상태이므로 그런 경우 큰 시세는 오지 않는다.

◎ 거래량 1/Ⓔ가 발생한 폭등주를 분석한다.

• • •

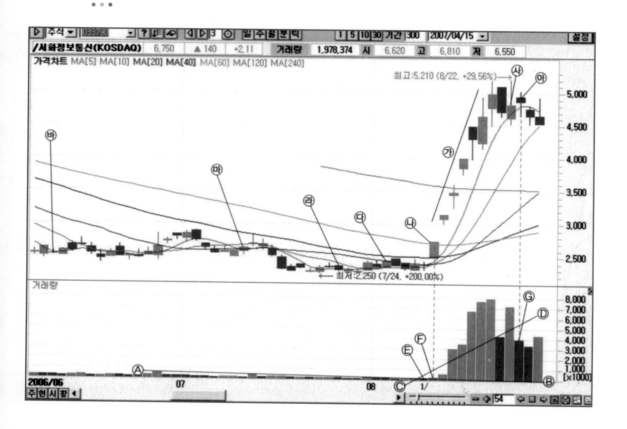

❼ 거래량 하향 추세선인 Ⓐ-Ⓑ를 밑으로 이탈한 거래량 1/Ⓔ가 발생했다.

❶ 거래량 바닥 추세선인 Ⓒ-Ⓓ를 따라서 거래량이 증가하니 그에 상응하는 주가는 ㉮와 같이 폭등을 하였다. 거래량 꼭지 추세선은 연결할 수가 없으므로 거래량 바닥 추세선 Ⓒ-Ⓓ와 겸용으로 활용한다. 거래량 꼭지 추세선을 연결하려면 거래량 바닥인 1/Ⓔ와 다음 거래량인 Ⓕ와 연결시키는 추세선이 거래량 꼭지 추세선이 되는 것인데 본 그래프에서는 거래량 Ⓕ가 거래량 바닥 추세선인 Ⓒ-Ⓓ선 밑에 위치하고 있기 때문에 거래량 꼭지 추세선을 연결할 수가 없는 것

이다.

❸ 본 그래프의 주가의 매수 시점은 거래량 하향 추세선 Ⓐ-Ⓑ를 밑으로 이탈한 거래량 1/Ⓔ를 완성시킨 거래량 Ⓕ에 상응하는 주가 ㉯날이다. 주가 ㉯날의 주가가 5일 MA선의 선유봉인 ㉱를 비롯하여 10일 MA선의 선유봉인 ㉲와 20일 MA선의 선유봉인 ㉳와 40일 MA선의 선유봉인 ㉴까지 모두가 주가 ㉯날의 주가 값보다도 낮은 값에 위치에 있기 때문에 주가 ㉯날의 주가 5일 MA선을 비롯하여 10일 MA선과 20일 MA선과 40일 MA선등이 모두 상향하여 정배열을 형성하기 때문에 ㉯날의 주가는 따라서 상승하게 되는 것이므로 주가의 매수 시점은 ㉯날이 되는 것이다.

❹ 본 그래프의 주가 매도 시점은 거래량 바닥 추세선(겸용 추세선) Ⓒ-Ⓓ를 밑으로 이탈한 거래량 Ⓖ에 상응하는 주가 ㉮날이다. 주가 ㉮날의 전날인 주가 ㉯날에 이미 주가의 꼭지를 예고하고 있다. ㉯날의 주가 봉이 양봉이 발생했지만 역망치형이고 그에 상응하는 거래량도 폭증함으로서 세력은 자신들의 매집한 보유물량을 매도하기 시작한 것이다.

◎ 거래량 1/Ⓔ가 발생하여 주가가 폭등하는 것을 분석한다.

• • •

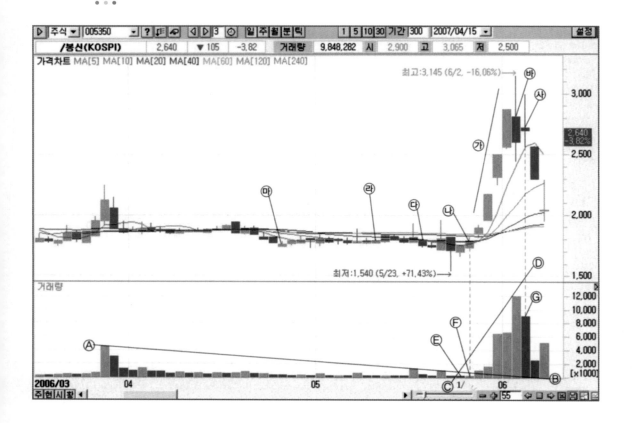

🗝 거래량 하향 추세선인 Ⓐ–Ⓑ를 밑으로 이탈하는 거래량 1/Ⓔ가 발생하였다.

🗝 거래량 바닥 추세선인 Ⓒ–Ⓓ를 따라서 거래량이 증가함으로써 그에 상응하는 주가는 ㉮와 같이 폭등을 하였다. 본 그래프의 거래량 꼭지 추세선은 연결시킬 수가 없어서 거래량 바닥 추세선 Ⓒ–Ⓓ를 겸용 추세선으로 활용한다. 거래량 꼭지 추세선을 연결하려면 거래량 바닥인 1/Ⓔ와 직후 거래량인 Ⓕ와 연결시켜야 되는데 거래량 Ⓕ가 거래량 바닥 추세선인 Ⓒ–Ⓓ선 밑에 위치하고 있기 때문에 거래량 꼭지 추세선 연결이 불가능하다.

ⓒ 본 그래프의 주가의 매수 시점은 거래량 하향 추세선 Ⓐ–Ⓑ를 밑으로 이탈한 거래량 1/Ⓔ를 완성시킨 거래량 Ⓕ에 상응하는 주가 ㉯날이다.

주가 ㉯날의 5일 MA선의 선유봉인 ㉰와 10일 MA선의 선유봉인 ㉱와 20일 MA선의 선유봉인 ㉲등이 주가 ㉯날의 주가 값보다도 낮은 값에 위치하고 있기 때문에 주가 ㉯날의 5일 MA선과 10일 MA선과 20일 MA선이 모두 상향하여 정배열을 형성함으로 그에 상응하는 주가 ㉯는 따라서 상승하는 것이다. 그러므로 ㉯날이 주가의 매수 시점이다.

ⓔ 본 그래프의 주가 매도 시점은 거래량 바닥 추세선(겸용 추세선)을 밑으로 이탈한 거래량 Ⓖ에 상응하는 주가 ㉴날이다. 주가 ㉳날에 장대 음십자봉이 천정권에서 발생한 것으로 볼 때 장중의 주가는 크게 흔들었을 것으로 사료되며 고차원적인 주가의 분석가라며 주가 ㉳날에 보유물량을 매도해 버릴 수도 있었을 것이다.

◎ **거래량 1/Ⓕ가 발생한 주가의 폭등을 분석한다.**

• • •

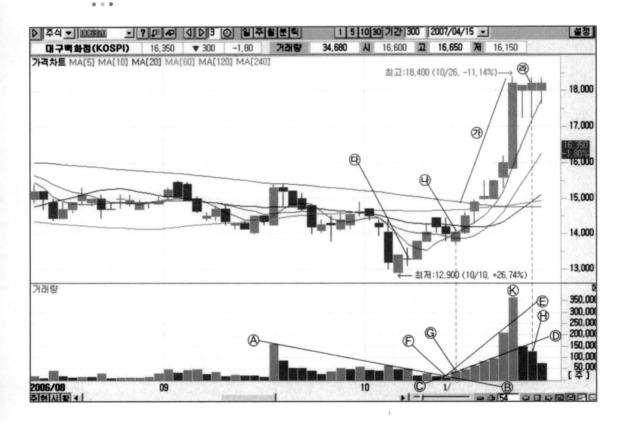

➐ 거래량 하향 추세선인 Ⓐ-Ⓑ를 밑으로 이탈한 거래량 1/Ⓕ가 발생했다.

　Ⓛ 거래량 바닥 추세선인 Ⓒ-Ⓓ와 거래량 꼭지 추세선인 Ⓒ-Ⓔ의 사이에서 거래량이 증가함으로써 그에 상응하는 주가는 ㉮와 같이 폭등을 하였다.

　　Ⓔ 본 그래프의 주가 매수 시점은 거래량 하향 추세선인 Ⓐ-Ⓑ를 밑으로 이탈한 거래량 1/Ⓕ를 완성시킨 거래량 Ⓖ에 상응한 주가 ㉯날이다. 주가 ㉯날의 5일 MA선의 선유봉인 ㉰가 주가 ㉯날의 주가 값보다도 낮은 값에 위치하고 있기 때문에 주가 ㉯날의 5일 MA선이 상향함으로써 따라서 ㉯날의 주가가 상승하는

것이므로 주가의 매수 시점이다.

ㄹ 본 그래프의 주가 매도 시점은 거래량 바닥 추세선인 ©−ⓓ를 밑으로 이탈한 거래량 ⓗ에 상응하는 주가 ㉰날이다.

ㅁ 거래량 꼭지 추세선인 ©−ⓔ를 위로 이탈한 거래량 ⓚ는 일반 투자자들의 과열 매매에 의한 산물이다.

/투/자/격/언/

기회는 소녀처럼 왔다가 토끼처럼 달아난다.

주식 투자는 매입시점과 매도 시점을 여전히 잘 잡느냐에 따라서 성패가 좌우된다. 주식 시세는 일년 열두 달 내내 있지만 최선의 매입시점과 최선의 매도 시점은 순간적으로 지나가 버린다. 주식 투자는 기회를 잘 활용하여야 하는 게임이다.

◎ **거래량 1/ⓔ가 발생한 주가의 폭등을 분석한다.**

• • •

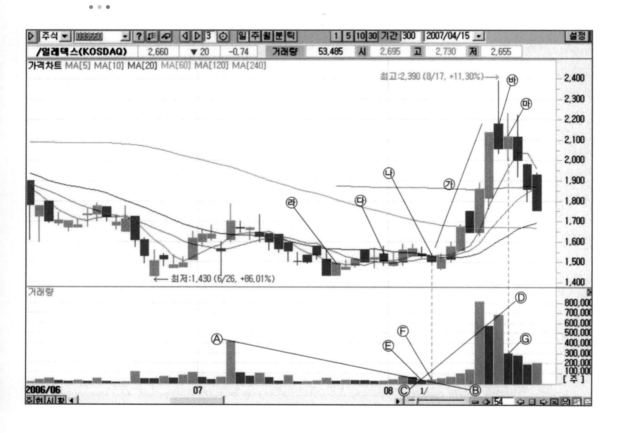

❼ 거래량 하향 추세선인 Ⓐ–Ⓑ를 밑으로 이탈하는 거래량 1/ⓔ가 발생했다.

❶ 거래량 바닥 추세선인 Ⓒ–Ⓓ를 따라서 거래량이 증가함으로써 그에 상응하는 주가는 ㉮와 같이 폭등을 하였다. 거래량 꼭지 추세선은 거래량 Ⓕ가 거래량 바닥 추세선인 Ⓒ–Ⓓ아래에 있기 때문에 연결시킬 수가 없어서 거래량 바닥 추세선인 Ⓒ–Ⓓ와 겸용으로 하여 분석한다.

❸ 본 그래프의 주가의 매수 시점은 거래량 하향 추세선인 Ⓐ–Ⓑ를 밑으로 이탈한 거래량 1/ⓔ를 완성시킨 거래량 Ⓕ에 상응하는 주가 ㉯날이다. 주가 ㉯날

의 5일 MA선의 선유봉인 ㉰와 10일 MA선의 선유봉인 ㉴가 주가 ㉯의 값보다
도 낮은 값에 위치하고 있기 때문에 주가 ㉯날의 주가가 상승하는 것이므로 주
가의 매수 시점이다.

㉣ 본 그래프의 주가 매도 시점은 거래량 바닥 추세선(겸용 추세선)을 밑으로
이탈한 거래량 ⓖ에 상응하는 주가 ㉱날이다. 주가 ㉱날의 전날인 ㉰날의 주가
가 역망치형인 음봉이 긴 윗수염을 달고 있는 것으로 보아 세력은 이미 주가 ㉰
날에 자신들의 보유 물량을 매도하기 시작하였다고 볼 수 있다.

/투/자/격/언/

긴 보합은 폭등이나 폭락의 전조이다.

바닥권이나 상승시세의 중간의 큰 보합에서는 상승을 위한 충분한 시장에너지
가 축적되었기 때문에 주가가 상승하면 큰 시세가 나올 가능성이 많다. 반대로
천정권이나 하락시세의 중간에서 생기는 긴 보합은 시세의 추진에너지가 소진
되어 버린 것이므로 주가가 하락할 때 큰 폭으로 하락하는 것이 보통이다.

◎ 거래량 1/Ⓔ가 발생한데 상응하는 주가의 폭등을 분석한다.

• • •

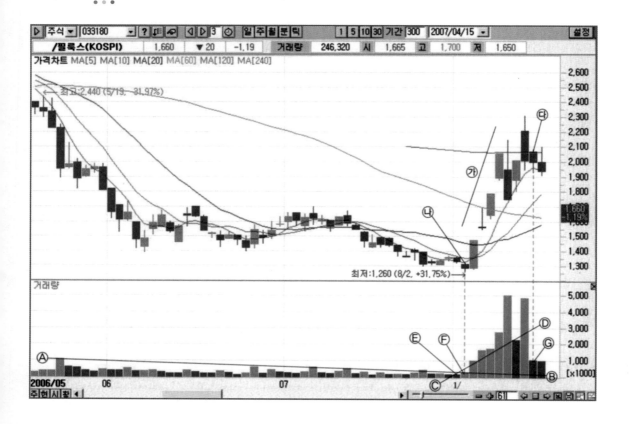

ㄱ 거래량 하향 추세선인 Ⓐ–Ⓑ를 밑으로 이탈하는 거래량 1/Ⓔ가 발생했다.

ㄴ 거래량 바닥 추세선인 Ⓒ–Ⓓ를 따라서 거래량이 증가하면서 그에 상응하는 주가는 ㉮와 같이 폭등을 하였다. 거래량 꼭지 추세선은 거래량 Ⓕ가 거래량 바닥 추세선 아래에 있기 때문에 연결시킬 수가 없어서 거래량 바닥 추세선과 겸용으로 하여 분석한다.

ㄷ 본 그래프의 주가의 매수 시점은 거래량 하향 추세선인 Ⓐ–Ⓑ를 밑으로 이탈한 거래량 1/Ⓔ를 완성시킨 거래량 Ⓕ에 상응하는 주가 ㉯날이다.

ㄹ 본 그래프의 주가 매도 시점은 거래량 바닥 추세선(겸용 추세선)을 밑으로 이탈한 거래량 ⓖ에 상응하는 주가 ㉲날이다. 주가 ㉲날의 직전에 장대음봉이 발생하고 그에 상응하는 거래량도 폭증을 한 것으로 보아서 이미 세력이 보유물량을 매도하고 있었던 것으로 예측이 된다.

/투/자/격/언/

뉴스를 과신말고 기사는 행간을 읽어라

신문이나 방송의 뉴스는 같은 내용의 뉴스를 신문사나 방송국에 따라서 보도하는 각도가 다르고 오보나 추측기사, 각색기사 등이 많으며 사실을 있는 그대로 전달하지 못하는 것이 뉴스이므로 너무 과신해서는 안된다. 또한 신문기사는 곧이곧대로 읽지 말고 행간에 숨겨진 또 다른 의미를 해석하는 안목을 길러라.

◎ 거래량 1/Ⓔ가 발생한데 상응하는 주가의 폭등을 분석한다.

• • •

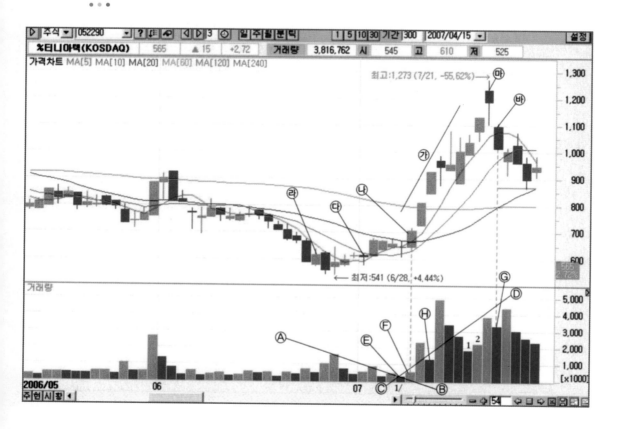

⊙ 거래량 하향 추세선인 Ⓐ–Ⓑ를 밑으로 이탈한 거래량 1/Ⓔ가 발생했다.

ⓛ 거래량 바닥 추세선인 Ⓒ–Ⓓ를 따라서 거래량이 증가함으로써 그에 상응하는 주가는 ㉮와 같이 폭등을 하였다. 거래량 꼭지 추세선은 거래량 바닥 1/Ⓔ와 Ⓕ가 연결되는 선인데 거래량 바닥 추세선인 Ⓒ–Ⓓ와 겹치는 선이되므로 거래량 꼭지 추세선은 생략하고 거래량 바닥 추세선과 겸용으로 해서 분석한다.

ⓒ 본 그래프의 주가의 매수 시점은 거래량 하향 추세선인 Ⓐ–Ⓑ선을 밑으로 이탈한 거래량 1/Ⓔ를 완성시킨 거래량 Ⓕ에 상응하는 주가 ㉯날이다. 주가 ㉯

날의 5일 MA선의 선유봉인 ㉰와 10일 MA선의 선유봉인 ㉱가 모두 주가 ㉯날의 주가 값보다도 낮은 값에 위치하고 있기 때문에 주가 5일 MA선과 10일 MA선이 상향함으로써 이에 상응하는 주가㉯는 따라서 상승하는 것이다. 그러므로 ㉯날의 주가가 매수 시점이다.

❷ 본 그래프의 주가의 매도 시점은 거래량 바닥 추세선(겸용 추세선) ©-ⓓ를 밑으로 이탈한 거래량 ⓖ에 상응하는 주가 ㉺날이다.

주가 ㉺날의 직전의 주가 ㉹가 주가 꼭지에서 음십자봉을 형성한 것으로 보아서 세력은 이미 주가 ㉹에서 자신들의 보유 물량을 매도하는 것으로 예측이 된다.

이것을 미리 대처하려면 당일의 분봉을 보고 사항을 판단해야 한다.

❺ ⓗ의 거래량은 거래량 바닥 추세선인 ©-ⓓ를 밑으로 이탈했으나 거래량 ⓗ에 상응하는 주가가 상한가를 쳤기 때문에 거래량 바닥 추세선인 ©-ⓓ위에 있는 것으로 간주된다. 거래량 ①과 ②는 거래량 바닥 추세선 ©-ⓓ를 밑으로 이탈했으나 그에 상응하는 주가가 주가 5일 MA선을 깨지 않고 지키면서 상승함으로써 그에 상응하는 거래량도 거래량 바닥 추세선(겸용 추세선) ©-ⓓ를 위로 복귀할 것으로 기대하면서 거래량과 주가의 흐름을 예의 주시하는 것이다.

◎ 거래량 1/ⓔ가 형성한데 상응하는 주가의 폭등을 분석한다.

• • •

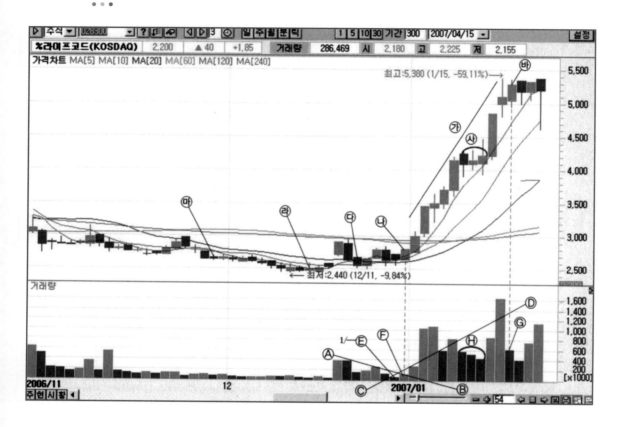

❶ 거래량 하향 추세선인 Ⓐ−Ⓑ를 밑으로 이탈한 거래량 1/ⓔ가 발생했다.

❷ 거래량 바닥 추세선인 Ⓒ−Ⓓ를 따라서 거래량이 증가함으로써 그에 상응하는 주가는 ㉮와 같이 폭등을 하였다. (거래량 꼭지 추세선은 거래량 바닥 1/ⓔ와 직후 거래량 Ⓕ와 연결시켜야 되는데 본 그래프의 경우 Ⓕ의 거래량이 바닥 추세선 밑에 있기 때문에 거래량 꼭지 추세선을 연결할 수가 없으므로 거래량 바닥 추세선인 Ⓒ−Ⓓ선과 겸용키로 함)

❸ 본 그래프의 주가의 매수 시점은 거래량 하향 추세선인 Ⓐ−Ⓑ를 밑으로 이

탈한 거래량 1/ⓔ를 완성시킨 거래량 ⓕ에 상응하는 주가 ⑭날이다.

주가 ⑭날의 5일 MA선의 선유봉인 ⓓ를 비롯하여 10일 MA선의 선유봉인 ⓡ와 20일 MA선의 선유봉인 ⓜ까지 모두 주가 ⑭날의 주가 값보다도 낮은 값의 위치에 있기 때문에 주가 5일 MA선과 10일 MA선 20일 MA선 등이 모두 상향함으로써 이들 MA선들이 정배열을 형성하기 때문에 ⑭날의 주가가 따라서 상승하는 것이다. 그러므로 ⑭날이 주가의 매수날이다.

ⓡ 본 그래프의 주가 매도 시점은 거래량 바닥 추세선(겸용 추세선)인 ⓒ-ⓓ를 밑으로 이탈한 거래량 ⓖ에 상응하는 주가 ⑯날이다. 주가 ⑯날의 전날 주가가 양십자봉을 형성하여 심하게 흔든 것으로 보아 세력이 자신들의 보유 물량인 주식을 매도에 착수한 것으로 예측된다.

ⓜ 거래량 바닥 추세선(겸용 추세선)을 밑으로 이탈한 거래량 ⓗ에 상응한 주가 ⑰에서 주가를 매도할 수도 있으나 주가 ⑰가 3일간 횡보하면서도 5일 MA선을 밑으로 깨지 않고 또 그에 상응하는 거래량 ⓗ가 소량의 거래량이므로 세력이 매도하지는 않는다고 예측이 가능하기 때문에 주가의 기술적 분석을 공부하는 투자자들은 주식을 매도하지 않고 기다릴 여유가 있었을 것이다.

◎ **거래량 1/ⓔ가 발생한 폭등주를 분석한다.**

• • •

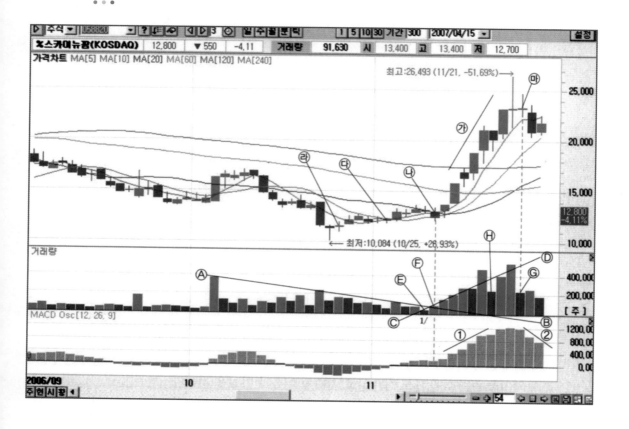

⿄ 거래량 하향 추세선인 Ⓐ–Ⓑ를 밑으로 이탈한 거래량 1/ⓔ가 발생했다.

⿅ 거래량 바닥 추세선인 Ⓒ–Ⓓ를 따라서 거래량이 증가하면서 그에 상응하는 주가는 ㉮와 같이 폭등을 하였다.

본 그래프에서는 거래량 꼭지 추세선은 연결하지 못한다. 거래량 꼭지 추세선을 연결시키려면 거래량 1/ⓔ와 Ⓕ를 연결시켜야 되는데, 이선이 거래량 바닥 추세선인 Ⓒ–Ⓓ와 겹치기 때문에 겸용으로 활용한다.

⿆ 본 그래프의 주가의 매수 시점은 거래량 하향 추세선인 Ⓐ–Ⓑ를 밑으로 이

탈한 거래량 1/Ⓔ를 완성시킨 거래량 Ⓕ에 상응하는 주가 ㉯날이다. 주가 ㉯날의 5일 MA선의 선유봉인 ㉰와 10일 MA선의 선유봉인 ㉱의 주가값이 주가 ㉯날의 주가 값보다 아래에 위치에 있기 때문에 주가 ㉯날의 5일 MA선과 10일 MA선등이 상향함으로 주가 ㉯도 따라서 상승하게 되기 때문에 주가 ㉯날이 주가의 매수날이다.

    ㉣ 본 그래프의 주가 매도 시점은 거래량 바닥 추세선(겸용 추세선)인 Ⓒ-Ⓓ를 밑으로 이탈한 거래량 Ⓖ에 상응하는 주가 ㉲날이다. Ⓗ의 거래량은 거래량 바닥 추세선인 Ⓒ-Ⓓ(겸용 추세선)를 밑으로 이탈했으나 그에 상응하는 주가 5일 MA선 위에 건재함으로 주가의 매도 시점이 아니라고 보고 기다려보는 것이다. 주가 ㉲날은 전날의 주가부터 연속 양십자봉이 발생하면서 윗수염이 긴 것으로 보아서 이미 세력이 자신들의 보유물량을 매도하는 것으로 예측된다.

    ㉤ 주가의 보조지표인 MACD OSC ①은 주가의 상승을 따라서 증가하다가 주가가 정점에 도달했을 때부터 ②와 같이 감소하였다.

◎ 거래량 1/ⓔ가 발생한 주가가 폭등하는 것을 분석한다.

•••

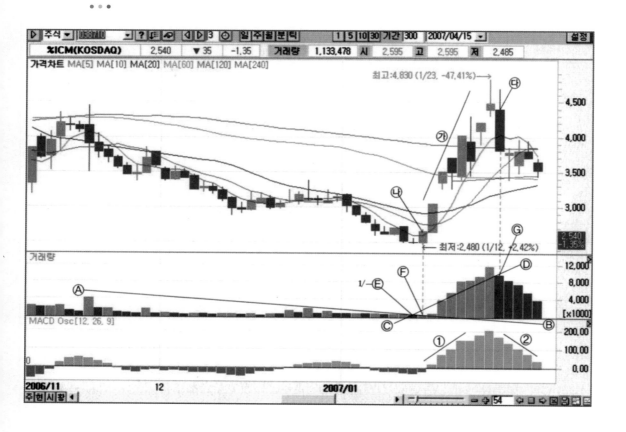

❼ 거래량 하향 추세선 Ⓐ-Ⓑ를 밑으로 이탈한 거래량 1/ⓔ가 발생했다.

❶ 거래량 바닥 추세선인 Ⓒ-Ⓓ가 상향하는 것을 따라서 거래량이 증가하면서 그에 상응하는 주가는 ㉮와 같이 폭등을 하였다. (거래량 꼭지 추세선은 거래량 Ⓕ가 거래량 바닥 추세선인 Ⓒ-Ⓓ 아래에 있기 때문에 연결시킬 수가 없어서 거래량 바닥 추세선과 겸용으로 분석함)

❸ 본 그래프의 주가의 매수 시점은 거래량 하향 추세선을 밑으로 이탈한 거래량 1/ⓔ를 완성시킨 거래량 Ⓕ에 상응하는 주가 ㉯날이다.

ㄹ 본 그래프의 주가 매도 시점은 거래량 바닥 추세선(겸용 추세선)을 밑으로 이탈한 거래량 ⓖ에 상응하는 주가 ㉯날이다.

ㅁ 주가의 보조지표인 MACD OSC의 양봉은 주가가 상승기에는 ①과 같이 따라서 증가하고 주가가 하락기에는 양봉이 ②와 같이 감소하는 것을 보여주는데 주가와 거래량의 상승기와 하락기의 정상의 갈림길이 MACD OSC의 양봉도 똑같이 움직인다는 것이 너무도 같기 때문에 참고가 될만한다.

◎ 거래량 1/Ⓕ에 상응한 주가의 폭등을 분석한다.

• • •

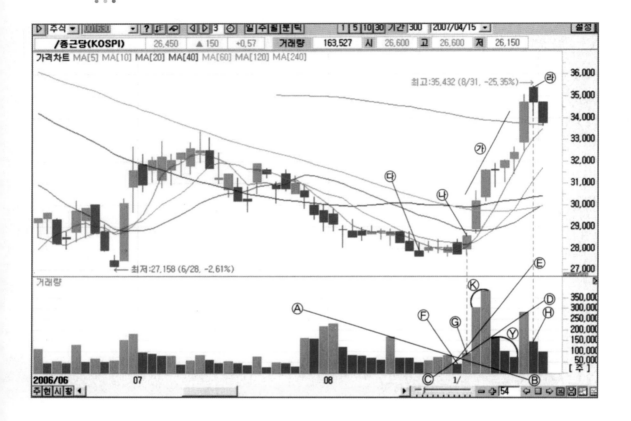

❼ 거래량 하향 추세선인 Ⓐ-Ⓑ를 밑으로 이탈한 거래량 1/Ⓕ가 발생했다.

❶ 거래량 바닥 추세선인 Ⓒ-Ⓓ와 거래 꼭지 추세선인 Ⓒ-Ⓔ사이에서 거래량이 증가하니 그에 상응하는 주가가 ㉮와 같이 폭등을 하였다.

❸ 본 그래프의 주가 매수 시점은 거래량 하향 추세선인 Ⓐ-Ⓑ를 밑으로 이탈한 거래량 1/Ⓕ를 완성시킨 거래량 Ⓖ에 상응한 주가 ㉯날이 주가의 매수날이다.

주가 ㉯날에 상응하는 주가 5일 MA선의 선유봉인 ㉰날의 주가값이 ㉯날의 주가 값보다도 아래의 값에 위치하고 있기 때문에 주가 5일 MA선의 향방이 상향함으로 따라서 주가 ⓘ도 상승하게 되는 것이므로 주가 ⓘ날이 주가의 매수 시점이 되는 것이다.

ㄹ 본 그래프의 주가 매도 시점은 거래량 바닥 추세선인 ⓒ-Ⓓ를 밑으로 이탈한 거래량 Ⓗ에 상응하는 주가 ⓐ날이다.

ㅁ 거래량 꼭지 추세선인 ⓒ-Ⓔ를 위로 이탈한 거래량 Ⓚ는 세력과 일반 투자자들의 과열매매로 인한 결과물이다.

ㅂ 거래량 바닥 추세선을 밑으로 이탈한 거래량 Ⓨ는 세력이 일반 투자자들의 보유 물량을 테스트하는 것인데 일반 투자자들의 보유물량이 거래량 Ⓨ와 같이 많은 양이 아니기 때문에 다음날부터 세력이 주가를 상승시키면서 보유물량을 매도하는 것이다.

세력이 일반투자자들의 거래량의 보유 물량을 테스트 할 때는 그에 상응하는 주가가 5일 MA선을 깨지 않고 지켜주는 것이 특이하다.

Part 4

Part 4

거래량
이박자(2/)에
상응하는
주가가
폭등하는 것을
분석한다.

Chapter 1

거래량 이박자(2/)에
상응하는 주가가
점상한가가 발생하여
폭등하는 주가를
분석한다.

◎ 거래량 2/(이박자) ⓒ와 ⓓ의 형성 과정을 분석한다.

• • •

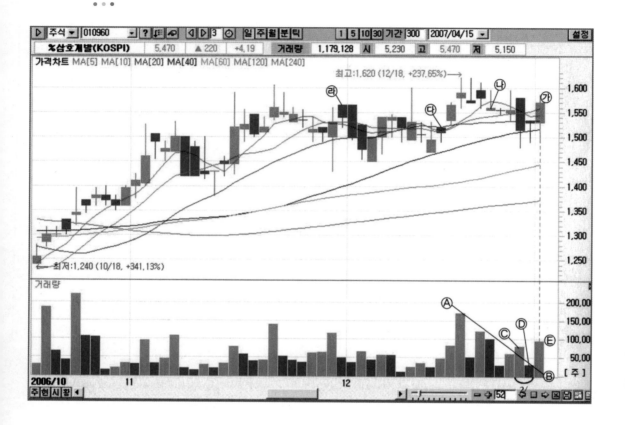

ㄱ 거래량 2/라함은 Ⓐ-Ⓑ의 거래량 하향 추세선을 따라서 거래량이 점점 감
소해 나가다가 거래량ⓒ점에 이르러서는 여기가 거래량의 바닥이라고 예측이 될
때 세력은 주식을 매매 해본다 즉 일반 투자자들이 얼마나 많이 매매에 가담하
는지를 테스트하는 것이다. 결과를 보니 거래량 ⓒ점에서 이미 일반 투자자들은
자신들의 보유 물량을 거의 처분해 버렸기 때문에 거래량 ⓒ와 같이 일반 투자
자들의 보유 물량이 많지 않다는 결론이 나왔으므로 다음날인 거래량 ⓓ날에는
세력이 주식의 매매에 전연 관여하지 않고 지켜만 본다. 결과는 거래량 ⓓ와 같

이 극히 소량의 거래량만 형성이 되었으므로 일반 투자자의 보유 물량이 없다고 보고 다음날부터는 세력이 자신의 보유 물량으로 주식을 매수 했다가 매도를 했다가 하면서 온갖 심리적 불안감을 조성해서 일반 투자자들의 나머지 보유 물량마저 모두 매수해 버리고 그 시점부터 주가를 크게 상승시키는 세력들의 간교한 수법을 거래량2/(이박자)라고 하며 따라서 거래량 봉 ⓒ와 ⓓ를 합한 것을 거래량 2/라고 한다.

ⓛ 거래량 하향 추세선인 Ⓐ-Ⓑ선을 위와 아래로 이탈한 거래량 2/ 다음날의 거래량Ⓔ에 상응하는 주가 ㉮는 계속 상승하게 되어 있다. 즉 주가 ㉮에 상응하는 주가 5일 MA선의 선유봉 ㉯와 주가 10일 MA선의 선유봉 ㉰와 주가 20일 MA선의 선유봉㉱등 모두가 현재의 주가㉮보다 낮은값의 위치에 있기 때문에 그에 상응하는 주가 MA선(5일, 10일, 20일)이 상향 하게 되어 정배열을 형성하게 되어 있으므로 주가는 지금부터 상승하게 되어 있다. 그러므로 본 그래프의 주가 매수 시점은 거래량의 2/다음날인 거래량Ⓔ에 상응하는 주가㉮날이 된다.

본 그래프는 다음 페이지의 그래프와 연속된 것으로써 본 그래프의 점선 Ⓔ-㉮는 다음 페이지의 점선 Ⓔ-㉮와 같은 위치에 있는 것이다.

◎ 거래량 2/(이박자)인 ⓒ와 ⓓ가 발생된 여세로 주가가 폭등하는 것을
분석한다.

• • •

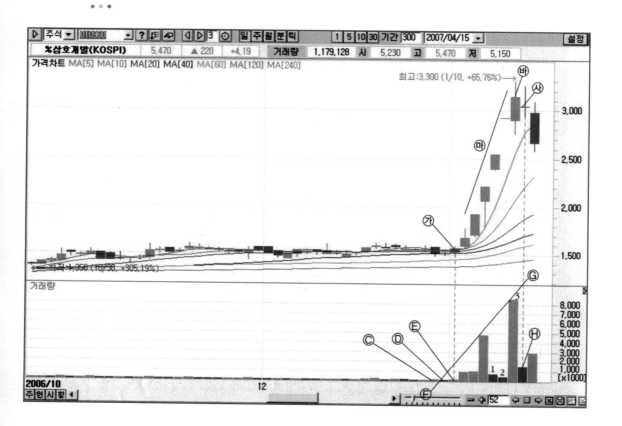

🗝 본 그래프의 ⓒ, ⓓ, Ⓔ와 ㉮는 앞 페이지의 위치를 그대로 옮겨 놓은 것이
다. 그러므로 거래량 ⓓ점이 바닥이 되어 거래량 바닥 추세선인Ⓕ-Ⓖ가 성립되
는 것이다.

거래량 바닥 추세선 Ⓕ-Ⓖ가 성립되는 이유는 거래량 바닥 점인 거래량 ⓓ에
서 제일 처음 감소(눌림)한 거래량인 거래량 ③(그에 상응하는 주가 ㉫는 상한가
를 치지 못함)과 연결시키는 것이 급등주나 폭등주의 거래량 바닥 추세선의 연

결 방법이기 때문이다.

이 시점에서 독자 여러분들이 의문이 생길 것은 거래량 바닥Ⓓ에서 거래량이 증가하다가 제일 처음 감소한 거래량은 거래량 ①과②인데 왜 거래량③을 거래량이 감소한 것으로 하느냐 하는 것인데, 그 이유는 본란을 통해서 수차 설명한 바가 있으나 다시 한번 되풀이한다면 거래량에 상응하는 주가가 상한가를 치면 그에 상응하는 거래량은 수량의 다소를 불문하고 거래량 바닥 추세선과 거래량 꼭지 추세선 사이에 있는 것으로 간주하기 때문이다.

ⓛ 거래량 바닥 추세선인Ⓕ–Ⓖ를 따라서 거래량이 폭증함으로서 그에 상응하는 주가는 ㉺와 같이 폭등을 한 것이다.

본 그래프에서는 거래량 꼭지 추세선은 존재가 불가능하다. 왜냐하면 거래량 꼭지 추세선의 연결 방법은 거래량 바닥인 Ⓓ와 직후의 거래량 Ⓔ와 연결되는 선이라야 되는 것인데 본 그래프에서는 거래량 Ⓔ가 거래량 바닥 추세선인 Ⓕ–Ⓖ 밑에 위치하고 있기 때문에 거래량 꼭지 추세선을 연결하여도 아무 의미가 없으므로 거래량 바닥 추세선인 Ⓕ–Ⓖ를 거래량 꼭지 추세선과 겸용으로 활용하고 이것을 거래량 겸용 추세선이라고 한다.

ⓒ 본 그래프의 주가의 매수 시점은 전 페이지에서도 기술한 바와 같이 거래량 Ⓔ에 상응하는 주가 ㉮날이고 주가의 매도 시점은 거래량 바닥 추세선(겸용 추세선)인 Ⓕ–Ⓖ를 밑으로 이탈한 거래량 Ⓗ에 상응하는 주가 ㉯날이다. 그러나 주가 ㉯날의 전날인 주가 ㉺날의 주가봉은 양봉이지만 주가가 천정권에 있으면서 주가봉이 아래와 위의 꼬리가 있으면서 주가봉의 몸통이 대양봉이 발생했으므로 주가의 꼭지를 암시하는 것이다.

◎ 거래량 (2/Ⓔ)가 발생한 폭등하는 주가를 분석한다.

• • •

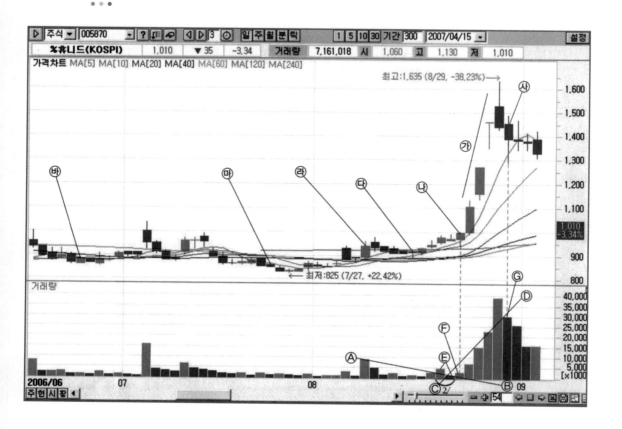

⑦ 거래량 하향 추세선인 Ⓐ-Ⓑ를 위와 아래로 이탈한 거래량2/Ⓔ가 발생했다.

Ⓛ 거래량 바닥 추세선인 Ⓒ-Ⓓ를 따라서 거래량이 증가함으로서 그에 상응하는 주가는 ㉮와 같이 폭등을 하였다. 본 그래프에서는 거래량 꼭지 추세선을 연결시킬수가 없기 때문에 거래량 바닥 추세선인 Ⓒ-Ⓓ를 거래량 꼭지 추세선과 겸용으로 활용하고 거래량 겸용 추세선이라 칭하기로 한다.

거래량 꼭지 추세선을 연결시키려면 거래량 2/Ⓔ의 낮은 거래량과 직후에 발생한 Ⓕ의 거래량과 추세선을 연결시켜야 하는데 그렇게 연결된 추세선은 거래량 바닥 추세선인 ⓒ-ⓓ 밑에 위치하게 되어 거래량 꼭지 추세선의 의미가 없게 되기 때문에 거래량 꼭지 추세선을 연결할 수가 없어서 거래량 바닥 추세선인 ⓒ-ⓓ를 거래량 꼭지 추세선과 겸용으로 활용하게 되는 것이다.

ⓒ 본 그래프의 주가의 매수 시점은 거래량 하향 추세선을 위와 아래로 이탈해서 형성된 거래량 2/ⓔ를 완성시킨 거래량ⓕ에 상응하는 주가 ㉯날이다.

주가 ㉯날의 5일 MA선의 선유봉인 ㉰와 10일 MA선의 선유봉인 ㉱와 20일 MA선의 선유봉인 ㉲와 40일 MA선의 선유봉인 ㉳까지 모두 주가 ㉯날의 주가 값보다도 낮은 값의 위치에 있기 때문에 주가 ㉯날의 5일 MA선을 비롯해서 10일 MA선과 20일 MA선과 40일 MA선까지 모두 상향함으로서 이들 MA선들이 정배열을 형성함으로서 이에 상응하는 주가 ㉯는 따라서 상승하게 되므로 주가의 ㉯날이 매수 시점이다.

ⓔ 본 그래프의 주가의 매도 시점은 거래량 겸용 추세선을 밑으로 이탈한 거래량 ⓖ에 상응하는 주가 ㉴날이다. 주가 ㉴날의 전날의 주가봉이 음봉으로서 역망치형이 발생했는데 이것은 세력이 이때 이미 자신들의 보유물량을 매도하기 시작한 것이다. 그러므로 주가㉴날에는 아침 동시호가에서 주식을 매도해야 하는 것이다.

◎ **거래량 2/(이박자)Ⓔ가 발생한 폭등주를 분석한다.**

• • •

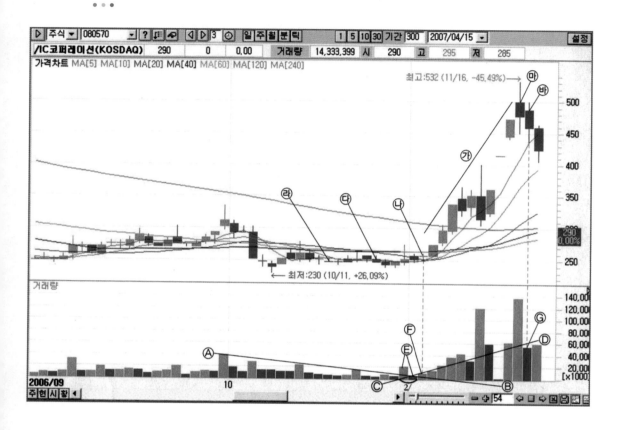

🔵 거래량 하향 추세선인 Ⓐ-Ⓑ를 위와 아래로 이탈한 거래량2/(이박자)Ⓔ가
발생했다.

🔵 거래량 바닥 추세선인Ⓒ-Ⓓ를 따라서 거래량이 증가함으로써 그에 상응
하는 주가는 ㉮와 같이 폭등하였다. 본 그래프에서는 거래량 꼭지 추세선을 연
결 할 수 가 없으므로 거래량 바닥 추세선인 Ⓒ-Ⓓ를 거래량 꼭지 추세선과 겸
용 추세선으로 활용한다. 거래량 꼭지 추세선을 연결 하려면 2/Ⓔ의 낮은 거래
량과 Ⓕ의 거래량을 연결시켜야 하는데 이 선은 이미 거래량 바닥 추세선인 Ⓒ-

Ⓓ가 연결되었기 때문에 연결선이 겹치기 때문이다.

　ⓒ 본 그래프에서 주가의 매수 시점은 거래량 하향 추세선인 Ⓐ–Ⓑ를 위와 아래로 이탈하여 거래량 2/Ⓔ를 완성시킨 거래량Ⓕ에 상응하는 주가 ㉯날이다.

　주가 ㉯날의 5일 MA선의 선유봉인 ㉰와 10일 MA선의 선유봉인 ㉱가 주가 ㉯날의 주가값보다도 낮은 값의 위치에 있기 때문에 주가 5일 MA선과 10일 MA선이 상향함으로 주가 ㉯날의 MA선이 정배열이 형성됨으로써 ㉯날의 주가는 따라서 상승하게 되어 있으므로 주가의 매수 시점이 되는것이다.

　ⓔ 본 그래프의 주가의 매도 시점은 거래량 바닥 추세선(겸용 추세선)인 Ⓒ–Ⓓ를 밑으로 이탈한 거래량 Ⓖ에 상응하는 주가 ㉳날이다. 주가 ㉳의 전날인 주가 ㉲가 천정권에서 음십자봉이 발생했다는 것은 주가의 꼭지를 암시하는 것이므로 고차원적인 그래프 분석가들은 주가 ㉲에서 매도 할 수도 있었을 것이다.

Chapter 2

거래량 이박자(2/1)에 상응하는 주가가 폭등하는 것을 분석한다.

◎ 거래량 2/ⓔ가 발생한데 대하여 그에 상응하는 주가가 폭등하는 것을
분석한다.

• • •

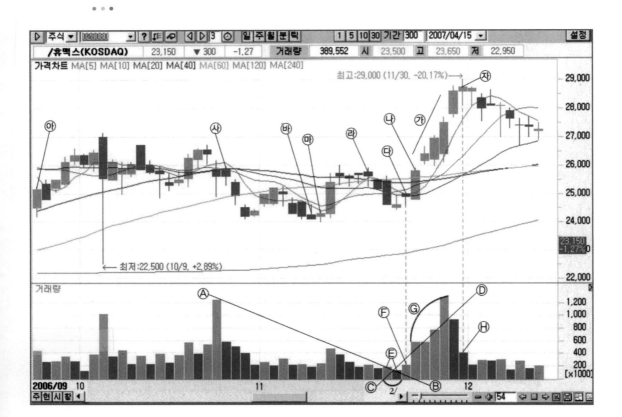

🕤 거래량 하향 추세선인 ④-⑧를 위로 이탈한 거래량 2/ⓔ가 발생하였다

🕤 거래량 하향 추세선 ④-⑧를 위와 아래로 이탈한 거래량 2/ⓔ로부터 시작
하여 거래량 바닥 추세선(겸용 추세선)인 ⓒ-ⓓ를 따라서 거래량이 증가함으로
써(거래량 꼭지 추세선을 연결할 수가 없어서 거래량 바닥 추세선과 겸용함) 그
에 상응하는 주가도 ㉮와 같이 폭등을 하였다.

🕤 본 그래프의 주가의 매수 시점은 거래량 2/ⓔ를 완성시킨 거래량 ⓕ에 상

응하는 주가 ㉑날이다. 주가 ㉑날의 주가 10일 MA선의 선유봉인 ㉕날의 주가 값은 주가 ㉑날의 주가 값보다 아래의 값의 위치에 있기 때문에 주가의 매수 시점을 ㉑날로 정한 것이다.

그러나 그 외의 주가 MA선은 모두가(5일,20일,40일) 주가 ㉑날의 주가 값보다도 위의 위치의 값에 있기 때문에 주가 ㉑날의 주가 상승에는 별 도움이 없으나 하루 뒤 ㉙날의 주가를 기점으로 해서 살펴보면 주가 5일 MA선의 선유봉 ㉓를 비롯하여 10일 MA선의 선유봉인 ㉕와 20일 MA선의 선유봉인 ㉗와 40일 MA선의 선유봉 ㉘에 이르기까지 모두가 주가 ㉙의 주가 값보다 낮은 값의 위치에 있기 때문에 주가 ㉙날부터는 주가가 폭등하기 시작하게 된 것이다.

❷ 본 그래프의 주가의 매도 시점은 거래량 바닥 추세선 ©–Ⓓ(거래량 바닥 추세선과 꼭지 추세선 겸용)을 밑으로 이탈한 거래량 ㉔에 상응하는 주가 ㉓날이다.

❸ 거래량 꼭지 추세선 ©–Ⓓ(거래량 바닥 추세선과 거래량 꼭지 추세선 겸용)을 위로 이탈한 거래량 ⓖ는 세력과 일반 투자자들이 과열 매매를 한 결과물이다.

◎ **거래량 2/(이박자) Ⓔ가 발생한 주가의 폭등을 분석한다.**

• • •

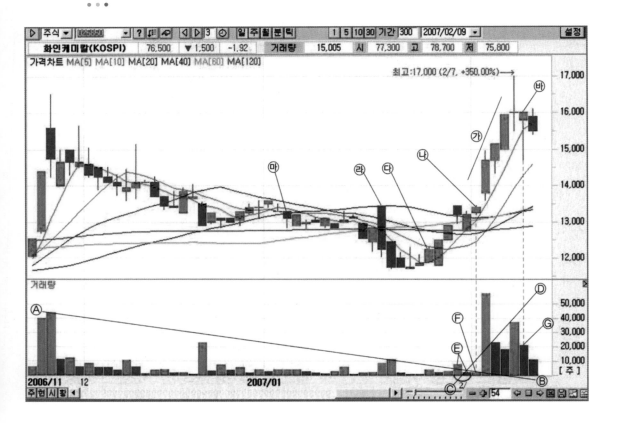

　🔵 거래량 하향 추세선인 Ⓐ-Ⓑ를 위와 아래로 이탈한 거래량 2/(이박자)Ⓔ 가 발생했다.

　🔵 거래량 바닥 추세선인 Ⓒ-Ⓓ를 따라서 거래량이 증가함으로써 그에 상응 하는 주가는 ㉮와 같이 폭등을 하였다. 본 그래프에서는 거래량 꼭지 추세선을 연결할 수가 없기 때문에 거래량 바닥 추세선인 Ⓒ-Ⓓ를 거래량 꼭지 추세선과 겸용으로 활용하고 거래량 겸용 추세선이라 칭하기로 한다.

　🔵 본 그래프의 주가의 매수 시점은 거래량 하향 추세선인 Ⓐ-Ⓑ를 위와 아래

로 이탈한 거래량 2/Ⓔ를 완성시킨 거래량 Ⓕ에 상응하는 주가 ㉯날이다. 주가 ㉯날의 5일 MA선의 선유봉인 ㉰와 10일 MA선의 선유봉인 ㉱와 20일 MA선의 선유봉인 ㉲ 등의 주가값이 주가 ㉯날의 주가값보다도 낮은 값의 위치에 있기 때문에 주가 ㉯날이 5일 MA선과 10일 MA선과 20일 MA선이 상향하게 되어있으므로 이들 MA선이 정배열을 형성함으로서 ㉯날의 주가값은 따라서 상승하게 되어있기 때문에 주가 ㉯날이 매수 시점이다.

　ㄹ 본 그래프의 주가의 매도 시점은 거래량 겸용 추세선인 Ⓒ-Ⓓ를 밑으로 이탈한 거래량Ⓖ에 상응하는 주가 ㉳날이다.

　주가 ㉳의 전날의 양십자봉의 모양은 주가의 상투권에서 주가꼭지를 알려주는 전형적인 모양새다.

/투/자/격/언/

꼬이기 시작하면 그만둬라
주식투자는 리듬이 잘 맞을 때는 투자하는 족족 크게 성공하지만 한번 꼬이기 시작하면 실패를 거듭하게 된다, 이럴 때에는 모든 것을 정리하고 몇 개월 정도 쉬고나서 새로운 마음으로 시작하라는 뜻이다.

◎ 거래량 2/(이박자) Ⓕ가 발생하는 주가의 상승을 거래량과 주가의 MA선의
    1선 추월의 원칙을 겸하여 분석한다.

• • •

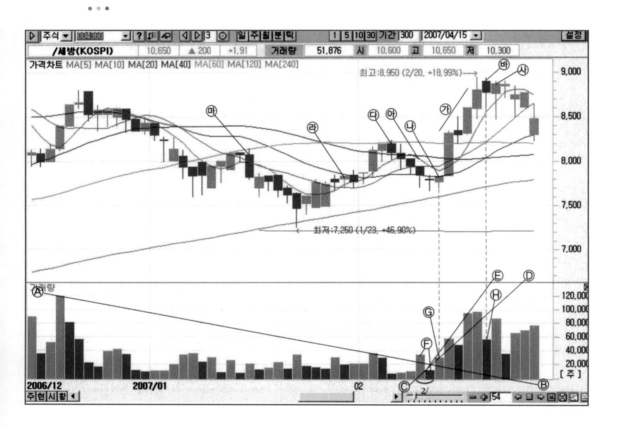

⊙ 거래량 하향 추세선인 Ⓐ–Ⓑ를 위와 아래로 이탈한 거래량 2/(이박자)Ⓕ
가 발생했다.

⊙ 거래량 바닥 추세선인 Ⓒ–Ⓓ와 거래량 꼭지 추세선인 Ⓒ–Ⓔ사이에서 거
래량이 증가함으로써 그에 상응하는 주가는 ㉮와 같이 상승을 하였다.

⊙ 본 그래프의 주가의 매수 시점은 거래량 하향 추세선을 위와 아래로 이탈
한 거래량 2/(이박자)Ⓕ를 완성시킨 거래량 Ⓖ에 상응하는 주가 ㉯날이다.

주가 ㈁날의 5일 MA선의 선유봉인 ㉯는 ㈁날의 주가값보다 위에 위치하고 있으나 주가 10일 MA선의 선유봉인 ㉱와 20일 MA선의 선유봉인 ㉰는 주가 ㈁날의 주가값보다도 낮은 값의 위치에 있기 때문에 ㈁날의 5일 주가 MA선은 하향해도 10일 MA선과 20일 MA선은 상향함으로써 주가 MA선의 2대1의 원칙에 의해서 그에 상응하는 주가가 상승하게 되어있으므로 주가 ㈁날이 매수 시점이 되는 것이다.

주가 ㈁날이 매수 시점이라는 것을 재확인 시켜주는 것은 ㉮점의 주가 5일 MA선이 하향하기 때문에 그에 상응하는 주가는 10일 MA선을 1선 추월하여 20일 MA선까지 하락하였다가 반등 할 수 있는 모양이 형성되어 있으므로(10일 MA선이 상향하고 있기 때문에) ㈁날의 주가는 20일 MA선까지 하락하였다가 반등의 준비를 하고 있기 때문에 ㈁날의 주가가 매수 시점이라는 것을 거듭 확인 시켜주는 것이다.

❹ 본 그래프의 주가의 매도 시점은 거래량 바닥 추세선인 ©−Ⓓ를 밑으로 이탈한 거래량 ㉴에 상응하는 주가 ㈙날이다.

주가 ㈙날의 주가봉이 천정권에서 음십자봉이 발생하였으므로 다음날 양십자봉인 ㉷가 발생하였으나 이것은 세력이 자신들의 보유 물량을 전부 매도하기 위한 술수이기 때문에 우리 일반 투자자들은 허욕을 부리지 말고 원칙대로 ㈙날에 주가를 매도하는 것이 마음이 편할 것이다.

◎ 거래량2/⑤가 발생한 주가를 분석한다.

• • •

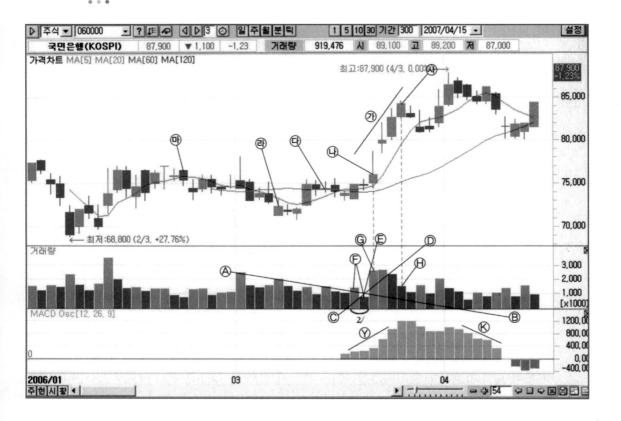

⑤ Ⓐ-Ⓑ의 거래량 하향 추세선을 위와 아래로 이탈한 거래량 2/⑤가 발생 했다.

ⓒ 거래량 바닥 추세선인 Ⓒ-Ⓓ와 거래량 꼭지 추세선 Ⓒ-Ⓔ의 사이에서 거래량이 증가함으로써 그에 상응하는 주가는 ㉮와 같이 상승하였다.

ⓔ 본 그래프의 주가 매수 시점은 거래량 하향 추세선을 위와 아래로 이탈해서 형성된 거래량 2/⑤를 완성시킨 거래량 Ⓖ에 상응하는 주가 ㉯날이다.

주가 ㉯날의 5일 MA선의 선유봉인 ㉰와 10일 MA선의 선유봉인 ㉱와 20일

MA선의 선유봉인 ㉲까지 모두 주가 ㉯보다도 아래의 값의 위치에 있기 때문에 주가 ㉯날의 5일 MA선을 비롯해서 10일,20일,40일 MA선 등이 모두 상향하여 정배열이 형성되기 때문에 주가 ㉯도 따라서 상승하게 되어있으므로 주가 ㉯날이 매수 시점이다. 그리고 주가 보조 지표인 MACD OSC의 양봉이 ㉛와 같이 증가하는 것도 주가 매수에 일조가 된다.

　　ㄹ 본 그래프의 주가 매도 시점은 거래량 꼭지 추세선을 밑으로 이탈한 거래량 ㉮에 상응한 주가 ㉳날이다. 주가 보조 지표인 MACD OSC의 양봉도 ㉾와 같이 점증적으로 감소하고 있으므로 주가 매도를 강요하는 꼴이 된다.

◎ **거래량 2/(이박자)Ⓕ가 발생한 주가가 상승하는 것을 분석한다.**

• • •

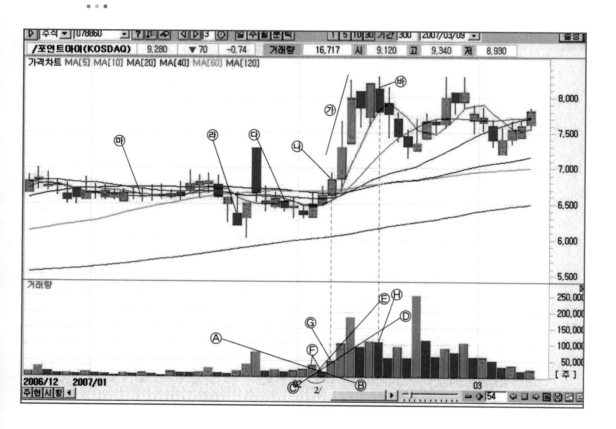

　㉠ 거래량 하향 추세선인 Ⓐ-Ⓑ를 위와 아래로 이탈한 거래량 2/(이박자)Ⓕ
가 발생했다.

　㉡ 거래량 바닥 추세선인 Ⓒ-Ⓓ와 거래량 꼭지 추세선인 Ⓒ-Ⓔ사이에서 거
래량이 증가함으로써 그에 상응하는 주가는 ㉮와 같이 상승을 하였다.

　㉢ 본 그래프의 주가는 매수 시점은 거래량 하향 추세선인 Ⓐ-Ⓑ를 위와 아래
로 이탈한 거래량 2/Ⓕ를 완성시킨 거래량Ⓖ에 상응하는 주가㉯날이다.

　주가 ㉯날의 5일 MA선의 선유봉인 ㉰를 비롯하여 10일 MA선의 선유봉인 ㉱

와 20일 MA선의 선유봉인 ㉢등이 모두 주가 ㉯날의 주가값 보다도 낮은 값의 위치에 있기 때문에 주가㉯날의 5일 MA선과 10일 MA선과 20일 MA선등이 상향함으로써 이들 MA선 등이 정배열을 형성함으로써 주가㉯는 따라서 상승하게 되어있으므로 주가㉯날이 매수 시점이 되는 것이다.

㉒ 본 그래프의 주가의 매도 시점은 거래량 바닥 추세선인 ⓒ—ⓓ를 밑으로 이탈한 거래량 ㉴에 상응하는 주가㉲날이다.

/투/자/격/언/

먼저 숲을 보고 나무를 보아라

주가의 일일 변동이나 단기적인 파동만 보고 투자를 하면 시세의 큰 흐름을 보지 못한다. 강물의 잔 파도만 보고 배를 노저어 가면 자기도 모르는 사이에 엉뚱한 곳으로 흘러내려 가고 만다. 먼저 시세의 큰 흐름과 그 배경을 이해하고 그러한 바탕 위에서 눈앞의 시세를 해석해야 한다. 증권시장은 흔히 자본주의의 성감대라고 할 정도로 정치, 사회, 경제 모든 부문의 각종 요인이 작용하므로 이를 종합적으로 해석할 수 있는 안목을 기르는 것이 중요하다.

◎ 거래량 2/(이박자)ⓔ가 발생한 주가의 상승을 분석한다.

• • •

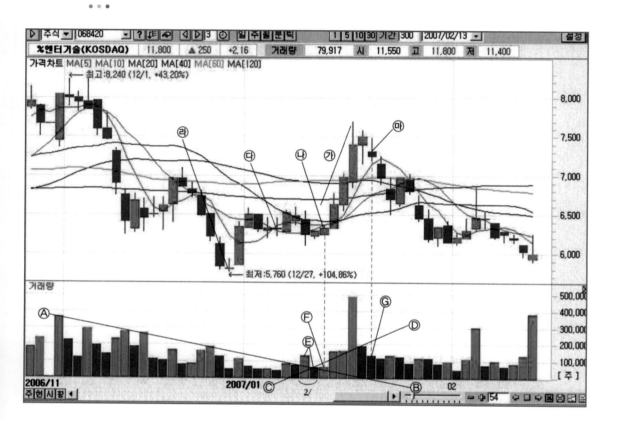

❼ 거래량 하향 추세선인 Ⓐ–Ⓑ를 위와 아래로 이탈한 거래량 2/(이박자)ⓔ
가 발생했다.

❷ 거래량 바닥 추세선인 Ⓒ–Ⓓ를 따라서 거래량이 증가함으로써 그에 상응
하는 주가는 ㉮와 같이 상승하였다.

본 그래프에서는 거래량 꼭지 추세선을 연결 할 수가없다. 그 이유는 거래량
2/ⓔ의 낮은 거래량과 직후의 거래량인 ⓕ와 연결시켜야 하는데 거래량 ⓕ가 거
래량 바닥 추세선인 Ⓒ–Ⓓ밑에 위치하고 있기 때문에 거래량 꼭지 추세선을 연

결 할 수가 없으므로 거래량 바닥 추세선인 ⓒ–ⓓ를 거래량 꼭지 추세선과 겸용으로 활용하고 이선을 거래량 겸용 추세선이라 한다.

ㄷ 본 그래프의 주가의 매수 시점은 거래량 하향 추세선인 Ⓐ–Ⓑ를 위와 아래로 이탈한 거래량 2/Ⓔ를 완성시킨 거래량 Ⓕ에 상응하는 주가 ㉯날이다. 주가 ㉯날의 5일 MA선의 선유봉인 ㉰와 10일 MA선의 선유봉인 ㉱가 ㉯날의 주가값보다도 낮은 값에 위치하고 있기 때문에 ㉯날의 5일 MA선과 10일 MA선 등이 상향함으로서 ㉯날의 주가는 따라서 상승하게 되는 것이므로 주가 ㉯날이 매수 시점이다.

ㄹ 본 그래프의 주가의 매도 시점은 거래량 겸용 추세선인 ⓒ–ⓓ를 밑으로 이탈한 거래량 Ⓖ에 상응하는 주가㉭날이다.

◎ 거래량 2/(이박자) Ⓕ가 발생한 주가의 상승을 분석한다.

• • •

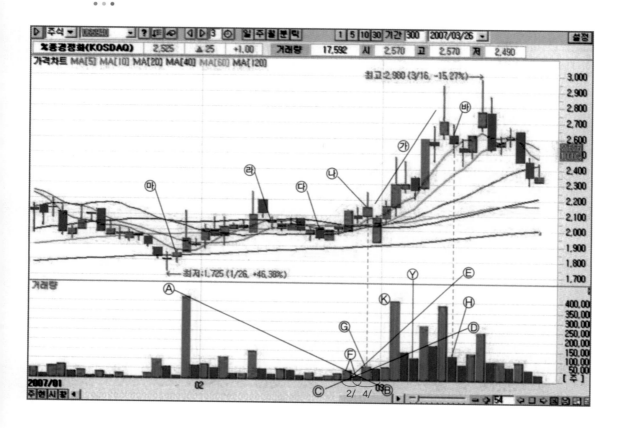

Ⓐ 거래량 하향 추세선인 Ⓐ-Ⓑ를 위와 아래로 이탈한 거래량 2/(이박자)와 거래량 4/(사박자)가 연속해서 발생했다.

Ⓛ 거래량 바닥 추세선인 Ⓒ-Ⓓ와 거래량 꼭지 추세선인 Ⓒ-Ⓔ 사이에서 거래량이 증가함으로써 그에 상응하는 주가는 ㉮와 같이 상승하였다.

Ⓒ 본 그래프의 주가의 매수 시점은 거래량 하향 추세선인 Ⓐ-Ⓑ를 위와 아래로 이탈한 거래량 2/(이박자)Ⓕ를 완성시킨 거래량 Ⓖ에 상응하는 주가㉯날이다.

주가 ㉯날의 5일 MA선과 10일 MA선과 20일 MA선 등이 모두 ㉯날의 주가

값보다도 아래의 값에 있으면서 상향함으로써 이들 MA선 등이 정배열을 형성하게 되므로 ㉯날의 주가는 따라서 상승하게 되는 것이므로 주가 ㉯날이 매수 시점이 되는 것이다.

㉣ 본 그래프의 주가의 매도 시점은 거래량 바닥 추세선인 ⓒ–ⓓ를 밑으로 이탈한 거래량 ⒣에 상응하는 주가㉺날이다. 주가 ㉺는 예정된 주가의 매도 날이라 할 수 있다.

주가 ㉺이후에 주가가 등락을 거듭하면서 하락으로 전환되는 것은 세력이 보유물량을 매도하기 위한 술수 때문이다.

㉤ 거래량 꼭지 추세선이 ⓒ–ⓔ를 위로 이탈한 거래량 ⒦는 세력과 일반 투자자들의 과열 매매로 인한 결과물로서 거래량 꼭지 추세선인 ⓒ–ⓔ와 거래량 바닥 추세선인 ⓒ–ⓓ사이에 있는 것으로 간주한다.

㉥ 거래량 ⓨ는 거래량 바닥 추세선인 ⓒ–ⓓ를 밑으로 이탈했으나(주가의 상승 초기에) 거래량 ⓨ에 상응하는 주가가 주가 5일 MA선을 밑으로 이탈하지 않고 위에 있으므로 주가의 상승기조가 계속되는 것으로 보고 주가를 매도하지 않고 기다려 보는 것이다.

◎ 거래량 2/(이박자) Ⓕ가 발생한 주가를 분석한다.

• • •

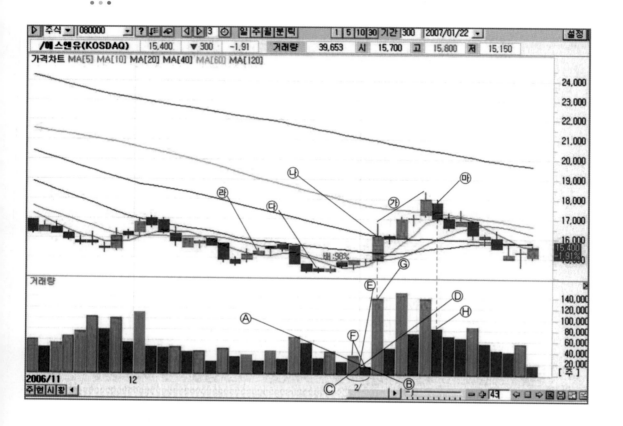

　❼ 거래량 하향 추세선인 Ⓐ–Ⓑ를 위와 아래로 이탈한 거래량 2/(이박자) Ⓕ
가 발생했다.

　❷ 거래량 바닥 추세선인 Ⓒ–Ⓓ와 거래량 꼭지 추세선인 Ⓒ–Ⓔ 의 사이에서
거래량이 증가함으로 그에 상응하는 주가는 ㉮와 같이 상승하였다.

　❸ 본 그래프의 주가의 매수 시점은 거래량 하향 추세선인 Ⓐ–Ⓑ를 위와 아래
로 이탈하여 거래량 2/Ⓕ를 완성시킨 거래량 Ⓖ에 상응하는 주가㉯날이다.

　주가 ㉯날의 5일 MA선의 선유봉인 ㉰와 10일 MA선의 선유봉인 ㉱등의 주가

의 값이 ㉯날의 주가값보다 낮은 값에 위치하고 있기 때문에, 주가 ㉯날의 5일 MA선과 10일 MA선이 상향함으로써 주가 ㉯는 따라서 상승하게 되어있으므로 주가 ㉯날이 매수 시점이 된다.

　㉣ 본 그래프의 주가의 매도 시점은 거래량 바닥 추세선인 ⓒ-ⓓ를 밑으로 이탈한 거래량 ㉭에 상응하는 주가 ㉰날이다.

Part 5

Part 5

거래량
사박자(4/)에
상응하는
주가가
폭등하는 것을
분석한다.

Chapter 1

거래량 사박자(4/)에 상응하는 주가가 점상한가가 발생하여 폭등하는 주가를 분석한다.

◎ 거래량 4/가 발생하는 주가의 폭등하는 대박주를 분석한다.

• • •

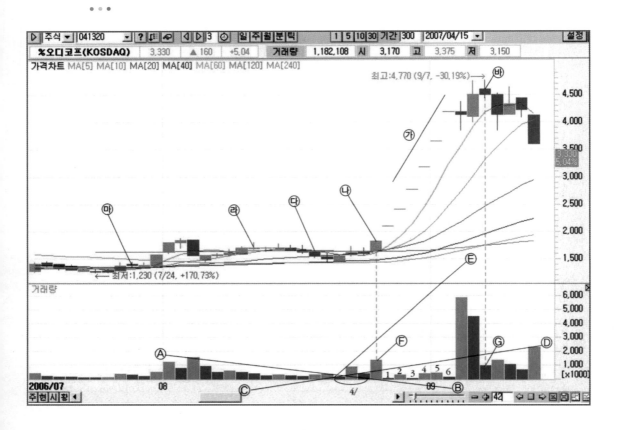

⑦ 거래량 하향 추세선인 Ⓐ–Ⓑ를 위로 이탈한 거래량 4/가 발생했다.

ⓛ 거래량 바닥 추세선인 Ⓒ–Ⓓ와 거래량 꼭지 추세선인 Ⓒ–Ⓔ 사이에서 거래량이 증가함으로써 그에 상응하는 주가는 ㉠와 같이 점상한가로 폭등을 하였다.

ⓒ 본 그래프의 주가의 매수 시점은 거래량 하향 추세선인 Ⓐ–Ⓑ를 위로 이탈한 거래량 4/를 완성시킨 거래량 Ⓕ에 상응하는 주가㉡날이다.

주가 ㉡날의 5일 MA선의 선유봉인 ㉢와 10일 MA선의 선유봉인 ㉣와 20일 MA선의 선유봉인 ㉤까지 모두가 주가 ㉡날의 주가값보다 낮은 값에 위치하고 있기 때문에 주가 ㉯날의 5일 MA선과 10일 MA선과 20일 MA선이 모두 상향하여 정배열을 형성함으로써 그에 상응하는 주가인 ㉯는 따라서 상승하게 되는것이므로 주가 ㉯날이 매수 시점이다.

㉣ 본 그래프의 주가의 매도 시점은 거래량 바닥 추세선인 ⓒ-ⓓ를 밑으로 이탈한 거래량 ⑥에 상응하는 주가 ㉫날이다. 주가 ㉫는 주가가 천정권에서 형성된 음십자봉이므로 주가가 꼭지라는 것은 독자 여러분들이 이미 습득한 사실이라고 사료됩니다.

㉤ 거래량 ①, ②, ③, ④, ⑤, ⑥은 거래량 바닥 추세선인 ⓒ-ⓓ를 밑으로 이탈했으나 이에 상응하는 주가가 상한가를 쳤기 때문에 거래량 바닥 추세선인 ⓒ-ⓓ와 거래량 꼭지 추세선인 ⓒ-ⓔ 사이에 존재한다고 간주하는 것이다.

◎ 거래량 4/가 발생한 주가가 점상한가로 폭등한 것을 분석한다.

• • •

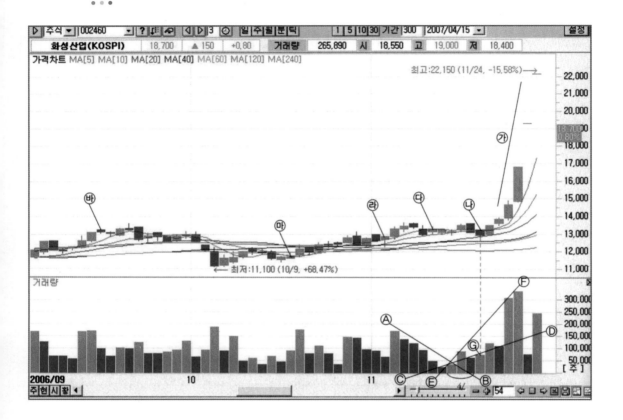

　　◯ 본 주가 그래프는 약 6개월간 횡보하다가 거래량 하향 추세선인 Ⓐ–Ⓑ를 위로 이탈하는 거래량 4/가 발생했다.

　　　◯ 거래량 바닥 추세선인 Ⓒ–Ⓓ와 거래량 꼭지 추세선인 Ⓕ–Ⓔ 사이에서 거래량이 폭증함으로써 그에 상응하는 주가는 ㉮와 같이 점상한가로 폭등을 하였다.

　　　◯ 본 그래프의 주가의 매수 시점은 거래량 하향 추세선인 Ⓐ–Ⓑ를 위로 이탈한 거래량 4/를 완성시킨 Ⓖ에 상응하는 주가 ㉯날이다. 주가 ㉯날의 5일선의 선유봉인 ㉰는 ㉯날의 주가값보다 높은 위치의 값에 있기 때문에 ㉯날의 주가 5일

MA이 하향하고 있으므로 ㉯날의 주가가 10일 MA선을 1선 추월하여 20일 MA 선까지 하락하는 것이 ㉯날의 주가의 하락 한계점이기 때문에 더욱 ㉯날이 매수 시점이라는 것을 확인 시켜 주는 것이다.(현재 ㉯날의 주가는 20일 MA선까지 하락하고 있다)

그리고 ㉯날의 10일 MA선의 선유봉인 ㉱와 20일 MA선의 선유봉인 ㉲와 40 일 MA선의 선유봉인 ㉳까지 모두 ㉯날의 주가보다도 낮은 값에 위치하고 있기 때문에 이에 상응하는 주가 MA선이 모두 상향하고 있으므로 주가 MA선의 2대 1의 원칙에도 부합되는 것으로 주가 ㉯가 상승 기조를 형성했으므로 주가 ㉯날 이 매수 시점인 것이다.

❷ 본 그래프의 주가의 매도 시점은 점상한가로 계속 상승하는 주가가 점상한 가를 깨는 날이 주가의 매도 시점이기는 하나 거래량 바닥 추세선인 ⓒ-ⓓ를 거 래량이 밑으로 이탈하는지를 예의 주시하기 바란다.

◎ 거래량 4/가 발생한 주가가 폭등하는 대박주를 분석한다.

• • •

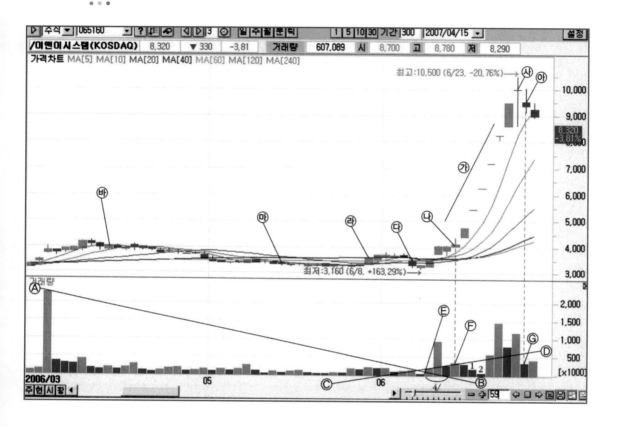

● 거래량 하향 추세선인 Ⓐ-Ⓑ를 위로 이탈한 거래량 4/가 발생했다.

● 거래량 바닥 추세선인 Ⓒ-Ⓓ와 거래량 꼭지 추세선인 Ⓒ-Ⓔ 사이에서 거래량이 증가함으로써 그에 상응하는 주가는 ㉮와 같이 점상한가로 폭등을 하였다.

● 본 그래프의 주가의 매수 시점은 거래량 하향 추세선을 위로 이탈한 거래량 4/를 완성시킨 거래량 Ⓕ에 상응하는 주가㉯날이다.

주가 ㉯날의 5일 MA선의 선유봉인 ㉰와 10일 MA선의 선유봉인 ㉱와 20일 MA선의 선유봉인 ㉲와 40일 MA선의 선유봉인 ㉳까지 모두가 주가 ㉯날의 주가값보다 낮은 값에 위치하고 있기 때문에 주가 ㉯날의 5일 MA선과 10일 MA선과 20일 MA선과 40일 MA선등이 상향하기 때문에 주가 ㉯날의 MA선들이 정배열을 형성함으로써 그에 상응하는 주가 ㉯가 따라서 상승하는 것이므로 주가 ㉯날이 매수 시점이 된다.

㉪ 본 그래프의 주가의 매도 시점은 거래량 바닥 추세선을 밑으로 이탈한 거래량 ⓖ에 상응하는 주가 ㉱날이다.

거래량 ①과 ②는 거래량 바닥 추세선인 ⓒ–ⓓ를 밑으로 이탈했으나 그에 상응하는 주가가 상한가를 쳤기 때문에 거래량 바닥 추세선인 ⓒ–ⓓ와 거래량 꼭지 추세선인 ⓒ–ⓔ 사이에 존재하는 것으로 간주한다.

그러나 주가가 천정권에서 주가 ㉯와 같이 음십자봉이 발생했다는 것은 주가를 매도하라는 강력한 신호이므로 고차원적인 주가 분석가들이라면 주가 ㉯에서 매도 할 수도 있었을 것이다.

◎ 거래량 4/가 발생한 주가의 폭등이 어떤 구도로서 이루어지는가?

• • •

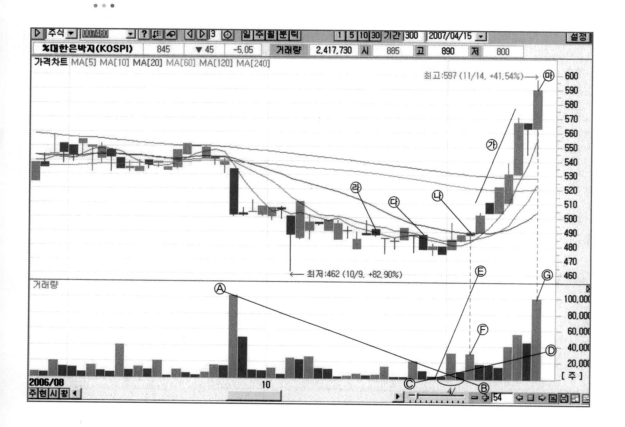

※ 본 그래프를 분석하는 목적은 본 그래프와 연속된 폭등주의 기본 구도가 어떤 형태로 형성되는가를 독자 여러분들에게 알려드리는데 목적이 있습니다.

㉠ 거래량 하향 추세선인 Ⓐ-Ⓑ를 거래량이 위로 이탈한 거래량 4/가 형성되었다.

㉡ 거래량 바닥 추세선인 Ⓒ-Ⓓ와 거래량 꼭지 추세선인 Ⓒ-Ⓔ 사이에서 거

래량이 증가함으로써 그에 상응하는 주가는 ㉮와 같이 폭등을 하였다. 본 그래프의 주가의 매수 시점은 거래량 하향 추세선인 Ⓐ-Ⓑ를 위로 이탈한 거래량 4/를 완성시킨 거래량 Ⓕ에 상응하는 주가㉯날이다.

Ⓒ ㉯날의 주가 5일 MA선의 선유봉인 ㉰와 10일 MA선의 선유봉인 ㉱등이 주가 ㉯날의 주가값보다 낮은 값의 위치에 있기 때문에 주가 ㉯날의 5일 MA선과 10일 MA선이 상향함으로 ㉯날의 주가는 따라서 상승하게 되어 있기 때문에 ㉯날이 주가의 매수 시점이다.

ㄹ 본 그래프의 주가의 매도 시점은 현재로서는 정할 수 없다. 왜냐하면 거래량 Ⓖ에 상응하는 주가 ㉲가 계속 상승하여 주가가 폭등으로 이어지기 때문이다. 폭등으로 이어지는 다음 그래프를 예의 주시하시기 바랍니다.

ㅁ 본 그래프에서의 거래량 Ⓖ와 주가 ㉲는 다음 페이지의 거래량 Ⓖ와 주가 ㉲가 같은 위치에 있는 것이다.

◎ 본 그래프는 전 페이지의 거래량 ⓖ에 상응하는 주가 ⑪에서부터 주가가
폭등하는 것을 분석한다.

• • •

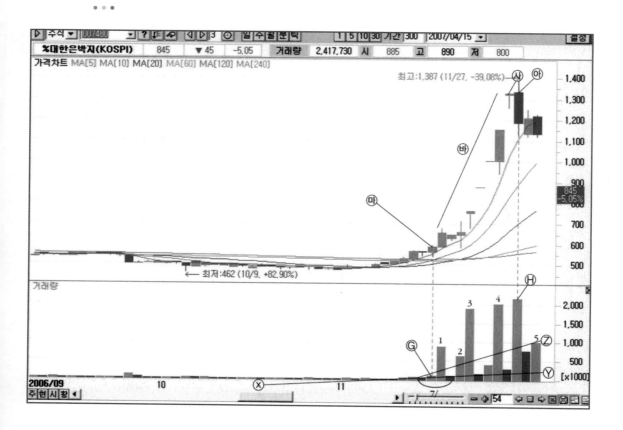

ㄱ 거래량 바닥 추세선 ⓧ–ⓨ를 위로 이탈하는 거래량 7/가 발생했다.

ㄴ 거래량 바닥 추세선 ⓧ–ⓨ와 거래량 꼭지 추세선 ⓧ–ⓩ와의 사이에서 거
래량이 폭증하면서 그에 상응하는 주가는 ⑪와 같이 폭등을 하였다.

ㄷ 본 그래프의 매수 시점은 전 페이지의 주가상승시점에서 지적한 바가 있으
므로 본란에서는 주가의 매도 시점을 논하고자한다.

본 그래프에서는 주가의 매도 시점이 거래량 ⓗ에 상응하는 주가 ⑪날인데 주

가 ㉔날이 주가의 매도 시점이라는 것을 확인시켜주는 것이 주가 ㉕날이다. 주가 ㉕날의 주가봉은 ⊤자형으로서 세력이 자신들의 보유물량을 매도코저 할 때는 반듯이 주가 꼭지 근처에서 ⊤자형의 주가봉을 형성해서 다음날 시초가부터 주가의 매도에 착수한다.

ㄹ 거래량 ①, ②, ③, ④는 일반 투자자들과 세력들의 과열 매매로 인한 산물이며 거래량 ⑤는 세력이 자신들의 보유물량을 그때까지 매도하지 못한 것을 손절매하는 것이다.

ㅁ 본 주가 그래프를 분석한 결과 필자의 소감은 주가가 폭등하려면 아무런 이유없이 폭등하는 것이 아니고 반드시 그 기초에는 주가가 폭등할 수 있는 거래량의 구도와 주가 MA선의 1선 추월의 원칙론이 합리적으로 형성되어야 한다는 것을 독자 여러분들께도 전수하고 싶다.

/투/자/격/언/

충동매매는 후회의 근본이다.
남의 이야기나 시장분위기에 영향을 받아서 충동적으로 매매를 결정하는 사람은 대개 투자결과가 좋지 않은 것이 보통이다. 시세의 장기적인 흐름이나 기업내용은 주가의 현재까지의 움직임 등을 충분히 생각해 보지도 않고 즉흥적인 감정으로 매매를 결정하기 때문에 실패하기 쉽다.

◎ 1년이상 횡보하는 주식의 거래량 7/와 4/가 연속해서 발생함으로써
 폭등하는 주가와 거래량의 모양을 분석한다.

　• • •

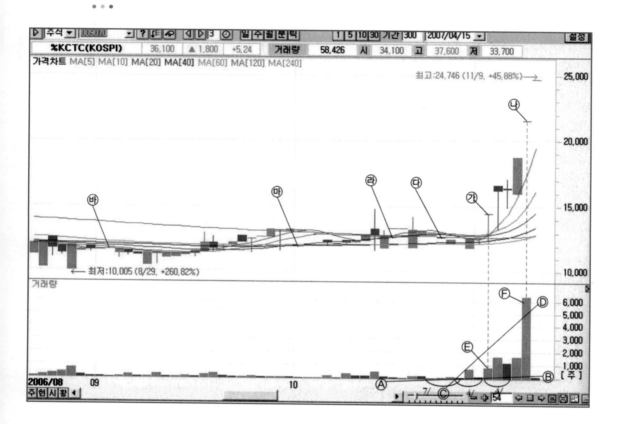

　㉠ Ⓐ-Ⓑ는 거래량 바닥 추세선이고 Ⓒ-Ⓓ는 거래량 꼭지 추세선이다. 거래량 바닥 추세선인 Ⓐ-Ⓑ를 위로 이탈하는 거래량이 4/가 완성됨으로써 완성된 시점인 거래량 Ⓔ점에 상응하는 주가인 ㉮부터 주가가 상승하기 시작하여 주가가 폭등장세를 형성하고 있다.

　㉡ 거래량 4/가 연속해서 형성되는 것이 더욱 고무적이다. 거래량 Ⓕ점이 거래량 꼭지 추세선 위로 이탈하면서 그에 상응하는 주가 ㉯가 점상한가를 친 것

은 개미들이 따라 붙어서 계속 점상한가에 주식을 매수하기 때문이다. 만약 ㉯의 주식이 점상한가가 형성되지 않고 음봉이 발생했다면 이것은 세력이 주식을 매도하는 것이므로 주가의 꼭지가 될 확률이 많은 것이다.

ⓒ 그러므로 거래량 꼭지 추세선을 위로 이탈하는 거래량에 상응하는 주가봉이 음봉이면 세력이 보유하고 있는 주식을 매도하는 것이고 양봉이면 개미들의 주식을 매수하고 있다고 보는 것이다.

❷ 본 그래프의 주가의 매수 시점은 거래량 4/를 완성시킨 거래량 ⓔ에 상응하는 주가 ㉮날이다. 주가 ㉮는 주가 MA선이 정배열로 향하는 초기에 진입하고 있기 때문에 매수 시점이다.

그리고 ㉮날의 주가의 MA선의 선유봉도 5일 MA선의 선유봉인 ㉯를 비롯하여 10일 MA선의 선유봉인 ㉰와 20일 MA선의 선유봉인 ㉱와 40일 MA선의 선유봉인 ㉲등이 모두 주가 ㉮보다 낮은 위치의 값에 있기 때문에 주가 ㉮에 대한 5일 MA과 10일 MA선과 20일 MA선과 40일 MA선등이 상향하기 때문에 정배열을 형성함으로써 주가 ㉮는 상승하게 되어 있는 것이다.

❺ 본 그래프의 주가의 매도 시점은 점상한가가 무너지는 날이 주가의 매도 시점이다.

◎ **거래량 4/에 상응한 주가가 폭등하는 대박주를 분석한다.**

• • •

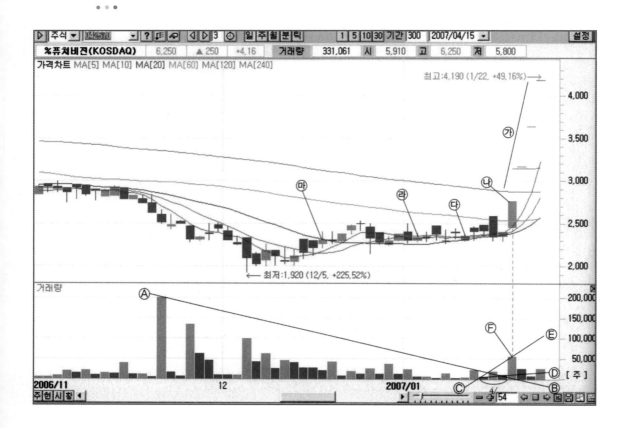

➊ 거래량 하향 추세선인 Ⓐ–Ⓑ를 위로 이탈한 거래량 4/가 형성되었다.

➋ 거래량 바닥 추세선인 Ⓒ–Ⓓ와 거래량 꼭지 추세선인 Ⓒ–Ⓔ 사이에서 거래량이 증가함으로써 그에 상응하는 주가 ㉮는 점상한가를 치면서 폭등을 하였다.

➌ 본 그래프의 주가의 매수 시점은 거래량 하향 추세선인 Ⓐ–Ⓑ를 위로 이탈하는 거래량 4/를 완성한 거래량 Ⓕ에 상응하는 주가 ㉯날이다.

주가 ㉯날의 주가 5일 MA선의 선유봉인 ㉰를 비롯하여 10일 MA선의 선유봉 ㉱와 20일 MA선의 선유봉인 ㉲까지 주가 ㉯의 주가값보다 낮은 값의 위치에 있기 때문에 주가 5일 MA선과 10일 MA선과 20일 MA선이 모두 상향하여 정배열을 형성하기 때문에 이에 상응하는 주가 ㉯는 따라서 상승하는 것이므로 주가의 매수 시점이다.

㉣ 본 그래프의 주가의 매도 시점은 주가가 계속 점상한가를 치고 있는데 점상한가가 멈추고 주가가 봉으로 바뀌는 날이 매도 시점이다.

◎ 거래량 4/에 상응하는 주가가 점상한가로 폭등하는 것을 분석한다.

• • •

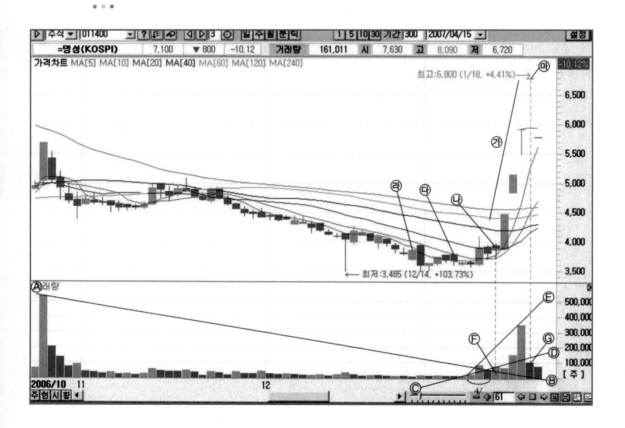

ㄱ 거래량 하향 추세선인 Ⓐ-Ⓑ를 위로 이탈하는 거래량 4/가 발생했다.

ㄴ 거래량 바닥 추세선인 Ⓒ-Ⓓ와 거래량 꼭지 추세선인 Ⓒ-Ⓔ 사이에서 거래량이 증가하면서 그에 상응하는 주가가 ㉮와 같이 폭등을 하였다.

ㄷ 본 그래프의 주가의 매수 시점은 거래량 하향 추세선인 Ⓐ-Ⓑ를 위로 이탈하는 거래량 4/를 완성 한시점인 거래량 Ⓕ에 상응하는 주가㉯날이다.

주가 ㉯날에 상응하는 주가 5일 MA선의 선유봉인 ㉰와 10일 MA선의 선유봉 ㉱등의 위치의 값이 주가 ㉯날의 주가값보다 아래에 위치하고 있기 때문에 그에 상응하는 5일 MA선과 10일 MA선의 향방이 상향하는 것이므로 따라서 ㉯날의 주가가 상승하게 되는 것이다.

㉣ 본 그래프의 주가의 매도 시점은 거래량 바닥 추세선인 ⓒ–ⓓ를 밑으로 이탈한 거래량 ⓖ에 상응하는 주가 ㉲날이다.

◎ 거래량 4/에 상응하는 주가가 점상한가로 폭등하는 것을 분석한다.

• • •

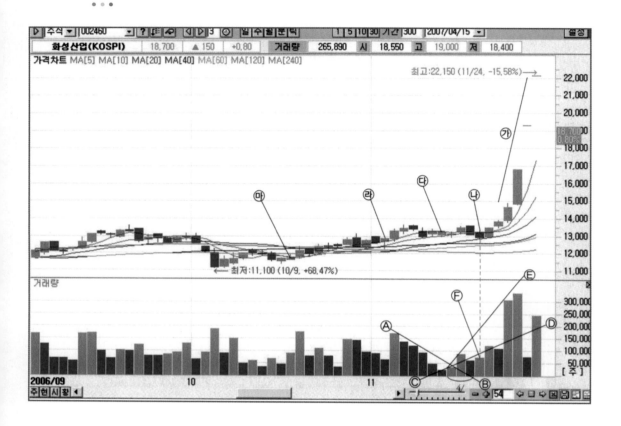

🔵 약 5개월 횡보하던 주가가 거래량 하향 추세선인 Ⓐ–Ⓑ를 위로 이탈한 거래량 4/가 형성되었다.

🔵 거래량 바닥 추세선인 Ⓒ–Ⓓ와 거래량 꼭지 추세선인 Ⓒ–Ⓔ 사이에서 거래량이 증가함으로써 그에 상응하는 주가는 ㉮와 같이 점상한가로 폭등을 하였다.

🔵 본 그래프의 주가의 매수 시점은 거래량 하향 추세선인 Ⓐ–Ⓑ를 위로 이탈하는 거래량 4/를 미완성시킨 거래량 Ⓕ에 상응하는 주가㉯날인데 거래량 Ⓕ는 거래량 4/를 완성시키지 못한 미완성 거래량이므로(거래량 4/를 완성시키려면

거래량 바닥 추세선인 ⓒ-ⓓ를 거래량 ⓕ가 위로 이탈해야 하고 그러므로해서 그에 상응하는 주가 ⓑ도 상승하는 것인데) 그에 상응하는 주가 ⓑ도 하락을 했는데 왜 주가 ⓑ를 매수 시점으로 정했느냐를 설명하고자 한다.

ㄹ 주가 ⓑ날에 상응하는 주가 MA선의 선유봉인 ⓑ, ⓐ, ⓜ를 분석해보면 주가 5일 MA선의 선유봉 ⓑ만이 ⓑ의 주가보다 위의 값의 위치에 있으나 그외 10일과 20일 MA선의 선유봉의 값은 주가 ⓑ보다 아래의 값의 위치에 있기 때문에 주가 하위 MA선인 5일, 10일, 20일 MA선 등 3선이 2대1의 원칙에 의하여 주가 ⓑ가 상승할 것이라는 결론이 나오는 것이다.

그리고 또 한가지를 덧붙이자면 주가ⓑ에 상응하는 5일 MA선이 하락곡선을 이루고 있기 때문에 1선 추월의 원칙에 의해서 ⓑ날의 주가는 20일 MA선이 하락 한계선이므로 주가는 20일 MA선에서 상승할 것이라는 것이 예견되는 것이다.

ㅁ 본 그래프의 주가의 매도 시점은 주가의 점상한가가 무너지는 날이 매도 시점이다.

Chapter 2

거래량
사박자(4/)에
상응하는
주가가
폭등하는 것을
분석한다.

◎ 거래량 4/가 형성된 거래량에 상응하는 주가가 폭등하는 것을 분석한다.

• • •

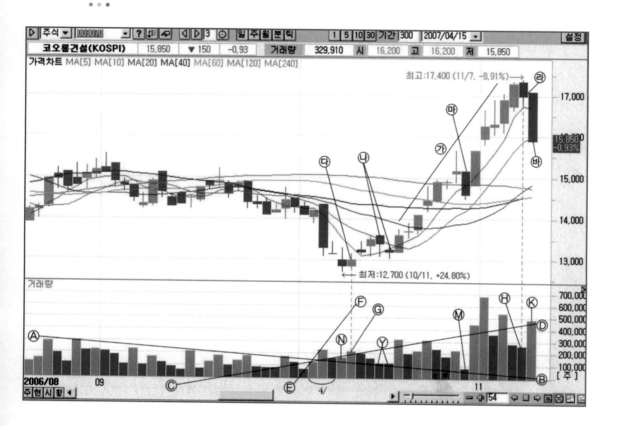

🀐 거래량 하향 추세선인 Ⓐ-Ⓑ를 위로 이탈한 거래량 4/가 형성되었다.

🀑 거래량 바닥 추세선인 Ⓒ-Ⓓ와 거래량 꼭지 추세선인 Ⓔ-Ⓕ사이에서 거래량이 증가함으로서 그에 상응하는 주가가 ㉮와 같이 폭등을 하였다.

🀒 본 주가 그래프의 주가의 매수 시점은 거래량 4/를 완성시킨 거래량 Ⓖ점에 상응하는 주가 ㉱점이다. 이 시점에서 유의할 것은 거래량 Ⓝ점에 관한 것인데 거래량 Ⓝ점은 거래량 4/의 완성점이 되어야 하는데 거래량 Ⓖ점이 거래량 4/ 완성점이 된 이유는 거래량 바닥 추세선인 Ⓒ-Ⓓ와 거래량 Ⓖ가 위로 이탈하

였으나 거래량 ⓝ점은 거래량 바닥 추세선인 ⓒ-ⓓ선을 위로 이탈하지 못하기 때문에 거래량 4/의 완성점도 되지 못하고 따라서 주가의 매수 시점도 되지 못한 것이다.

　ⓔ 본 주가 그래프의 주식 매도 시점은 거래량 바닥 추세선을 밑으로 이탈한 거래량 ⓗ에 상응하는 주가 ⓐ점이다. 주가 ⓐ점은 거래량 바닥 추세선을 밑으로 이탈한 거래량에 상응한 주가 중 음봉이 처음으로 발생했기 때문이다.

　ⓜ 거래량 ⓨ에 상응하는 주가 ⓑ는 주가의 상승 초기이므로 세력이 일반 투자자들의 주식 보유 물량을 테스트 하는 것이다. 즉 주가 ⓑ를 2일간이나 하락을 지켜보았으나 그에 상응한 거래량은 소량에 불과함으로 일반 투자가들의 보유 물량이 적다고 보고 세력이 다음날부터 주가를 상승시킨 것이다.

　ⓗ 거래량 ⓚ가 거래량 바닥 추세선인 ⓒ-ⓓ를 위로 이탈한 것은 그에 상응하는 주가 ⓗ가 장대음봉을 형성시키면서 세력이 보유 물량을 매도함으로써 거래량이 증가했기 때문이다.

　ⓢ 거래량이 거래량 바닥 추세선 밑에 이탈해 있어도 그에 상응하는 주가가 5일 MA선을 밑으로 이탈하지 않고 상승(양봉)하면 거래량 바닥 추세선 위에 있는 것으로 간주한다. 단 음봉일때는 합당한 이유가 없으면 주가는 하락으로 전환한다고 보는 것이다.

◎ 거래량 4/에서 계단식 4/로 이어져서 폭등하는 주가를 분석한다.

• • •

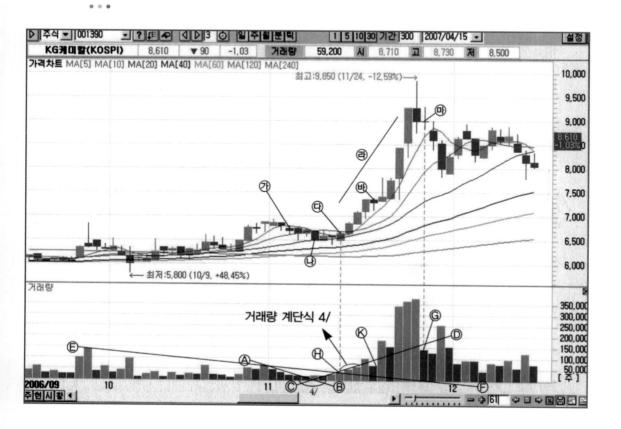

❼ 약 5개월 정도 횡보하던 본 주가 그래프는 거래량 하향 추세선인 Ⓐ-Ⓑ를 위로 이탈한 거래량 4/의 완성하는 날의 다음날인 거래량 Ⓗ날에 거래량 4/가 완성이 되어서 그에 상응하는 주가가 ㉯날로부터 상승하기 시작하였다.

❶ 거래량 4/에 연속해서 거래량 계단식 4/가 형성되어 그에 상응하는 주가㉹ 가 폭등하였다. 주가 ㉹가 폭등한 것은 거래량 장기 하향 추세선인 Ⓔ-Ⓕ를 위로 이탈하는 거래량 계단식 4/가 발생했기 때문이다.

❷ 본 그래프의 주가 매수 시점은 주가 ㉯에서 ㉹까지이다. ㉯에서 ㉹까지의

주가봉은 ㉮점의 5일 MA선이 하향하므로 주가는 10일 MA선을 1선 추월하여 20일 MA선까지 하락했다가 반등할 것이므로 20일 MA선에서 주가가 4일간(㉯에서 ㉰까지)머물다가 주가가 ㉰날에 상승을 시작했으므로 ㉯에서 ㉰ 어느 날에 주가를 매수해도 무방하다는 뜻이다.

ㄹ 본 그래프의 주가의 매도 시점은 거래량 바닥 추세선인 ⓒ–ⓓ를 밑으로 이탈한 거래량 ⓖ에 상응하는 주가 ㉲날이다. 주가 ㉲날의 전날의 음십자봉이 윗수염이 긴 것으로 보아 세력은 이미 보유물량을 매도하기 시작했다고 예측된다.

ㅁ 거래량 바닥 추세선인 ⓒ–ⓓ를 밑으로 이탈한 거래량 ⓚ에 상응하는 주가 ㉳는 세력이 일반 투자자들의 보유 물량이 얼마나 되는지 테스트 해보는 과정이다. ⓚ의 거래량이 소량이므로 세력은 다음날부터 주가를 상승시켜서 목적 달성을 하는 것이다.

◎ 거래량 4/에 상응하는 주가의 폭등을 주가의 MA선의 1선 추월의 원칙을
  병행해서 분석한다.

• • •

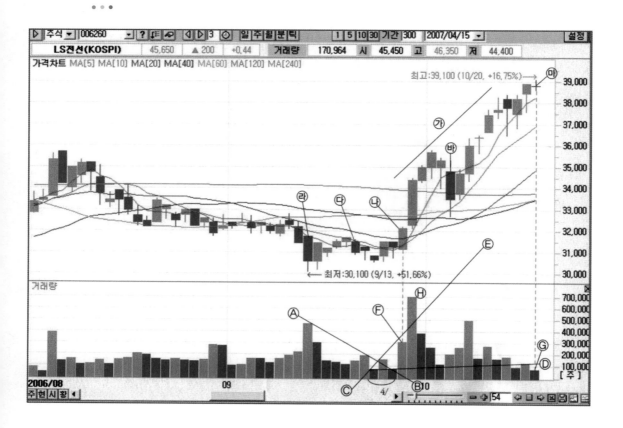

🔽 거래량 하향 추세선인 Ⓐ−Ⓑ를 위로 이탈하는 거래량 4/가 형성되었다.

🔽 거래량 바닥 추세선인 Ⓒ−Ⓓ와 거래량 꼭지 추세선인 Ⓒ−Ⓔ사이에서 거
래량이 증가함으로서 그에 상응하는 주가가 ㉮와 같이 폭등을 하였다.

🔽 본 그래프의 매수 시점은 거래량 4/를 완성시킨 거래량 Ⓕ에 상응하는 ㉯
날이다. 주가 ㉯날에 상응하는 주가 5일 MA선의 선유봉인 ㉰와 주가 10일 MA
선의 선유봉 ㉱의 주가값이 모두 주가 ㉯날의 주가값의 위치보다도 아래에 위치

하고 있기 때문에 그에 상응하는 주가 MA선은 상향하게되고 따라서 주가 ㉯도 상승하게 되므로 ㉯날의 주가의 매수 시점이다.

㉣ 본 그래프의 주가의 매도 시점은 거래량 바닥 추세선인 ⓒ–ⓓ를 밑으로 이탈한 거래량 ⑥에 상응하는 주가 ㉫날이다.

㉤ 거래량 꼭지 추세선인 ⓒ–ⓔ를 위로 이탈하는 거래량 ㉭는 일반 투자자들의 과열매매로 인한 결과이다.

㉥ 주가 ㉭가 주가 10일 MA선까지 하락했다가 다음날 반등한 것은 주가 MA선의 1선 추월의 원칙에 의해서 주가 ㉭가 음봉으로써 5일 MA선에 접했기 때문이다. 주가가 상승 중에 있을 때 주가의 음봉이 5일 MA선에 접하면 당일의 주가나 다음날의 주가가 10일 MA선까지 하락했다가 상승하는 것이 1선 추월의 원칙의 기본구도다.

◎ **거래량 4/에 상응하는 주가가 폭등하는 것을 분석한다.**

일반 투자자들의 과열 매수와 세력들의 손절매 현상을 분석한다.

• • •

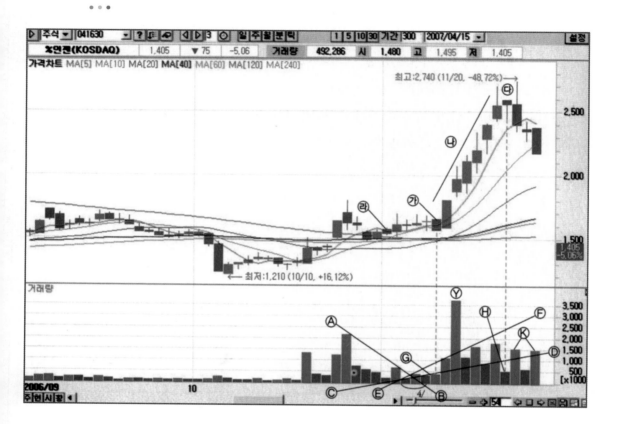

㉠ 거래량 하향 추세선인 Ⓐ-Ⓑ선을 위로 이탈하는 거래량 4/가 완성(Ⓖ-㉮)
되고 난 다음날부터 주가가 상승하기 시작하여 ㉰까지 상승하였다. 주가가 거래
량 4/의 완성날인 Ⓖ에 상응하는 ㉮날에 상승하지 못하고 주가를 하루만 하락 시
킨 것을 세력이 마지막으로 일반 투자자들의 보유 물량을 위협을 주어서 매수하
기 위한 술수이다.

㉡ 거래량 바닥 추세선 Ⓒ-Ⓓ와 거래량 꼭지 추세선 Ⓔ-Ⓕ의 사이에서 거래

량이 증가함으로서 그에 상응하는 주가가 ㉯와 같이 폭등한 것이다.

❸ 거래량 꼭지 추세선 위로 이탈한 거래량 Ⓨ를 비롯한 4일간의 거래량 봉은 모두 일반 투자자들의 과열 매매로 인한 결과물이다.

❹ 본 그래프의 매수 시점은 거래량 Ⓖ에 상응하는 주가 ㉮점인데 거래량 Ⓖ점은 거래량 4/의 완성날이고 그에 상응하는 주가 ㉮점은 주가 5일 MA선의 선유봉인 ㉱의 위치가 ㉮점의 주가보다도 낮은 값의 위치에 있기 때문에 주가 5일 MA선이 상향하고 있으므로 ㉮이후의 주가가 상승할 확률이 많기 때문에 주가 ㉮점이 주가의 매수점에 손색이 없다.

❺ 거래량 바닥 추세선인 Ⓒ–Ⓓ를 위로 이탈하는 거래량 Ⓚ는 본주가가 하락 전환중에 발생한 과열된 거래량이므로 세력이 보유 물량을 손절매하는 현상이다.

❻ 거래량 바닥 추세선인 Ⓒ–Ⓓ를 밑으로 이탈한 거래량 Ⓗ로 인하여 그에 상응하는 주가 ㉲부터 하락을 예고하고 있기 때문에 이 시점이 주가의 매도 시점이다.

◎ 거래량 4/가 형성된 후 폭등하는 주가를 분석한다. 2

• • •

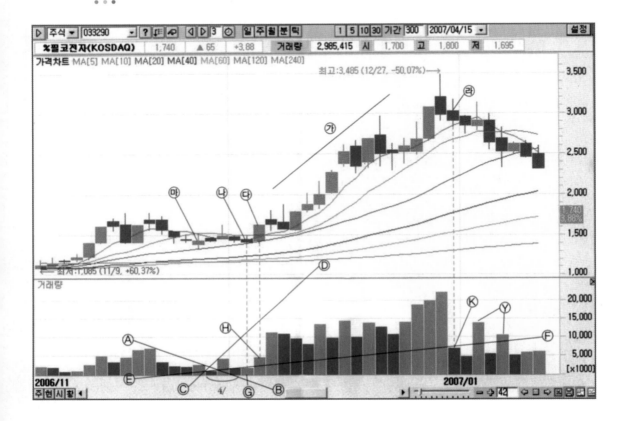

　🅐 거래량 하향 추세선인 Ⓐ–Ⓑ를 위로 이탈하는 거래량 4/가 발생하였다. 거래량 바닥 추세선 Ⓔ–Ⓕ와 거래량 꼭지 추세선 Ⓒ–Ⓓ의 사이에서 거래량이 증가함으로써 그에 상응하는 주가는 ㉮와 같이 상승하였다.

　🅑 거래량 바닥 추세선인 Ⓔ–Ⓕ를 거래량 Ⓚ가 밑으로 이탈함으로써 그에 상응하는 주가가 ㉱부터 하락하기 시작하였다.

　🅒 거래량 Ⓖ가 거래량 바닥 추세선인 Ⓔ–Ⓕ를 위로 뚫고 올라가서 거래량 4/를 완성시키지 못하고 아래로 이탈했기 때문에 거래량 Ⓖ에 상응하는 주가 ㉯가

상승하지 못하고 하락하였다. 다음날 거래량 ⓗ가 거래량 바닥 추세선 Ⓔ-Ⓕ를 위로 이탈함으로서 그에 상응하는 주가 ㉱가 상승했는데 주가 ㉱의 선유봉인 주가 ㉰값이 ㉱의 값보다 아래에 있기 때문에 주가의 5일 MA선은 상향하는 시점이고 거래량 ⓗ는 증가한 날이므로 주가 ㉱날이 본 주식을 매수하는 시점이 된다.

　ⓡ 본 그래프의 주식의 매도 시점은 거래량 바닥 추세선인 Ⓔ-Ⓕ를 밑으로 이탈한 거래량 Ⓚ에 상응하는 주가 ㉳점이다.

　ⓜ 거래량 Ⓨ가 거래량 바닥 추세선 Ⓔ-Ⓕ를 위로 이탈하였으나 이것은 세력이 보유물량을 매도하지 못하고 남은 주식을 손절매하는 현상이므로 주가의 일시적인 반등에 불과하다.

Part 6

Part 6

거래량
칠박자(7/)에
상응하는
주가가
폭등하는 것을
분석한다.

거래량 칠박자(7/)에
상응하는 주가가
점상한가가 발생하여
폭등하는 주가를
분석한다.

◎ 거래량 7/가 발생한 주가가 폭등하는 대박주를 분석한다.

• • •

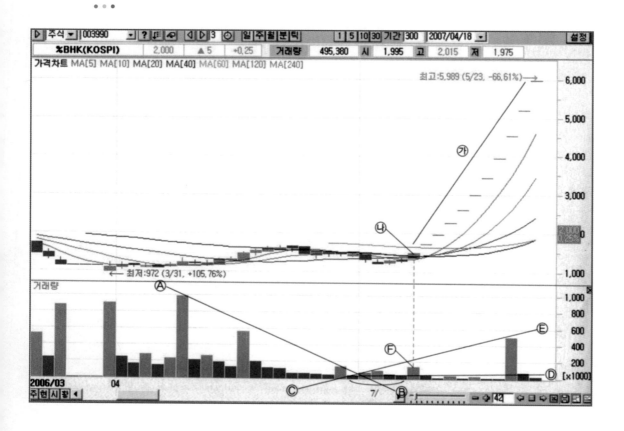

㉠ 거래량 하향 추세선인 Ⓐ-Ⓑ를 위로 이탈하는 거래량 7/가 발생했다.

㉡ 거래량 바닥 추세선인 Ⓒ-Ⓓ와 거래량 꼭지 추세선인 Ⓒ-Ⓔ사이에서 거래량이 고갈된 상태에서 그에 상응하는 주가는 ㉮와 같이 점상한가를 10번이나 치면서 폭등을 했다.

㉢ 본 그래프의 매수 시점은 거래량 하향 추세선인 Ⓐ-Ⓑ를 위로 이탈하는 거래량 7/를 완성시킨 거래량 Ⓕ날에 상응하는 주가㉯날이다.

㉣ 주가가 점상한가나 상한가를 친데 상응하는 거래량은 아무리 적어도 거래

량 바닥 추세선 ⓒ–ⓓ와 거래량 꼭지 추세선인 ⓒ–ⓔ사이에 존재하는 것으로 간주한다고 필자가 여러번 기술 한 바가 있다. 그러므로 본 그래프의 주가는 기술적 분석의 의미는 적고 오직 매도 시점이 언제냐 하는 것이 제일 궁금한 과제다.

　본 그래프와 같이 점상한가를 끝도 없이 칠 때는 점상한가가 무너지는 날(주가가 봉이 형성된 상한가를 치든지 아니면 상한가가 무너지는 날)을 기다렸다가 주가를 매도하는 것이 제일 상책으로 생각한다.

　ⓜ 본 그래프를 보고 필자가 독자여러분들에게 당부하고 싶은 말은 어떠한 폭등주가 발생하더라도 발생하기전에 거래량 구성요소가 완벽하게 형성되어야 폭등주가 찾아온다는 것입니다.

　ⓗ 거래량 구성요소란 거래량 1/, 2/, 4/, 7/, 계단식4/ 변칙적인 거래량 7/ 등을 말하는 것입니다.

◎ 거래량 1/ⓒ와 거래량 7/가 동시에 발생한 것에 상응하는 주가가 폭등하는
  것을 분석한다.

● ● ●

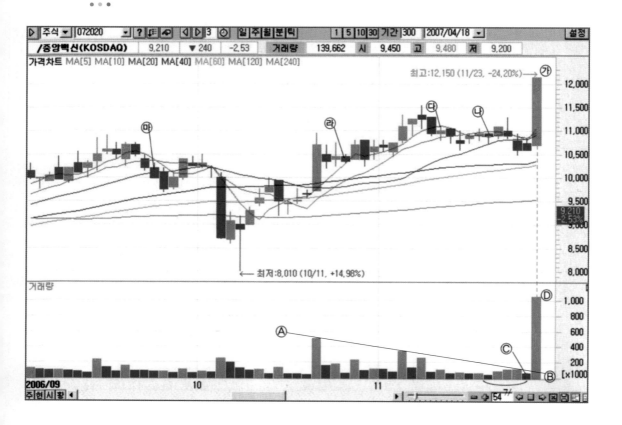

ㄱ 거래량 하향 추세선인 Ⓐ–Ⓑ선을 밑으로 이탈하는 거래량 1/ⓒ와 거래량
7/가 동시에 발생하였는데 이것을 완성시킨 거래량 Ⓓ와 그에 상응하는 주가인
㉮를 연결한 점선은 다음 페이지의 Ⓓ–㉮와 연결한 점선과 같은 선이다.
ㄴ 본 그래프를 분석하는 목적은 본 그래프와 연속된 다음 페이지의 폭등주가
발생하는 기초적인 구조가 어떠한 모양의 거래량과 주가의 구조인지를 분석하
는데 그 목적이 있다.

ⓒ 본 그래프의 주가 매수 시점은 거래량 하향 추세선인 Ⓐ-Ⓑ를 밑으로 이탈한 거래량 1/ⓒ와 거래량 7/를 완성시킨 거래량 Ⓓ날에 상응하는 주가㉮날이다.

주가 ㉮날은 ㉮날에 상응하는 주가 MA선의 선유봉인 5일 MA선의 선유봉인 ㉯를 비롯해서 10일 MA선의 선유봉 ㉰와 20일 MA선의 선유봉인 ㉱와 40일 MA선의 선유봉인 ㉲까지 모두가 주가 ㉮의 주가 값의 위치보다도 낮은 값의 위치에 있기 때문에 이에 상응하는 주가 MA선이 모두 상향하여 정배열이 형성되기 때문에 주가 ㉮는 계속 상승하지 않을 수가 없는 것이다.

◎ 앞에지와 연속된 폭등주를 분석한다.

• • •

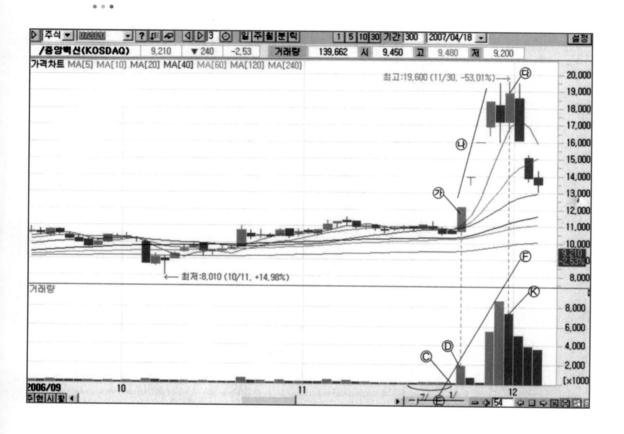

ㄱ 앞페이지의 거래량 ⒟와 주가 ㉮가 연결된 점선이 본페이지의 거래량 ⒟와 주가 ㉮가 연결된 점선이 같은 선이고 앞페이지의 거래량 1/ⓒ가 본페이지의 거래량 ⓒ와 같은 날의 1/ⓒ이다.

ㄴ 거래량 바닥 추세선인(거래량 꼭지 추세선은 거래량 바닥 추세선과 겹치므로 연결 시킬 수가 없음으로 거래량 바닥 추세선을 거래량 꼭지 추세선과 병용함) ⒠–⒡를 따라서 거래량이 증가함으로서 그에 상응하는 주가가 ㉯와 같이 폭등을 하였다.

ⓒ 본 그래프의 주가의 매수 시점은 앞페이지에서 주가 매수 시점으로 지적했던 거래량 ⓓ와 그에 상응하는 주가 ㉮였던 것처럼 본페이지의 주가 매수 시점도 똑같은 점인 거래량 ⓓ에 상응하는 주가 ㉮날이 된다.

ⓓ 본 그래프의 주가의 매도 시점은 거래량 바닥 추세선인 Ⓔ-Ⓕ선을 밑으로 이탈한 거래량 Ⓚ에 상응하는 주가 ㉯날이다.

/투/자/격/언/

생선의 꼬리와 머리는 고양이에게 주라.

주식을 천장에서 팔고 바닥에서 살 생각을 버려야 한다. 무릎에서 사고 어깨에서 팔아야 한다. 바닥에서는 사기 어렵고 천장에서도 팔기 어렵기 때문이다.

◎ 거래량 7/와 거래량 1/ⓔ가 동시에 발생한 거래량에 상응하는 폭등주를
  분석한다.

· · ·

ⓒ 거래량 하향 추세선인 Ⓐ–Ⓑ를 위로 이탈한 거래량 7/와 아래로 이탈한 거
래량 1/ⓔ가 동시에 발생했다.

ⓛ 거래량 바닥 추세선인 ⓒ–ⓓ와 거래량 꼭지 추세선인 ⓒ–ⓕ의 사이에서
거래량이 다소의 굴곡은 있으나 점차 증가하여 그에 상응하는 주가는 ㉮까지 폭
등을 하였다.

ⓒ 거래량 바닥 추세선인 ⓒ–ⓓ를 거래량 ⓖ가 밑으로 이탈하면서 그에 상응

하는 주가는 ㉯와 같이 하락하였다.

　㉣ 본 그래프의 주가의 매수 시점은 거래량 하향 추세선인 Ⓐ–Ⓑ를 위로 이탈한 거래량 7/와 아래로 이탈한 거래량 1/를 완성시킨 거래량 Ⓗ에 상응하는 주가 ㉰점이고 매도 시점은 거래량 바닥 추세선인 Ⓒ–Ⓓ를 밑으로 이탈한 거래량 Ⓖ에 상응하는 주가 ㉯날이 된다.

　㉤ 거래량 Ⓚ가 거래량 바닥 추세선을 밑으로 이탈하였다가 위로 복귀한 것은 거래량 Ⓚ에 상응하는 주가 ㉱가 주가 5일 MA선인 ㉲점에서 하향 곡선을 형성했기 때문에 주가가 일시 하락했으나 이에 상응하는 주가가 1선 추월의 원칙에 의해서 20일 MA선 근처까지 하락했다가 반등한 결과가 된것이다.

　㉥ ①과 ②의 거래량은 거래량 바닥 추세선인 Ⓒ–Ⓓ를 밑으로 이탈했으나 그에 상응하는 주가가 모두 상한가를 쳤기 때문에 거래량 바닥 추세선인 Ⓒ–Ⓓ와 거래량 꼭지 추세선인 Ⓒ–Ⓕ 사이에 있는 것으로 간주한다.

◎ 거래량 7/가 발생한 주가가 폭등하는 대박주를 분석한다.

• • •

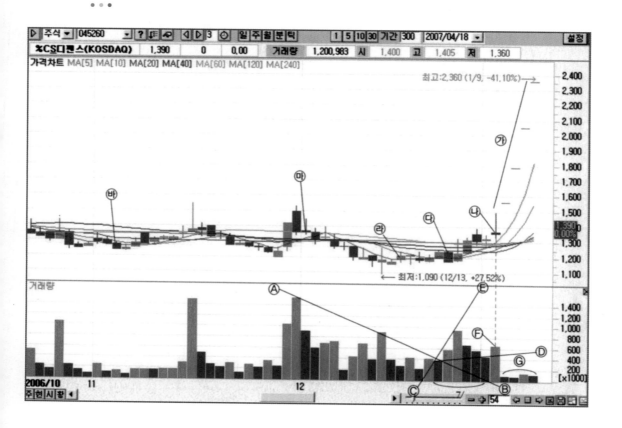

❼ 거래량 하향 추세선인 Ⓐ-Ⓑ선을 위로 이탈하는 거래량 7/가 발생했다.

❶ 거래량 바닥 추세선인 Ⓒ-Ⓓ와 거래량 꼭지 추세선인 Ⓒ-Ⓔ사이에서 거래량이 거래량 7/가 형성되는 동안까지 증가하였다. 그리고 거래량 Ⓖ는 거래량 바닥 추세선을 밑으로 이탈한 상태에서 거래량이 극소량을 형성되면서 그에 상응하는 주가는 점상한가를 4번이나 치는 폭등을 하였다.

❷ 본 그래프의 주가의 매수 시점은 거래량 바닥 추세선인 Ⓒ-Ⓓ를 위로 이탈한 거래량 7/가 완성시킨 거래량 Ⓕ에 상응하는 주가 ㉯날이다.

주가 ㈏날의 5일 MA선의 선유봉 ㈐를 비롯해서 10일 MA선의 선유봉 ㈑와 20일 MA선의 선유봉인 ㈒와 40일 MA선의 선유봉인 ㈓까지 모두가 주가 ㈏날의 주가 값보다 낮은 값의 위치에 있기 때문에 주가 5일 MA선과 10일 MA선과 20일 MA선과 40일 MA선등이 모두 상향함으로서 이들 선이 정배열을 형성하기 때문에 ㈏날의 주가가 따라서 상승하는 것이다.

　❷ 본 그래프의 주가의 매도 시점은 주가가 점상한가로 계속 상승하기 때문에 주가를 계속 지켜보다가 점상한가가 무너지는 날에 매도하는 것이 적기일 것이다. 무리하게 탐을 내면 도리어 손해를 볼 수도 있다.

　❸ 거래량 ⑥는 거래량 바닥 추세선인 ⓒ-ⓓ밑에 위치하고 있으나 그에 상응하는 주가가 모두 상한가를 쳤기 때문에 거래량 바닥 추세선인 ⓒ-ⓓ와 거래량 꼭지 추세선인 ⓒ-ⓔ사이에 위치하는 것으로 간주한다.

◎ 거래량 7/가 발생한 주가가 폭등하는 대박주를 분석한다.

• • •

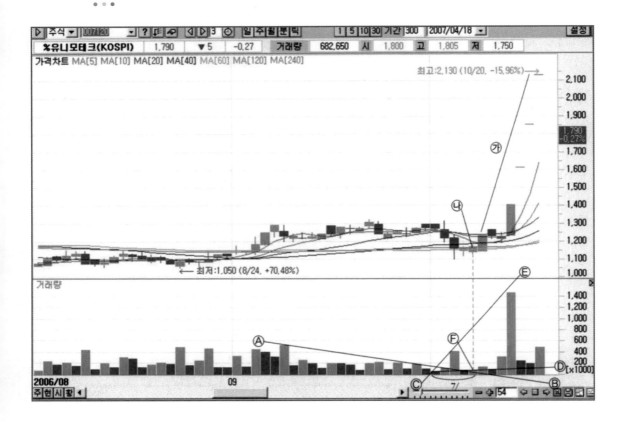

❼ 거래량 하향 추세선인 Ⓐ-Ⓑ를 위로 이탈한 거래량 7/가 발생했다.

❶ 거래량 바닥 추세선인 Ⓒ-Ⓓ와 거래량 꼭지 추세선인 Ⓒ-Ⓔ사이에서 거래량이 증가함으로서 그에 상응하는 주가는 ㉮와 같이 점상한가를 계속 이어가면서 폭등을 하고 있다.

❸ 본 그래프의 주가의 매수 시점은 거래량 하향 추세선인 Ⓐ-Ⓑ를 위로 이탈한 거래량 7/를 완성시킨 거래량 Ⓕ에 상응하는 주가 ㉯날이다.

❹ 본 그래프의 주가의 매도 시점은 주가가 점상한가로 계속 이어가다가 점상

한가를 깨는 주가가 발생 할 때가 매도 시점이다.

경험에 의하면 점상한가를 깨고도 계속 상승할 것이라고 기대하다가 실망스러운 결과가 흔이 있었다.

그러나 세력끼리 손바꿈을 하여 계속 상승하는 경우도 있다.

/ 투 / 자 / 격 / 언 /

투자자가 반드시 지켜야 할 원칙

자신의 능력 이상의 과도한 매매를 하지 말라.
위험 분산을 동등하게 하라.
쥐꼬리만한 이윤을 얻기 위해 전전긍긍하지 말라.
전체 투자 금액을 3등분하라.
추세를 거스르지 말라.
손절매 투자 기법을 반드시 지켜라.
어느 종목이든 투자할 종목은 분석하여 기록하라.
남이 나보다 낫다는 확신이 서지 않는 한 따르지 말라.

Chapter 2

거래량
칠박자(7/)에
상응하는
주가가
폭등하는 것을
분석한다.

◎ 거래량 7/가 발생한 주가가 폭등하는 것을 분석한다.

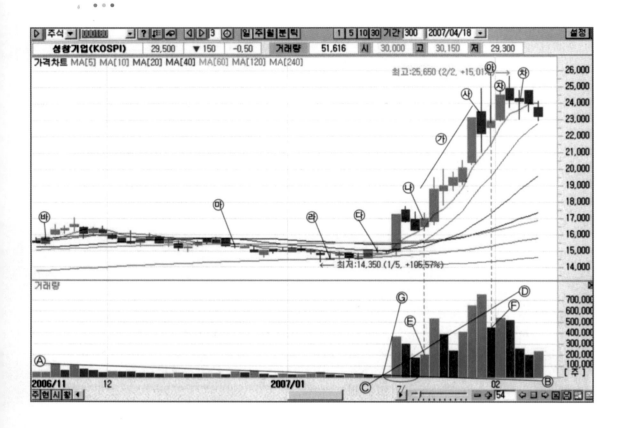

🐬 거래량 하향 추세선인 Ⓐ–Ⓑ를 위로 이탈하는 거래량 7/가 발생했다.

🐬 거래량 바닥 추세선인 Ⓒ–Ⓓ와 거래량 꼭지 추세선인 Ⓒ–Ⓖ사이에서 거래량이 증가함으로서 그에 상응하는 주가는 ㉚와 같이 폭등하였다.

🐬 본 그래프의 주가의 매수 시점은 거래량 하향 추세선인 Ⓐ–Ⓑ를 위로 이탈한 거래량 7/를 완성시킨 거래량 Ⓔ에 상응하는 주가 ㉥날이다.

거래량 Ⓔ가 거래량 바닥 추세선인 Ⓒ–Ⓓ를 위로 이탈하지 못했기 때문에 엄밀히 말해서 거래량 7/를 완성시켰다고는 할 수 없으나 거래량 Ⓔ가 직전의 거래량을 돌파하였기 때문에 거래량 Ⓔ에 상응하는 주가 ⓙ가 상승한 것이며 장이 활황일 때는 이런 경우가 종종 발생한다.

　주가 ⓙ날의 5일 MA선의 선유봉인 ⓓ와 10일 MA선의 선유봉인 ⓜ와 20일 MA선의 선유봉인 ⓟ와 40일 MA선의 선유봉인 ⓑ까지 모두가 주가 ⓙ날의 주가 값보다도 낮은 값의 위치에 있기 때문에 주가 ⓙ날의 5일 MA선과 10일 MA선과 20일 MA선과 40일 MA선까지 모두가 상향하여 정배열을 형성함으로서 그에 상응하는 주가 ⓙ는 따라서 상승하게 되는 것이므로 주가 ⓙ는 매수 시점이 되는 것이다.

　❷ 본 그래프의 주가의 매도 시점은 거래량 바닥 추세선인 Ⓒ–Ⓓ를 밑으로 이탈한 거래량 Ⓕ에 상응하는 주가 ⓐ날이다.

　주가 ⓐ날에 주가 음십자봉이 주가의 천정권에서 발생했다는 것은 주가 꼭지가 임박했다는 뜻이고 주가 ⓩ와 ⓩ가 조금 반등을 했다가 하락으로 완전히 전환하는 것은 세력이 일반투자자들을 마지막 속임수를 써 자신들의 보유 물량을 다소 높은 값에 매도하려고 마지막 술수를 쓰는 것이다.

◎ 거래량 7/가 형성된 주가의 폭등을 분석한다.

• • •

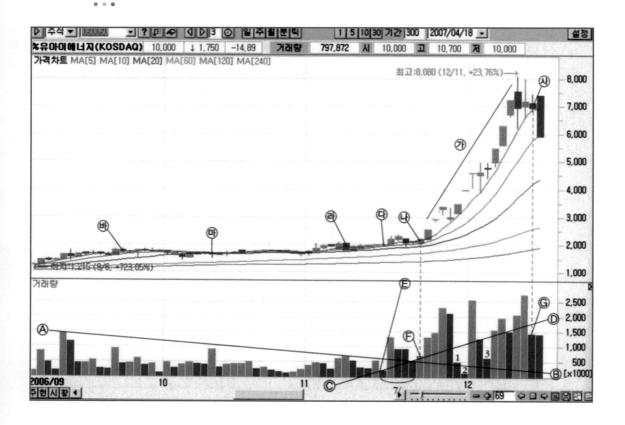

　❼ 본 주식은 1년 2개월간 횡보하다가 거래량 하향 추세선인 Ⓐ－Ⓑ를 위로 이탈한 거래량 7/가 발생되었다.

　❶ 거래량 바닥 추세선인 Ⓒ－Ⓓ와 거래량 꼭지 추세선인 Ⓒ－Ⓔ사이에서 거래량이 증가함으로서 그에 상응하는 주가는 ㉮와 같이 폭등을 하였다.

　❷ 본 그래프의 주가의 매수 시점은 거래량 하향 추세선을 위로 이탈한 거래량 7/를 완성시킨 거래량 Ⓕ에 상응하는 주가 ㉯날이다.

　주가 ㉯날의 5일 MA선의 선유봉인 ㉰를 비롯하여 10일 MA선의 선유봉인 ㉱

와 20일 MA선의 선유봉인 ㉫와 40일 MA선의 선유봉인 ㉬까지 모두가 주가 ㉯날의 주가 값보다 낮은 값의 위치에 있기 때문에 주가 ㉯날의 5일 MA선과 10일 MA선과 20일 MA선과 40일 MA선까지 모두 상향하게 되므로 이들 MA선이 정배열을 형성함으로서 ㉯의 주가가 상승하게 되어 있기 때문에 주가 ㉯날이 매수 시점이 되는 것이다.

❹ 본 그래프의 주가의 매도 시점은 거래량 바닥 추세선인 ⓒ–ⓓ를 밑으로 이탈한 거래량 ⓖ에 상응하는 주가 ㉴날이다.

❺ 거래량 바닥 추세선인 ⓒ–ⓓ를 밑으로 이탈한 거래량 ①과 ②는 그에 상응하는 주가가 상한가를 쳤기 때문에 거래량 바닥 추세선 ⓒ–ⓓ와 거래량 꼭지 추세선인 ⓒ–ⓔ사이에 있는 것으로 간주하는 것이다.

거래량 ③은 거래량 바닥 추세선인 ⓒ–ⓓ를 밑으로 이탈했으나 그에 상응하는 주가가 주가의 5일 MA선을 밑으로 깨지 않았으므로 주가를 매도하지 않고 하루쯤 기다려보는 지혜가 필요하다. 주가를 분석하다보면 이런 경우가 많이 발생하는데 주가 5일 MA선을 유지하는가를 예의 주시해야 한다.

만약 주가 5일 MA선을 주가가 밑으로 이탈했다 해도 주가 MA선의 1선 추월의 원칙에 의해서 10일 MA선까지 주가가 하락했다가 반등할지 20일 MA선까지 하락했다가 반등할지 아니면 대폭하락을 할지 등을 분석해 보고 보유 여부를 판단해야 하는데 이 책을 이 시점까지 열심히 구독을 한 독자라면 옳은 판단을 할 수 있을 것으로 사료된다.

◎ 거래량 7/가 발생한 주가의 폭등을 분석한다.

• • •

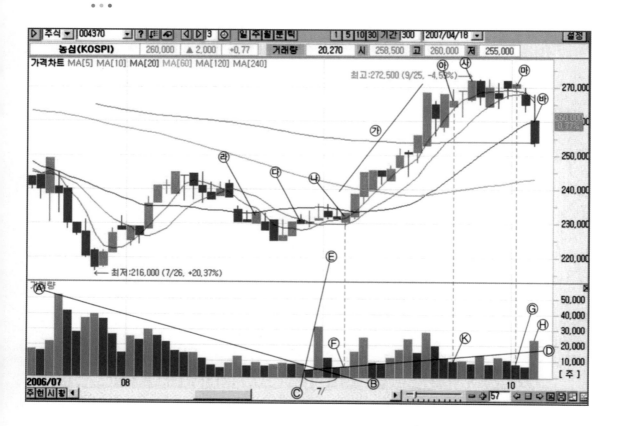

㉠ 거래량 하향 추세선인 Ⓐ–Ⓑ를 위로 이탈한 거래량 7/가 발생했다.

㉡ 거래량 바닥 추세선인 Ⓒ–Ⓓ와 거래량 꼭지 추세선인 Ⓒ–Ⓔ사이에서 거래량이 증가함으로서 그에 상응하는 주가는 ㉮와 같이 폭등을 하였다.

㉢ 본 그래프의 주가의 매수 시점은 거래량 하향 추세선인 Ⓐ–Ⓑ를 위로 이탈한 거래량 7/를 완성시킨 거래량 Ⓕ에 상응하는 주가 ㉯날이다. 주가 ㉯날의 5일 MA선의 선유봉인 ㉰와 10일 MA선의 선유봉인 ㉱가 주가 ㉯날의 주가 값보다 낮은 값의 위치에 있기 때문에 주가 ㉯날의 5일 MA선과 10일 MA선이 상향

함으로 따라서 주가 ㉯가 상승하는 것이므로 주가 의 매수 시점이다.

㉣ 본 그래프의 주가의 매도 시점은 거래량 바닥 추세선인 ⓒ-ⓓ를 밑으로 이탈한 거래량 ⓖ에 상응하는 주가 ㉮날이다.

㉮날의 주가 5일 MA선의 선유봉인 ㉦가 ㉮날의 주가 값보다도 높은 값에 위치하고 있기 때문에 주가 ㉮날의 5일 MA선이 하향함으로서 주가 ㉮가 하락하게 될 것이기 때문에 주가 ㉮날이 매도 시점이 되는 것이다.

그러나 투자기법의 원칙을 고수한다면 본 그래프의 주가의 매도 시점은 거래량 바닥 추세선인 ⓒ-ⓓ를 밑으로 이탈한 거래량 ⓚ에 상응하는 주가 ㉯날이다.

㉤ 거래량 바닥 추세선인 ⓒ-ⓓ를 위로 이탈한 거래량 ⓗ는 그에 상응하는 주가 ㉯가 급락하는 것으로 볼 때 세력이 자신들의 보유 물량을 손절매를 감수하면서도 매도하는 것이다.

◎ 거래량 7/가 발생한 주가의 폭등을 분석한다.

• • •

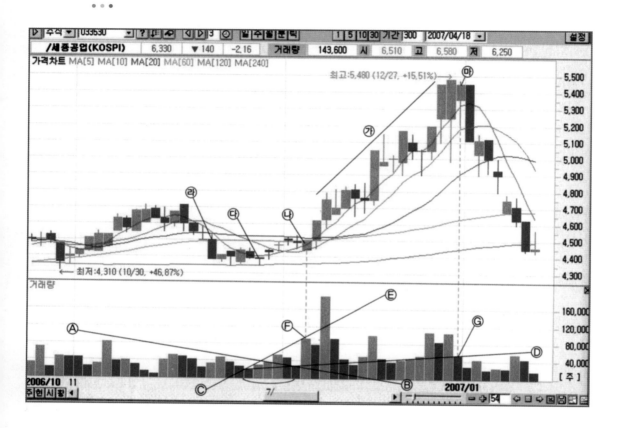

❏ 거래량 하향 추세선인 Ⓐ-Ⓑ를 위로 이탈한 거래량 7/가 발생했다.

❏ 거래량 바닥 추세선인 Ⓒ-Ⓓ와 거래량 꼭지 추세선인 Ⓒ-Ⓔ사이에서 거래량이 증가함으로서 그에 상응하는 주가는 ㉮와 같이 폭등을 하였다.

❏ 본 그래프의 주가의 매수 시점은 거래량 하향 추세선인 Ⓐ-Ⓑ를 위로 이탈한 거래량 7/를 완성시킨 거래량 Ⓕ에 상응하는 주가 ㉯날이다.

주가 ㉯날의 5일 MA선의 선유봉인 ㉰와 10일 MA선의 선유봉인 ㉱가 주가 ㉯날의 주가 값보다 낮은 값의 위치에 있기 때문에 주가 ㉯날의 5일 MA선과 10

일 MA선이 상향함으로 따라서 주가 ㉯가 상승하는 것이므로 주가의 매수 시점이다.

  ㉣ 본 그래프의 주가의 매도 시점은 거래량 바닥 추세선인 ⓒ-ⓓ를 밑으로 이탈한 거래량 ⓖ에 상응하는 주가 ㉲날이다.

◎ 거래량 7/가 발생한 주가의 폭등을 분석한다.

• • •

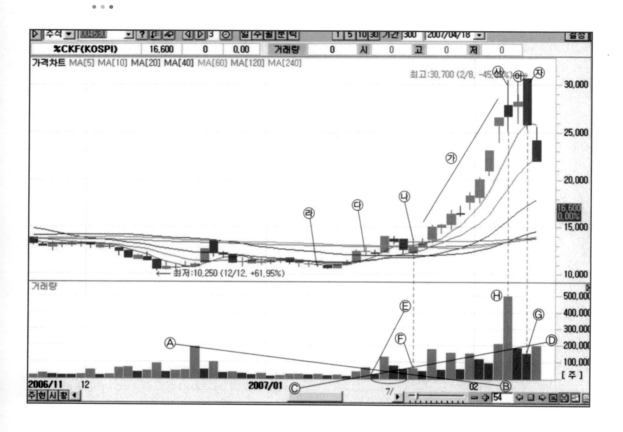

⊙ 거래량 하향 추세선인 Ⓐ-Ⓑ를 위로 이탈한 거래량 7/가 발생했다.

ⓛ 거래량 바닥 추세선인 Ⓒ-Ⓓ와 거래량 꼭지 추세선인 Ⓒ-Ⓔ사이에서 거래량이 증가함으로서 그에 상응하는 주가는 ㉮와 같이 폭등을 하였다.

ⓔ 본 그래프의 주가의 매수 시점은 거래량 하향 추세선인 Ⓐ-Ⓑ를 위로 이탈한 거래량 7/를 완성시킨 거래량 Ⓕ에 상응하는 주가 ㉯날이다.

주가 ㉯날의 5일 MA선의 선유봉인 ㉰와 10일 MA선의 선유봉인 ㉱가 주가 ㉯날의 주가 값보다도 낮은 값의 위치에 있기 때문에 ㉯날의 5일 MA선과 10일

MA선이 상향함으로서 따라서 주가 ⒩가 상승하는 것이므로 주가의 매수 시점이다.

ㄹ 본 그래프의 주가의 매도 시점은 거래량 바닥 추세선인 ©–Ⓓ를 밑으로 이탈한 거래량 Ⓖ에 상응하는 주가 ㉺날이다. 그러나 주가 ㉺날의 음십자봉이 주가의 천정권에서 발생했으며 그에 상응하는 거래량 Ⓗ가 폭증한 것으로 보아 세력은 이 시점부터 매집해 놓은 물량을 매도하기 시작하였고 주가 ㉾날의 양십자봉도 세력이 계속하여 보유물량을 매도하고 있는 것이다.

/투/자/격/언/

연을 날릴 때는 줄을 모두 풀지 않는다.

주식 투자의 기본은 나누어 사고 나누어 파는 기술에 있다. 오를 때는 나누어 팔면서 따라가서 내릴 때는 조금씩 나누어 사면서 따라가도 충분하다 '지금이 적기'라고 생각되어도 절반만 투자하라. 그러면 실패할 확률은 4분의 1로 줄어든다.

◎ 거래량 7/가 발생하여 주상승하는 주가를 분석한다.

••••

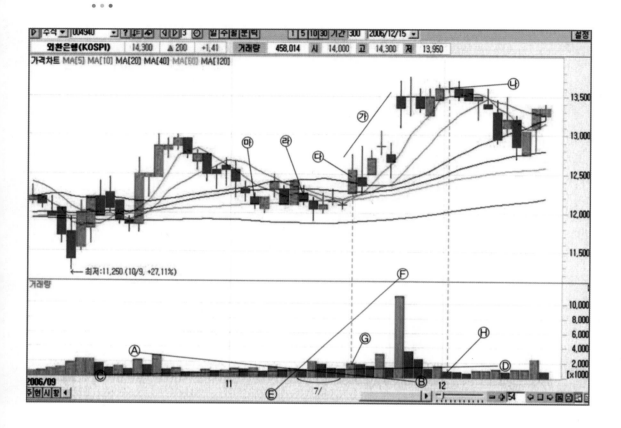

　㉠ 거래량 하향 추세선인 Ⓐ-Ⓑ를 거래량이 위로 이탈하는 거래량 7/(4/가 7/로 늘어짐)가 형성됨으로써 거래량 7/가 완성된 지점인 Ⓖ부터 거래량이 증가함과 동시에 그에 상응하는 주가도 ㉱와 같이 상승하였다.

　㉡ 거래량 바닥 추세선인 Ⓒ-Ⓓ와 거래량 꼭지 추세선인 Ⓔ-Ⓕ의 사이에서 거래량이 증가함으로서 그에 상응하는 주가는 ㉮와 같이 상승하였다.

　㉢ 본 그래프의 주가의 매수 시점은 거래량 7/가 완성되는 날인 거래량 Ⓖ에 상응하는 주가 ㉱가 되는 것이고 따라서 주가 ㉱점의 5일 MA선의 선유봉인 ㉲

점과 10일 MA선의 선유봉인 ㉣점의 주가 위치의 값이 모두 주가 ㉠점의 위치의 값보다 낮은 위치에 있기 때문에 주가 ㉠점의 5일 MA선과 10일 MA선이 상향함으로서 주가 ㉠가 상승하는 것이므로 매수시점이다.

② 본 그래프의 주가의 매도 시점은 거래량 바닥 추세선인 ⓒ-ⓓ를 거래량 ㉫가 밑으로 이탈함으로서 그에 상응하는 주가는 ㉲부터 하락하기 시작했는데 이때가 주가의 매도 시점이다.

즉 주가는 상승하다가도 그에 상응하는 거래량이 거래량의 바닥 추세선을 밑으로 이탈하면 이탈하는 그 시점부터 주가는 ㉲-㉫와 같이 하락으로 전환하는 것이다.

Part 7

Part 7

주가 MA선의
선유봉을
분석하여
주가의 폭등을
예측한다.

Chapter 1

주가 MA선의
선유봉을 분석하여
주가가
점상한가를 치고
폭등하는 것을
분석한다.

◎ 주가 MA선의 선유봉을 분석하여 폭등하는 대박주를 예측한다.

• • •

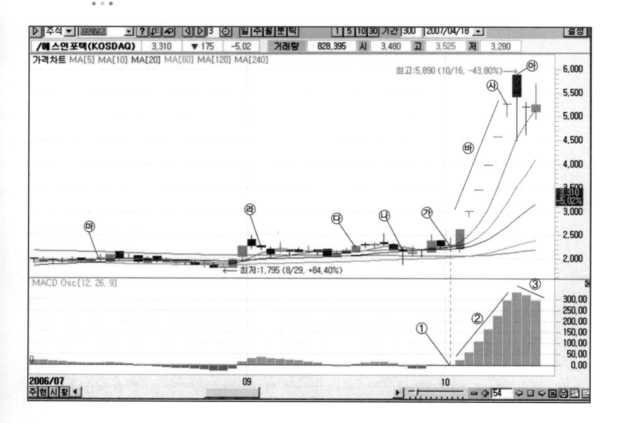

🔴 본 그래프의 주가의 매수 시점은 ㉮날이다. 주가 매수 시점인 ㉮날에 상응하는 주가 5일 MA선의 선유봉인 ㉯를 위시하여 10일 MA선의 선유봉인 ㉰와 20일 MA선의 선유봉인 ㉱와 40일 MA선의 선유봉인 ㉲까지 모두 주가 ㉮의 주가 값보다도 낮은 값에 위치하고 있기 때문에 ㉮의 주가 5일 MA선과 10일 MA선과 20일 MA선과 40일 MA선까지 모두 상향하므로 이들 MA선이 정배열이 형성되기 때문에 주가 ㉮는 따라서 상승하게 되어 있으므로 주가의 매수 시점이 되는 것이다.

ⓛ 주가 ㉮날은 주가 MA선의 정배열에 힘을 받아서 주가는 ㉲와 같이 점상한가로 폭등을 하였고 이에 상응하는 주가 보조지표인 MACD OSC의 ①은 양봉의 증가로 시작하여 ②와 같이 양봉이 급증하는 것은 주가의 폭등과 궤를 같이 하고 있다.

ⓒ 본 주가의 매도 시점은 주가 ㉯날인데 주가 ㉯날의 매도시간은 아침 동시호가가 적시다. 왜냐하면 주가 ㉯의 전날인 주가 ㉰날의 주가봉은 ㊉자형으로서 이미 세력이 자신들의 매집 물량을 매도하고 있다는 증거이기 때문이다. 즉 주가가 ㊉자형이 형성되는 것은 그날 종가에 주가를 끌어 올려놓고 다음날 고가에 보유 물량을 매도하려는 세력의 술수이기 때문이다.

ⓔ 본 그래프의 주가의 상승한계점은 주가 ㉯이고 ㉯이후 하락하는 주가를 따라서 주가의 보조지표인 MACD OSC도 ③과 같이 감소하고 있다.

◎ 주가 MA선의 선유봉을 분석하여 주가의 폭등을 예측한다.

• • •

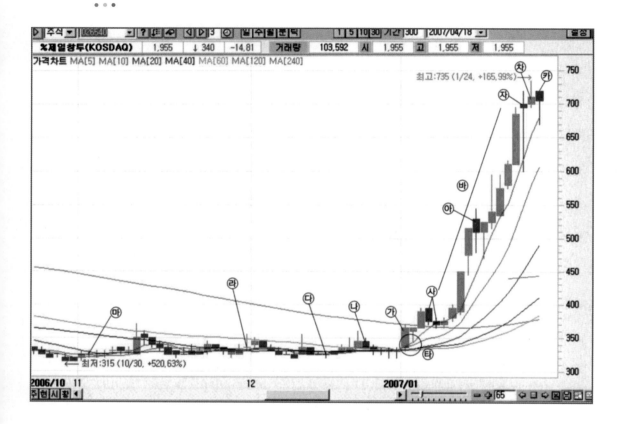

❼ 본 주식은 3개월 이상 횡보하다가 주가 ㉮점에서 주가가 큰 폭으로 상승하니까 주가 ㉮점에 상응하는 주가 하위 MA선의 대부분의 선유봉이 주가 ㉮보다 아래의 값의 위치에 있게 되고 따라서 그에 상응하는 주가 MA선이 정배열로 형성되어 ㉮이후의 주가가 ㉯와 같이 폭등을 한 것이다.

❿ 주가 ㉮점을 기점으로 한 주가 5일 MA선의 선유봉인 ㉰와 10일 MA선의 선유봉인 ㉱와 20일 MA선의 선유봉인 ㉲와 40일 MA선의 선유봉인 ㉳등등 모두가 주가 ㉮보다도 아래의 값의 위치에 있기 때문에 그에 상응하는 주가 MA선

이 모두 상향하여 원내 ㉣와 같이 정배열을 형성하고 있다.

㉢ 주가 ㉑는 음봉이 2개 형성되었는데 이것은 세력이 2일간 주식의 매수매도에 관여하지 않고 일반 투자자들의 동태를 살피는 것이다. 일반 투자자들이 많은 물량을 소화시키면서 주가를 양봉을 발생시키지 못함으로 일반 투자자들의 보유 물량이 별로 많지 않다고 판단하고 다음날부터 세력이 주가를 폭등시키는 것이다.

㉣ 주가 ㉘는 세력이 한 번 더 주가를 흔들어서 계속 주가를 상승 시킬것인가를 일반 투자자들을 상대로 하여 한 번 더 테스트하는 것인데 일반 투자자들의 매도 물량이 대수롭지 않기 때문에 그 후 부터는 다시 주가를 상승시키는 것이다. 주가봉 ㉘점이 음봉으로 마감을 했다는 것은 일반 투자자들의 매도 할 수 있는 보유 물량이 많지 않다는 증거로 보는 것이다. 즉 세력의 의도대로 되었다는 뜻이기도 합니다.

㉤ 주가 ㉙날에는 세력이 보유하고 있는 매집 물량을 매도하고 있는 것이다.

주가가 고점에서 장대 십자 음봉이 발생하면서 밑꼬리가 매우 긴 것은 세력이 다음날에도 보유 물량을 매도하기 위하여 가격을 상승시켜 놓는 것이다.

㉥ 주가 ㉚는 역망치형을 형성시켰는데 이것은 주가의 꼭지라는 것을 확인시켜 주는 것이므로 당일 종가에 주식을 매도해 버리거나 그렇게 못했다면 다음날인 ㉛날에 아침 동시호가로 매도하는 것이 정석이다.

◎ 주가 MA선의 선유봉의 분석으로 폭등한 대박주의 기초는 어떤 모양으로
   구성되는지를 분석한다.

· · ·

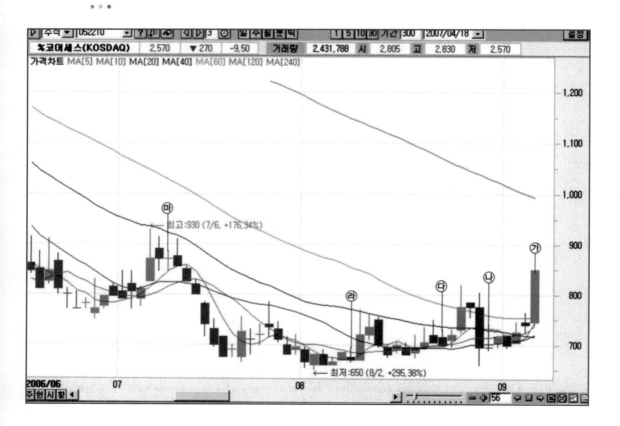

ㄱ 본 주가 그래프의 ㉮점의 주가는 상한가인데 그 후부터 점상한가를 비롯해
서 15회 이상 상한가를 친 전대미문의 폭등주이다. 이런 주식의 기초는 어떻게
구성되어서 이런 엄청난 주가의 폭등을 하게 만들었는지를 지금부터 주가 MA
선의 선유봉과 1선 추월의 원칙에 의해서 분석하고자한다.

ㄴ 현주가 ㉮를 기점으로하여 각 주가 MA선을 선유봉의 위치부터 분석한다
면 첫재 5일 MA선의 선유봉 ㉯와 10일 MA선의 선유봉 ㉰를 비롯해서 20일 MA

선의 선유봉 ㉘까지 모두 현주가 ㉠의 값보다 아래의 값에 위치하고 있다는 것이 상승초기부터 주가가 상승할 수 있는 기반이 단단히 구성 되어 졌다고 볼 수 있다.

　㉢ 특히 본 주식 그래프는 8개월 이상이나 주가가 횡보한 주식이므로 앞으로 주가가 조금만 더 상승을 한다면 주가 40일 MA선의 선유봉을 비롯하여 60일 MA선의 선유봉과 120일 MA선의 선유봉까지 현주가 ㉠의 값보다 아래의 위치가 된다면 주가 MA선은 정배열이 형성되어 그에 상응하는 주가가 폭등을 할 것이 명약관화하다.

　㉣ 본 그래프의 현주가의 ㉠점이 다음 페이지 그래프의 ㉫점과 같은 날의 주가다. ㉫점 이후의 주가가 어떻게 폭등으로 전개되어 나가는지 예의 주시해야 한다.

◎ 앞페이지와 연속된 대박주를 분석한다.

• • •

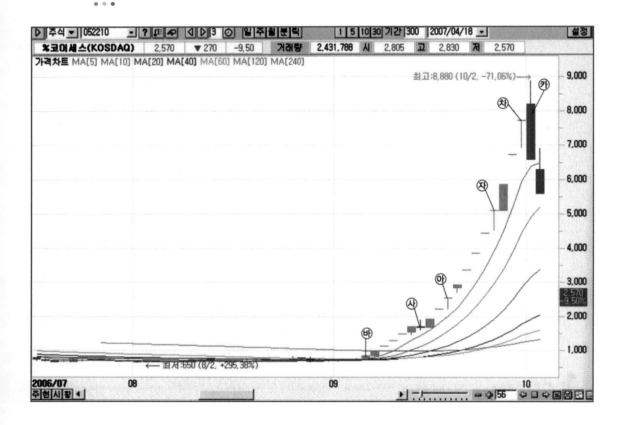

❼ 앞페이지의 주가 ㉮와 본주가 그래프의 주가 ㉺가 같은날의 주가다.

❶ 주가 ㉽는 음십자봉이 발생했는데 이것은 세력이 주가를 조금 더 상승시키는 것이 어떨까하고 일반 투자자들의 동태를 살피는 것이다.

❷ 주가 ㉾와 ㉻는 장중에 주가를 흔들어서 일반 투자자들에게 공포감을 일으키게하여 일반투자자의 보유 주식을 매도하게해서 세력이 매집하는 형상이다.

❸ 주가 ㉔에 가서는 장중에 주가를 흔들어도 일반 투자자들이 매도할 물량이 별로 남아 있지 않았었을 것이라는 것이 다음날 장대음봉이 발생한 것을 본 결

과론이다.

ㅁ 본 그래프에서 주식의 매도 시점은 주가 ㉮점인데 세력을 제외하고는 ㉮점에서 주식을 매도 할 수 있는 일반 투자자들은 귀하다고 봐야 할 것이다. 주가 ㉯점에서 주가가 심하게 등락을 할 때 주식을 매도하는 투자자라면 일류급 프로가 아닐까 생각해본다.

ㅂ 주가가 이렇게 폭등을 할 때는 주가에 대한 선유봉의 분석은 별 의미가 없고 이런 때는 주가 MA선의 정배열이 언제 어떤 식으로 무너지느냐를 주시해야 하는데 주로 주가 꼭지에서는 주가의 음봉이 얼마나 긴 것이 언제 발생하느냐가 제일 예민한 문제이므로 이때를 잘 분석해서 주식을 매도하는게 제일 현명한 방법이다.

/투/자/격/언/

인기는 순환한다.

인기는 유행처럼 변하는 것이 속성이다. 주식 시세에서 한 업종이나 종목 집단에 인기가 집중해도 시간이 지나면서 신선미가 없어지면 인기는 식어지고 새로운 종목집단으로 이동한다. 주식 시장의 인기는 업종별로 순환하는 것이 일반적인 패턴이다. 어떤 특정업종에만 인기 지속 기간이 길어지게 되면 결국은 인기는 퇴조하고 새로운 인기 대상을 찾아 주가는 이동한다.

◎ 선유봉을 분석하여 주가의 폭등을 예측한다.

• • •

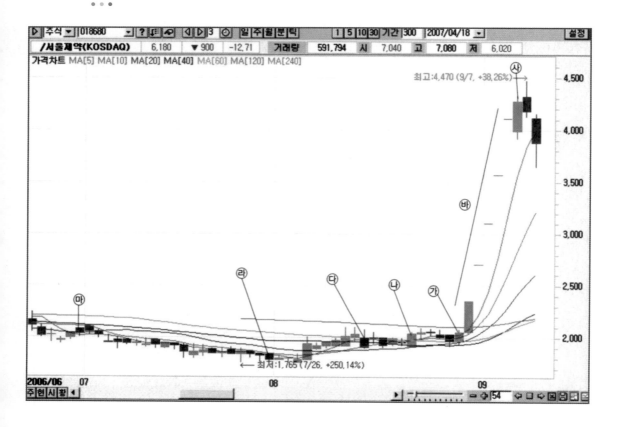

ㄱ 본 그래프의 주가는 약 4개월 정도 횡보하다가 주가 ㉮날을 기점으로 해서 그 후 주가가 폭등을 하였다.

ㄴ 주가 ㉮날부터 주가가 ㉳와 같이 폭등을 한 것은 주가 ㉮날에 상응하는 주가 MA선의 선유봉의 위치가 5일 MA선의 선유봉의 위치 ㉯를 비롯해서 10일 MA선의 선유봉인 ㉰와 20일 MA선의 선유봉인 ㉱와 40일 MA선의 선유봉인 ㉲의 주가 위치까지 모두가 주가 ㉮보다 아래의 값에 위치하고 있기 때문에 그에 상응하는 주가 MA선인 5일 MA선을 비롯하여 10일 MA선과 20일 MA선과 40

일 MA선까지 정배열로 형성되기 때문에 그에 상응하는 주가가 상승하지 않을 수가 없게 되어있다.

ⓒ 본 그래프의 주가 매도 시점은 점상한가의 폭등주이기 때문에 점상한가를 깨는 날인 ㉒날이 주가의 매도 시점이다.

◎ 주가 MA선의 선유봉을 분석하여 주가의 폭등을 예측한다.

• • •

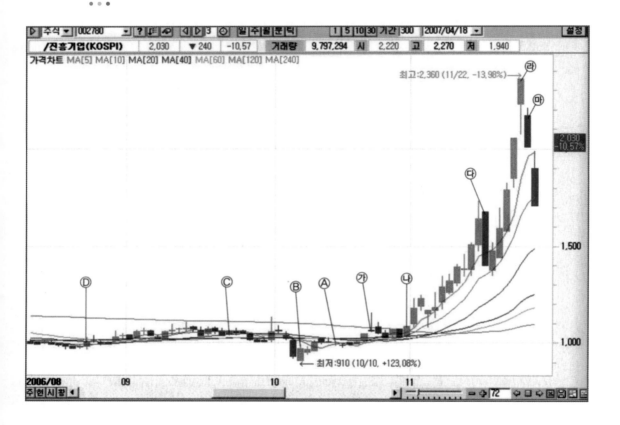

● 본 주식은 약 6개월간 주가가 횡보함으로써 세력의 상승작전에 욕심을 내기에 가장 알맞은 주식이라 하겠다.

● 본 그래프의 주가의 매수 시점은 ㉮에서 ㉯까지 사이의 주가 어느 곳이든 매수해도 별 무리가 없다. 왜냐하면 주가 ㉮의 5일 MA선의 선유봉인 Ⓐ를 비롯하여 10일 MA선의 선유봉인 Ⓑ와 20일 MA선의 선유봉인 Ⓒ와 40일 MA선의 선유봉인 Ⓓ등이 모두 주가 ㉮날의 값보다 낮은 값의 위치에 있기 때문에 주가 ㉮에 상응하는 주가 5일 MA선과 10일 MA선과 20일 MA선과 40일 MA선까지

모두 상향하여 정배열을 형성하고 있기 때문에 언제든지 주가가 폭등할 준비를 갖추고 있다고 보는 것이기 때문에 ㉮에서 ㉯까지가 주가의 매수 시점이다.

ⓒ 그러므로 주가가 ㉮에서 ㉯까지의 주가 MA선의 선유봉인 5일 MA선의 선유봉을 비롯하여 40일 MA선까지 ㉮에서 ㉯까지의 주가값 보다도 낮은 값에 위치하고 있으므로 이에 상응하는 주가 MA선도 정배열을 형성함으로써 따라서 주가도 상승하게 되어 있는 것이다.

ⓔ 본 그래프의 주가의 매도 시점은 주가 ㉰날이다. 그러나 고차원적인 주가 분석을 한다면은 주가의 매도 시점은 주가 ㉱날이다. 주가 ㉱날의 양봉은 밑꼬리가 긴 망치형으로써 장중에 본 차트를 살펴보고 있노라면 머리가 어지러울 정도로 세력이 주가를 울렸다 내렸다 하면서 일반 투자자들의 정신을 혼란스럽게 하여 세력 자신들의 보유 물량을 매도하는 것이 충분히 감지 될 수 있는 봉모양이다.

ⓜ 주가 ㉲날의 장대음봉은 세력의 보유 주식 매도로 새로운 세력과 손바꿈현상이라 할 수 도 있다. 그러나 ㉲의 주가음봉은 5일 MA선과 접하고 있으므로 그에 상응하는 주가는 10일 MA선에서 반등을 하였는데 이것은 주가 MA선의 1선 추월의 원칙에 의한 것이다.

◎ 주가 MA선의 선유봉을 분석하여 폭등주를 예측한다.

• • •

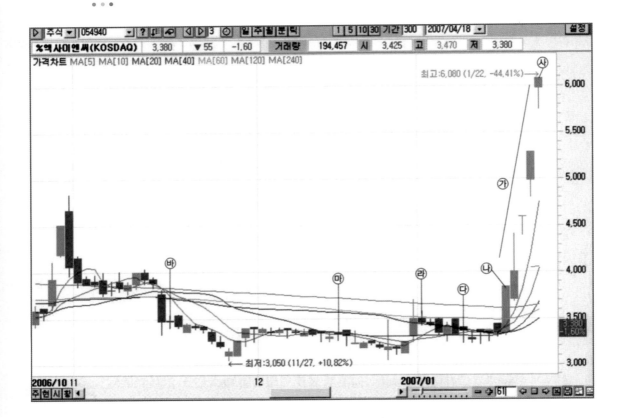

ㄱ 본 그래프의 주가의 매수 시점은 ㉯날이다. 주가 ㉯날의 5일 MA선의 선유 봉인 ㉣를 비롯하여 10일 MA선의 선유봉인 ㉱와 20일 MA선의 선유봉인 ㉮와 40일 MA선의 선유봉인 ㉯까지 모두 주가 ㉯날의 주가값 보다도 낮은 값의 위치 하고 있기 때문에 주가 ㉯날의 5일 MA선과 10일 MA선과 20일 MA선과 40일 MA선까지 모두 상향함으로 해서 주가 ㉯날의 MA선이 정배열을 형성함으로 그 에 상응하는 주가 ㉯는 주가 MA선에 따라서 상승하는 것이므로 주가 ㉯날이 매 수 시점이다.

ⓛ 본 주가 그래프는 ㉯날의 주가 MA선이 정배열을 형성함으로서 주가가 계속 상승하여 ㉮와 같이 폭등한 것이다.

ⓒ 본 주가 그래프의 주가의 매도 시점은 계속 상한가를 치면서 폭등하는 주가가 어느날 상한가를 못치는 날이 오면 그날이 주가의 매도 시점이 되는 것이다. 현재의 주가 꼭지 ㉴가 아래 꼬리 양선으로써 천정권에 있으므로 주가의 꼭지가 미구에 올것이라 예측이 된다.

Chapter 2

주가 MA선의
선유봉을
분석하여
주가의 폭등을
분석한다.

◎ 주가 MA선의 선유봉을 분석하여 주가의 폭등을 예측한다.

• • •

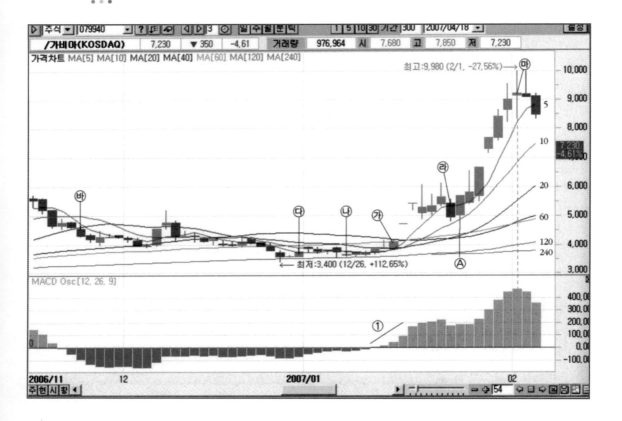

㉠ 본 주식의 매수 시점은 ㉮날인데 ㉮날에 상응하는 5일 MA선의 선유봉인 ㉯와 10일 MA선의 선유봉 ㉰가 주가 ㉮보다도 낮은 값의 위치에 있기 때문에 주가 ㉮에 상응하는 5일 MA선과 10일 MA선이 상향하고 있으므로 정배열이 될 확률이 많다. 그러므로 주가 ㉮도 따라서 상승할 가능성이 많으므로 주가의 매수 시점이다.

㉡ 주가 ㉣날의 음봉은 5일 MA선을 접하였으므로 그에 상응하는 주가 Ⓐ는 10일 MA선까지 하락했다가 반등하였다. 이것은 주가 MA선의 1선 추월의 원칙

에 의한 것이다.

ⓒ 주가가 Ⓐ점에서 반등해서 ㉺에까지 상승했는데 ㉺에까지 폭등하게 된 이유는 주가 Ⓐ에 대한 MA선의 선유봉이 5일 MA선의 선유봉으로부터 시작하여 40일 MA선의 선유봉인 ㉺까지가 모두 주가 Ⓐ보다도 낮은 주가값의 위치에 있기 때문에 이들 주가 MA선의 정배열이 형성되므로 Ⓐ의 주가가 ㉺에까지 폭등하게 된 것이다.

ⓔ 본 그래프의 주가의 매도 시점은 ㉺인데 주가 ㉺는 양십자봉인데 아래 위의 수염이 너무도 긴 것으로 보아 세력이 주가를 심하게 흔들어서 자신들의 보유 물량을 매도한 것으로 예측 되기 때문에 주가 ㉺가 매도 시점이다.

ⓜ 주가 보조 지표인 MACD OSC는 주가의 등락에 따라서 양봉이 증가하다가 주가 ㉺의 꼭지와 MACD OSC의 양봉 꼭지가 일치 한 것이 신통하기도 하니 참고하시기 바랍니다.

/투/자/격/언/

팔아야 하고, 사야 하고, 쉬어야 한다.

유명한 프로 투자가의 말이다.

주식의 매매에서는 "사는 것"만이 아닌 "쉬는 것"도 하나의 중요한 투자기법이다.

벌기 쉬운 시세나 잘 알 수 있는 시세 때는 사양 말고 준비를 해야한다. 그러나 한때 벌기 어려운 시세가 될 때는 전부 손을 놓고 철저하게 쉴 필요가 있다. 자신의 감정에 거슬리는 기술을 몸에 익히지 않고 주식 매매를 하는 것은 매우 위험한 일이다.

◎ 주가 MA선의 선유봉을 분석하여 폭등주를 예측한다.

• • • •

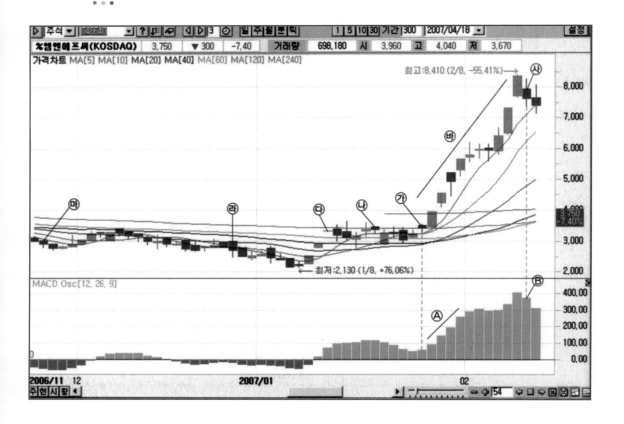

㉠ 본 그래프의 주가는 약 6개월간 횡보하다가 주가 ㉮로부터 상승할 희망이 보이기 시작한다. 그러므로 본 그래프의 주가의 매수 시점은 ㉮라고 할 수 있다.

㉡ 주가 ㉮의 5일 MA선의 선유봉인 ㉯를 비롯하여 10일 MA선의 선유봉인 ㉰와 20일 MA선의 선유봉인 ㉱와 40일 MA선의 선유봉인 ㉲까지 모두 주가 ㉮의 주가 값보다도 낮은 값의 위치에 있기 때문에 주가 5일 MA선과 10일 MA선과 20일 MA선과 40일 MA선까지 상향하게 되므로 주가 ㉮날의 MA선이 정배열을 형성함으로써 그에 상응하는 주가 ㉮는 주가 MA선을 따라서 상승하는 것이

므로 주가 ㉮날이 매수 시점이다.

ⓒ 본 주가 그래프는 ㉮날의 주가 MA선이 정배열을 형성함으로써 주가가 계속 상승하여 ㉺와 같이 폭등을 한 것이다. 따라서 주가의 보조지표인 MACD OSC ⒜도 양봉이 증가하고 있다.

ⓔ 본 그래프의 주가 매도 시점은 주가 ㉯날이다. 주가 ㉯날에 상응하는 주가 보조지표인 MACD OSC의 ⒝의 양봉이 감소하는 시점과 일치하는 것이 주가의 매도 시점인 ㉯를 뒷받침하는 것 같아서 흥미로우니 독자 여러분들도 참고하시기 바랍니다.

/투/자/격/언/

오르는 힘이 다하면 주가는 저절로 떨어진다.

주가는 재료를 가지고 움직이지만 재료가 주가를 올리는 원동력은 아니다. 주식 시세를 올리는 원동력은 주식 시장에 들어오는 자금이나 인기 등으로 구성되어 있는 추진에너지이다. 자금이나 인기는 어느 정도 기간이 지나면 한계에 달하여 추진에너지가 약화된다. 에너지가 약화되면 주가는 저절로 떨어진다.

◎ 주가 MA선의 선유봉을 분석하여 폭등주를 예측한다.

• • •

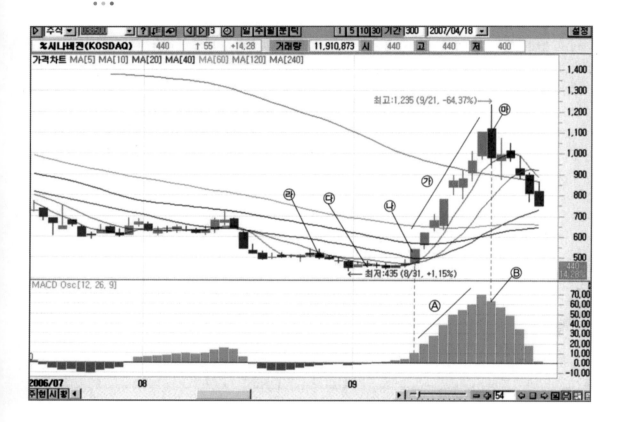

ㄱ 본 주가 그래프의 주가의 매수 시점은 ㉯날이다. 주가 ㉯날의 5일 MA선의
선유봉인 ㉰와 10일 MA선의 선유봉인 ㉱의 주가값의 위치가 ㉯날의 주가 값보
다도 낮은 값의 위치에 있기 때문에 주가 ㉯날의 5일 MA선과 10일 MA선이 상
향함으로 주가 ㉯날의 MA선이 정배열을 형성함으로써 그에 상응하는 주가 ㉯
가 상승하게 되는 것이므로 주가 ㉯날이 매수 시점이다.

ㄴ 본 주가 그래프는 ㉯날의 주가 MA선이 정배열을 형성함으로써 주가가 계
속 상승하여 ㉮와 같이 폭등한 것이고 따라서 주가의 보조지표인 MACD OSC도

Ⓐ와 같이 양봉이 증가하여 그에 상응하는 주가의 폭등에 일조를 하고 있다.

ⓒ 본 그래프의 주가의 매도 시점은 주가 ㉮점이다. 주가 ㉮점의 주가봉을 천정권에서 역망치형의 장대음봉이 발생했으나 주가가 꼭지임에는 틀림이 없는데다가 주가 보조지표인 MACD OSC도 주가 ㉮에 상응하는 Ⓑ의 부분부터 양봉이 감소하기 시작함으로써 주가 ㉮가 꼭지임을 뒷받침하는 꼴이 되었다.

◎ 주가 MA선의 선유봉을 분석하여 폭등하는 주가를 분석한다.

• • •

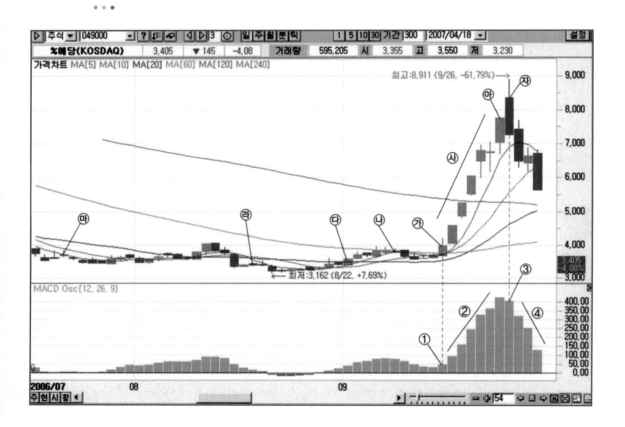

🔰 본 그래프의 주가의 매수 시점은 ㉮날이다. 주가 ㉮날에 상응하는 주가 보조지표인 MACD OSC의 ①도 양봉이 증가하는 시작점이 되어 있으므로 주가 상승에 힘을 실어준다. 주가 ㉮날의 5일 MA선의 선유봉인 ㉯를 비롯해서 10일 MA선의 선유봉인 ㉰와 20일 MA선의 선유봉인 ㉱와 40일 MA선의 선유봉인 ㉲까지 모두 주가 ㉮의 값보다도 낮은 값의 위치하고 있기 때문에 주가 ㉮의 5일 MA선과 10일 MA선과 20일 MA선과 40일 MA선 등이 모두 상향함으로 이들 MA선들이 정배열을 형성하기 때문에 주가 ㉮는 따라서 상승하게 되므로 주가

의 매수 시점이 되는 것이다.

ㄴ 주가 ㉮날을 기점으로 한 주가 MA선이 정배열을 형성하여 상향함으로써 주가가 ㉯와 같이 폭등을 하였고, 이에 상응하는 MACD OSC의 양봉도 ②와 같이 증가하여 주가 ㉯의 폭등을 뒷받침하고 있다.

ㄷ 본 주가의 매도 시점은 주가 ㉿날인데 주가 ㉿날의 장대음봉이 역망치형으로써 주가의 꼭지를 확인할 수 있는데 전날의 ㉰날의 양봉의 실체를 3분의 2이상을 ㉿날의 주가 역망치형의 장대봉이 덮어버렸기 때문에 주가의 꼭지를 한번 더 확인해주는 셈이 되었다.

ㄹ 주가 꼭지 ㉿에 상응하는 주가 보조지표인 MACD OSC는 이미 고점을 깨고 ④의 방향으로 양봉이 급격히 감소함으로써 주가의 하락을 확인시켜 주고 있다.

/투/자/격/언/

주가는 재료보다 선행한다.
투자자들의 주식을 사는 것은 미래에 대한 기대를 가치로 산다. 투자의 기준은 미래에 있으며 미래의 예상되는 재료에 따라서 현재의 주가가 결정되므로 주가는 언제나 재료보다 선행한다. 경기가 회복 기미만 보여도 주가가 이미 상승세로 바뀌어 재료가 실현되기 전에 주가는 이미 다 올라버린다.

◎ 주가 MA선의 선유봉을 중심으로하여 거래량과 MACD OSC와 연계해서
분석한다.

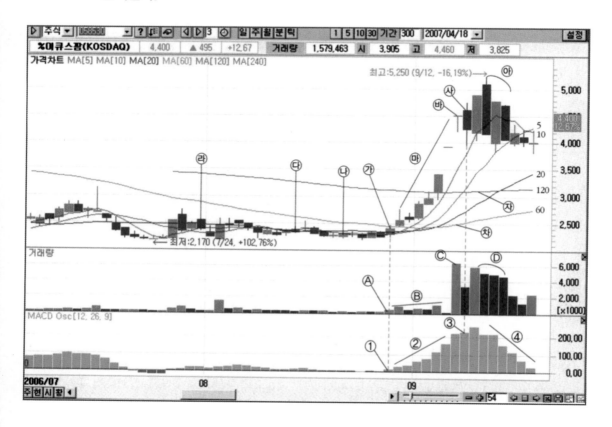

○ 본 주가의 매수 시점은 MA선상으로 분석해 볼 때는 주가 ㉮날이다. 주가
㉮날에 상응하는 거래량 Ⓐ는 증가했고 MACD OSC는 ①에서 양봉이 증가하고
있어서 주가 매수에 적기인 신호가 포착되었다고 할 수 있는데 여기에 더하여 주
가 ㉮날을 기점으로 한 주가 5일 MA선의 선유봉인 ㉯와 10일 MA선의 선유봉
인 ㉰와 20일 MA선의 선유봉인 ㉱까지 주가㉮날의 주가 값보다 낮은 값의 위치
에 있기 때문에 주가 5일 MA선을 비롯해서 10일 MA선과 20일 MA선 등이 상
향함으로써 이들 MA선이 정배열을 형성함으로 ㉮ 날의 주가는 자동적을 상승

하게 되어있기 때문에 주가의 ㉮날이 매수 시점이다.

ㄴ 주가 ㉮날을 기점으로 한 주가 MA선이 정배열을 형성하여 상향함으로서 주가가 ㉰와 같이 폭등을 하였고 이에 상응하는 거래량 ⑧도 증가했으며 MACD OSC도 양봉이 ②와 같이 증가해서 주가 ㉰의 폭등을 뒷받침하고 있다.

ㄷ 본 주가의 매도 시점은 주가 ㉳인데 주가 ㉳에 상응하는 거래량은 감소했고 MACD OSC는 ③과 같이 양봉이 꼭지에 온 것 같으므로 매도 시점이 임박했다고 볼 수 있다. 왜냐하면 주가 ㉳의 전날의 주가 ㉲를 분석해 볼 때 세력이 이미 보유물량을 매도하기 시작했다는 신호가 왔기 때문이다. 즉 주가 ㉲를 세력이 종가에 끌어올려서 다음날인 ㉳날에 높은 값으로 매도 할려는 음모가 개재되어 있는데 이 음모가 주가 ㉲의 Ⓣ자형의 주가 봉모양과 그에 상응하는 거래량 ⓒ의 폭증이 이것을 입증하고 있는 것이다

ㄹ 주가 ㉴는 음양봉이 하루씩 바뀌면서 주가는 평균값을 유지하고 그에 상응하는 거래량 ⓓ도 큰 굴곡 없이 거래량 폭증상태를 유지하는 것은 세력이 자신들의 매집 물량이 남아있는 것을 매도하는 술수의 모양새다.

ㅁ 세력이 보유물량을 매도하는 동안에(주가 ㉴에 상응하는 거래량 ⓓ)주가 보조지표인 MACD OSC도 양봉은 ④와 같이 감소함으로써 주가의 대세가 하락으로 접어들었다는 것을 말해주고 있다.

ㅂ 주가의 상위 MA선인 60일 MA선이 ㉼점에서 상향하니 그에 상응하는 주가는 120일 MA선을 1선 추월하여 240일 MA선이 위치하고 있을 지점인 주가 ㉵까지 상승했다가 하락하였는데 더 이상 주가가 상승하지 못하는 것은 120일 주가MA선인 ㉽가 계속 하향하고 있기 때문이다.

ㅅ 본 주가 그래프의 종합적인 분석 결과를 평가한다면 주가와 거래량과 주가의 보조지표인 MACD OSC와 주가 상위 MA선의 1선 추월의 원칙등이 합리적으로 구성되면 주가의 폭등을 가져올 수가 있다는 결론이므로 독자 여러분들도 이것을 참고하여 많은 수익을 창출할 수 있게 노력하시기를 기원합니다.

Part 8

Part 8

주가 MA선의
1선 추월의 원칙을
분석하여
주가의 폭등을
예측한다.

Chapter 1

주가 MA선의
1선 추월의 원칙을
분석하여
주가의 폭등을
예측한다.

◎ 주가 MA선의 기초적인 1선 추월의 원칙을 분석한다.

• • •

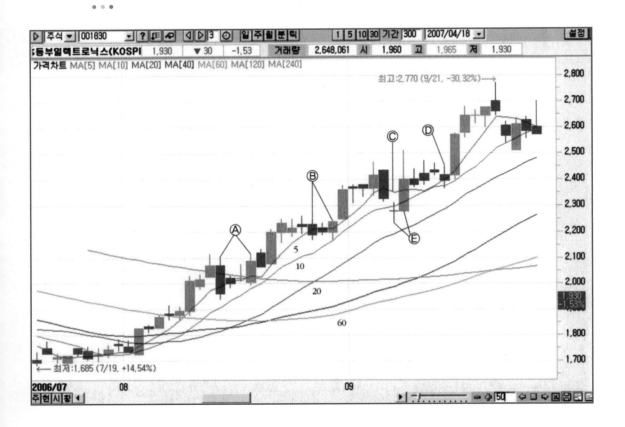

    ㉠ 본 주식 그래프는 주가 MA선이 정배열을 형성하고 상승 추세에 있는 주식
이다.

    ㉡ 1선 추월의 원칙에서 주가 그래프가 상승 추세에 있을 때 주가의 음봉이 주
가 5일 MA선을 접하면 그에 상응하는 주가는 10일 MA선까지 하락하고 5일 MA
선이 하향 곡선을 형성하면 그에 상응하는 주가는 10일 M선을 1선 추월하고 20
일 MA선까지 하락한다. 그리고 10일 MA선이 하향곡선을 형성하면 그에 상응
하는 주가는 20일 MA선을 1선 추월하고 40일 MA선까지 하락한다. 이런 식으

로 60일 120일 240일 등등 상위 MA선의 1선 추월의 원칙도 같은 방식으로 진행하는것이 1선 추월의 원칙의 기본 방식이다.

ⓒ 본 그래프에서 Ⓐ의 음봉이 5일 MA선을 접하니 그에 상응하는 주가는 10일 MA선까지 하락하였고(주식시장의 힘의 강약에 따라서 약간 미달되거나 초과 할 수도 있음)

Ⓑ의 음봉도 5일 MA선을 접하니 Ⓑ의 양선의 밑수염이 10일 MA선을 찍었다. 그리고 ⓒ의 5일 MA선이 하향곡선을 형성하니 그에 상응하는 주가는 Ⓔ와 같이 음십자봉이 10일 MA선을 1선 추월하고 20일 MA선까지 약간 미달되지만 도달하였고 Ⓓ 의 음봉도 5일 MA선을 접하니 그의 주가 밑고리가 10일 MA선까지 도달했다.

ⓔ 여기서 독자여러분들이 생각해 볼 것은 주가가 양봉이 발생할 때는 마음이 즐겁다가도 음봉이 발생한다면 가슴이 뭉클하고 불안한 것은 누구나 마찬가지일 것이다. 특히 주가 Ⓔ의 경우에는 이 주가가 어디까지 하락 할 것인가하고 불안하기가 비할 봐가 없을 것이나 1선 추월의 원칙의 원리를 알고 나면 마음이 느긋하게 기다릴 수가 있을 것이다.

◎ 주가 MA선의 1선 추월의 원칙을 분석하여 폭등주를 예측한다.

● ● ●

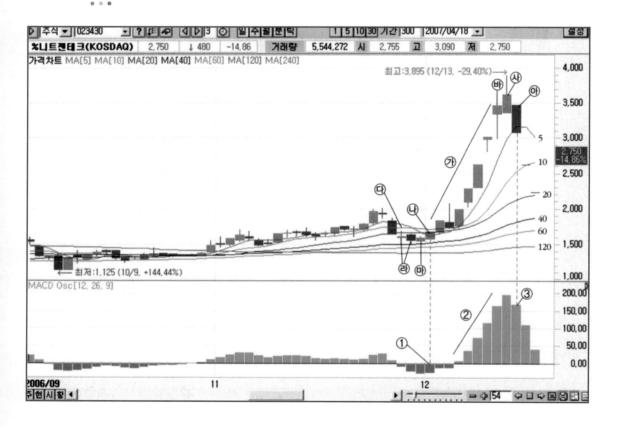

㉠ 본 주가 그래프의 분석은 1선 추월의 원칙을 중심으로 분석하되 MACD OSC를 참고로 한다.

㉡ 본 주가 그래프상의 주가의 매수 시점은 주가 ㉯날이며 주가 ㉯를 매수 시점으로 선택한 이유는 다음과 같다. 첫째 주가의 10일 MA선의 하향점인 ㉯로 인하여 그에 상응하는 주가가 1선 추월의 원칙에 의하여 20일 MA선을 1선 추월하여 40일 MA선까지 하락을 하였다가 반등을 할 것인데 이미 주가 ㉰가 40일 MA선까지 하락하였다가 반등을 했다는 것이다. ㉰가 주가 ㉯보다 하루 전에 소

폭이나마 반등에 성공했다는 것이 주가 ⓝ날에 주식을 매수 할 수 있는 힘을 실어 주었다는 것이다. 셋째는 주가의 보조지표인 MACD OSC의 ①의 음봉이 감소하고 있으므로 미구에 양봉으로 전환이 가능하다는 것이다.

ⓒ 본 그래프의 주가의 매수 시점인 ⓝ에서 관성의 법칙에 의해서 주가가 상승할수록 그에 상응하는 주가의 MA선의 선유봉의 위치의 값은 낮아지고 주가 ⓝ날의 MA선은 상향함으로 주가는 따라서 상승하는 것이다. 그러므로 주가가 ⓐ와 같이 폭등을 한 것이며 주가의 보조지표인 MACD OSC의 ②의 양봉도 폭증한 것이다.

ⓔ 본 그래프의 주가의 매도 시점은 주가의 장대음봉인 ⓐ인데 주가의 보조지표인 MACD OSC의 양봉도 ③과 같이 감소함으로써 주가의 매도 시점을 뒷받침하고 있다. 그러나 주가의 꼭지에 가까워짐으로 해서 세력은 이미 주가 ⓫에서부터 보유물량을 매도하고 있는 징조가 보이기 시작한다. 즉 주가 ⓫를 장 마감 때 세력이 주가를 끌어 올려 아래 윗꼬리 양봉을 형성시켜놓고 다음날인 주가 ⓪날에는 주식을 고가로 매도하려는 음모가 개재되고 있는 것이며 주가 ⓪는 역망치형이 형성되었으며 세력이 노골적으로 매도하기 시작했으므로 독자 여러분께서도 주가 ⓫와 주가 ⓪를 좀 더 주의 깊게 분석한다면 주가 ⓪날에 주식을 매도하지 못했다면 주가 ⓐ날에는 아침 동시호가에 매도 할 수 있는 예측이 가능할 것이다.

◎ 주가 MA선의 1선 추월의 원칙을 분석하여 폭등주를 예측한다.

• • •

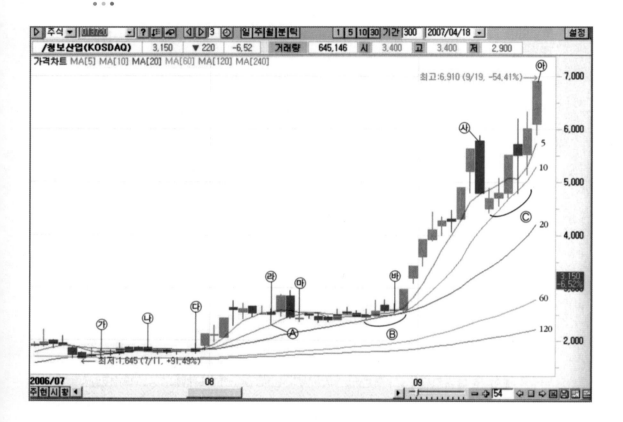

　㉠ 주가 ㉰는 1차 주가의 매수 시점이다. 주가 ㉰의 5일 MA선의 선유봉인 ㉯
와 10일 MA선의 선유봉인 ㉮의 주가의 값이 모두 주가 ㉰의 값보다 낮은 값의
위치에 있기 때문에 주가 ㉰의 5일 MA선의 선유봉인 ㉯와 10일 MA선의 선유
봉인 ㉮가 모두 상향하므로 주가 ㉰는 따라서 상승하는 것이다.

　㉡ 주가 ㉱점의 음봉이 5일 MA선에 접하니 그에 상응하는 주가는 Ⓐ점인 10
일 MA선까지 하락했다가 반등했다. 이것은 1선 추월의 원칙의 기본 규칙에 의
한 분석기법이다.

ⓒ 주가 ㉹점의 5일 MA선이 하향함으로써 그에 상응하는 주가는 10일 MA선을 1선 추월하고 20일 MA선인 ⓑ까지 하락했다.

ⓓ 주가 ㉺날은 2차로 주가의 매수 시점이다. 주가 ㉺의 모든 MA선의 선유봉은(5일, 10일, 20일, 40일, 등의 MA선의 선유봉) 주가 ㉺의 주가 값보다도 낮은 값에 위치하고 있기 때문에 이들 MA선은 모두 상향함으로써 정배열을 형성하기 때문에 주가 ㉺는 상승하는 것이고 따라서 주가가 ㉲까지 폭등을 한 것이다.

ⓔ 주가 ㉳의 음봉이 5이 MA선과 접함으로서 그에 상응하는 주가는 ⓒ와 같이 10일 MA선까지 하락했다가 반등하였다. 이것은 주가 MA선의 1선 추월의 원칙의 기본룰에 의한 것이다.

ⓕ 본 그래프의 주가의 매도 시점은 주가가 천정권에까지 상승했으므로 주가가 5일 MA선을 밑으로 이탈할 때가 매도 시점이다.

◎ 주가 MA선의 1선 추월의 원칙의 분석으로 폭등주를 예측한다.

• • •

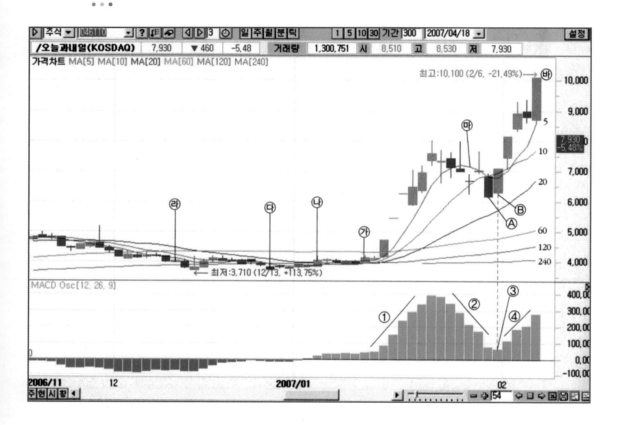

➐ 본 그래프의 주가의 매수 시점은 주가 ㉮날인데 ㉮날에 상응하는 5일 MA 선의 선유봉인 ㉯를 비롯하여 10일 MA선의 선유봉인 ㉰와 20일 MA선의 선유 봉 ㉱까지 모두 주가가 ㉮날의 주가 값보다도 낮은 값의 위치에 있기 때문에 주 가 ㉮날의 5일 MA선과 10일 MA선과 20일 MA선까지 모두 상향하므로 이들 주 가 MA선이 정배열을 형성하기 때문에 그에 따라서 주가 ㉮도 상승하게 되는 것 이므로 주가 ㉮날이 매수하는 날이다. 주가 보조 지표인 MACD OSC도 ①과 같 이 양봉이 증가하고 있으므로 주가 매수에 고무적이다.

ⓛ ㉺의 5일 MA선이 하향함으로서 그에 상응하는 주가는 10일 MA선을 1선 추월하고 20일 MA선까지 하락해야 하는데 장이 과열 상태이기 때문에 주가가 Ⓐ까지 하락했다가 상승으로 반전해서 주가 꼭지인 ㉺까지 상승하였다. 주가가 하락할 때는 MACD OSC도 ②와 같이 양봉이 감소하였고 주가가 ㉺까지 상승할 때는 MACD OSC도 ④와 같이 양봉이 증가하였다. 그러나 주가가 Ⓑ와 같이 상승을 시작하는 날에 상응하는 MACD OSC의 양봉은 최저 바닥인 ③이라는 것이 역시 주가보다는 MACD OSC가 후행하는 것을 증명한 것이니 독자 여러분들은 참고해 주셨으면 증권투자에 일조가 될 것이다.

ⓒ 본 주가의 매도 시점은 주가의 천정권에서 ㉺와 같이 장대양봉이 발생했으므로 금명간 매도를 준비하는 것이 현명할 것 같다.

/투/자/격/언/

가는 종목이 간다.

과거 주식 시장이 총아로서 크게 활약을 한 바가 있는 주식이 다음에 오를 때에도 크게 오르는 경향이 있다. 큰손들이 작전에 한번 성공했을 때에도 다시 작전을 시도하는 경우도 있고 과거 재미를 보았던 주식은 투자자들이 좋은 인식을 가지고 있기 때문에 시세가 쉽게 형성되는 면이 있기 때문이다.

◎ 주가 MA선의 1선 추월의 원칙의 분석으로 폭등주를 예측한다.

• • •

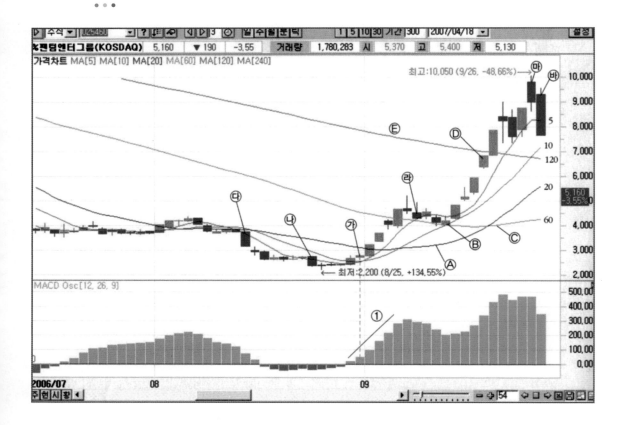

🕤 본 그래프의 주가 매수날은 ㉮날이다. 주가 ㉮날에 상응하는 주가 5일 MA선의 선유봉인 ㉯와 10일 MA선의 선유봉인 ㉰가 모두 주가 ㉮보다 낮은 값의 주가에 위치하고 있기 때문에 주가 5일 MA선과 10일 MA선이 모두 상향하고 있는 것이다. 주가 ㉮에 상응하는 주가 보조 지표인 MACD OSC ①도 음봉에서 양봉으로 전환된 시점이기 때문에 주가 ㉮의 상승확률이 높다고 볼 수 있다.

🕒 주가 ㉮의 음봉이 5일 MA선과 접하고 있으므로 그에 상응하는 주가가 10일 MA선인 ⑧까지 하락했다가 반등했다. 이상은 주가 단기 MA선인 5일 MA선

과 10일 MA선을 분석했으나 이후부터는 주가의 중기 MA선인 20일 MA선과 60일 MA선과 120일 MA선을 분석하고자한다.

ⓒ 주가 20일 MA선이 Ⓐ점에서 상향하니 그에 상응하는 주가는 60일 MA선을 1선 추월하고 120일 MA선인 주가 Ⓓ까지 상승하였고 60일 MA선이 ©점에서 상향하니 그에 상응하는 주가는 120일 MA선을 1선 추월하고 240일 MA선이 있음직한 주가 ㉫까지 상승하였다. 주가가 ㉫에서 하락하는 것은 120일 MA선인 Ⓔ선이 상향하지 못하고 계속 하향하기 때문이다.

ⓔ 본 그래프의 주가의 매도 시점은 ㉫날의 아침 동시호가다. 하루 전날인 주가 ㉫ 날의 주가봉이 천정권에서 음십자봉이 발생했으므로 이미 주가의 꼭지를 암시했기 때문이다.

◎ 주가 MA선의 1선 추월의 원칙의 분석으로 폭등주를 예측한다.

• • •

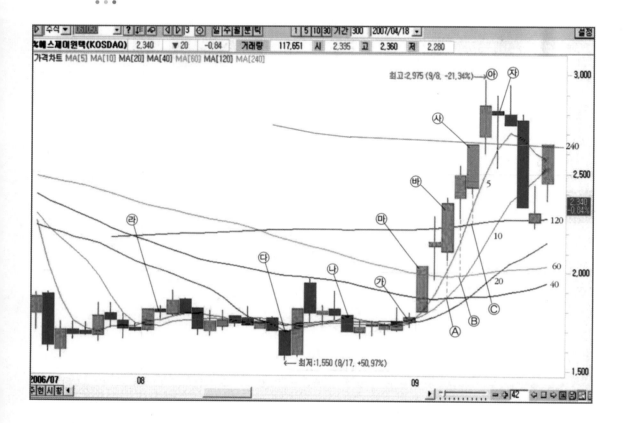

ㄱ 본 주식의 매수 시점은 주가 ㉮날인데 매수날이 ㉮가 되는 이유는 ㉮날에 상응하는 5일 주가 MA선의 선유봉인 ㉯와 10일 주가 MA선의 선유봉인 ㉰의 주가값이 모두 ㉮날의 주가 값보다도 아래의 값의 위치에 있기 때문에 그에 상응하는 주가 MA선이 상향하게 되므로 주가 ㉮가 상승하게 되여 있는 것이다. 그러므로 주가 ㉮날이 매수 시점이 되는 것이다.

ㄴ 주가가 ㉱날까지 상승하고 보니 ㉱날에 상응하는 20일 주가 MA선의 선유봉인 ㉲까지 ㉱의 주가 값보다 아래의 위치의 값에 있게 되니 그에 상응하는 주

가 MA선의 단기선(5일,10일,20일)이 정배열이 형성되었으므로 그에 상응하는 주가는 ㉮까지 폭등을 하게 되는 것이다.

㉢ 20일 MA선이 Ⓐ점에서 상향하니 그에 상응하는 주가 ㉯는 60일 MA선을 1선 추월하며 120일 MA선을 상승 돌파하고 주가가 ㉯까지 상승하였고 60일 MA선이 Ⓑ점에서 상향하니 그에 상응하는 주가는 120일 MA선을 1선 추월하여 240일 MA선인 ㉰까지 상승하였으며 그후 240일 MA선이 하향함으로써 본 그래프의 주가 상승 한계점은 ㉮점이 되는 것이다.

㉣ 본 그래프의 주가의 매도 시점은 ㉰날의 아침 동시호가 때이다. 하루 전날 ㉮날의 아래 윗고리 양선이 주가의 천정권에서 발생했으므로 주가의 꼭지를 암시해주는 것이다.

/ 투 / 자 / 격 / 언 /

이런 사람은 절대 주식 투자하지 말라.

성격이 급하고 덤벙대는 사람
충동적이거나 도발적인 사람
중용의 도를 지키지 못하는 사람
언제 사고 팔아야 할지 확신이 안 서는 사람
좋은 때를 기다릴 수 없는 사람
주식투자를 동전의 양면쯤으로 생각하는 사람

Chapter 2

주가 MA선의 1선 추월의 원칙을 분석하여 주가의 상승을 예측한다.

◎ 주가 MA선의 1선 추월의 원칙을 분석한다.

• • •

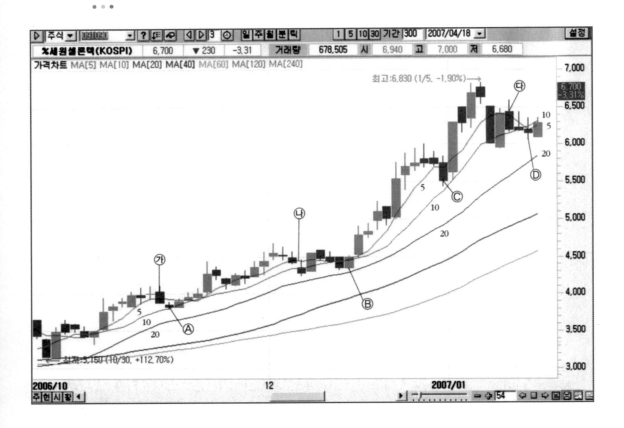

ㄱ ㉮점의 주가 음봉이 5일 MA선을 접함으로 그에 상응하는 주가는 Ⓐ와 같
이 10일 MA선까지 하락했다.

ㄴ ㉯점의 5일 MA선이 하향 곡선을 형성하니 그에 상응하는 주가 Ⓑ는 20일
MA선까지 하락하였다.

ㄷ Ⓒ의 주가가 5일 MA선에 접하니 그에 상응하는 주가는 10일 MA선까지
하락하였다.

ㄹ ㉰점의 5일 MA선이 하향 곡선을 형성하니 그에 상응하는 주가는 Ⓓ와 같

이 10일 MA선을 하락으로 1선 추월하고 20일 MA선을 향해서 계속 하락할 것이다.

◎ 주가 MA선의 1선 추월의 원칙을 분석한다.

● ● ●

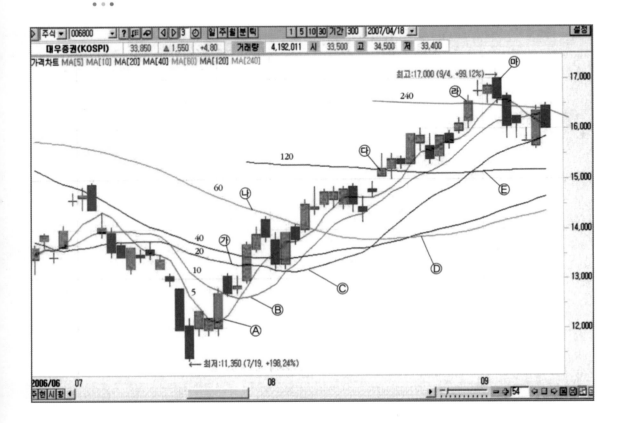

❼ 주가 5일 MA선이 Ⓐ점에서 상향하니 그에 상응하는 주가는 10일 MA선인 Ⓑ선을 1선 추월하고 20일 MA선인 ㉮점에서 멈쳐야 할 주가가 돌파해 버렸다. 장이 과열일 때나 침체일 때는 약간의 오차가 발생할 수 있다는 것을 명심하기 바란다.

❶ 주가 10일 MA선이 Ⓑ점에서 상향하니 그에 상응하는 주가는 20일 MA선인 Ⓒ선을 1선 추월하고 60일 MA선인 ㉯선까지 상승하였다.

❷ 주가 20일 MA선이 Ⓒ점에서 상향하니 그에 상응하는 주가는 60일 MA선

을 1선 추월하고 120일 MA선인 ㉰선까지 상승하였다.

㉣ 주가 60일 MA선이 Ⓓ점에서 상향하니 그에 상응하는 주가는 120일 MA선을 1선 추월하고 240일 MA선인 ㉱까지 상승하였다.

㉤ 120일 MA선이 Ⓔ점에서 상향하니 그에 상응하는 주가는 240일 MA선을 1선 추월하고 주가 ㉲까지 상승하였다.

㉥ 주가 240일 MA선이 상향하지 못하고 하향함으로써 그에 상응하는 주가는 ㉲가 상승한계점으로 상승을 마감하는 것이다.

㉦ 이 시점에서 간과해서는 안될 것은 주가 40일 MA선은 보조선이기 때문에 필요하지 않을 때가 가끔 있다는 것을 전편 저서에서 기록한 봐가 있으나 재론한다면 40일 MA선은 20일 MA선과 60일 MA선의 중간선이기 때문에 20일 MA선과 60일 MA선의 중간에 위치하고 않고 20일 MA선이나 60일 MA선 중 어느 한쪽에 치우쳐 있으면 폐지해야하는 경우가 발생한다는 것을 첨언합니다.

본 그래프에서는 40일 MA선이 20일 MA선에 근접해 있기 때문에 폐지하는 것입니다.

◎ 주가 MA선의 1선 추월의 원칙을 분석한다.

• • •

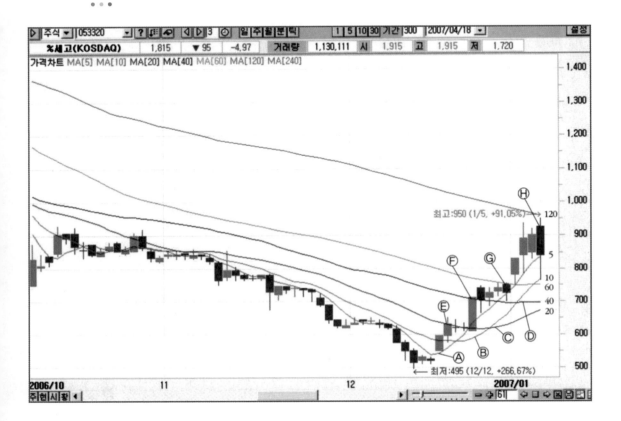

㉠ 5일 주가 MA선이 Ⓐ점에서 상향하니 주가는 10일 MA선인 Ⓑ선을 1선 추월하여 20일 MA선인 Ⓒ와 주가 Ⓔ까지 도달하고 Ⓑ점에서 10일 MA선이 상향해서 주가는 20일 MA선인 Ⓒ선을 1선 추월하여 40일 MA선인 Ⓕ까지 도달하고 20일 MA선이 Ⓒ점에서 상향하니 주가는 40일 MA선을 1선 추월하여 60일 MA선인 Ⓖ까지 상승하고 40일 MA선이 Ⓓ점에서 상향하니 주가는 60일 MA선을 1선 추월하여 120일 MA선인 Ⓗ까지 상승하였다.

㉡ 주가가 120일 MA선을 뚫고 상승하지 못하는 것은 60일 MA선이 상향하

지 못하고 하향하기 때문이다. 그러므로 본 그래프의 주가는 120일 MA선이 상승한계점이 되는 것이다.

◎ 주가 MA선의 1선 추월의 원칙을 분석한다.

• • •

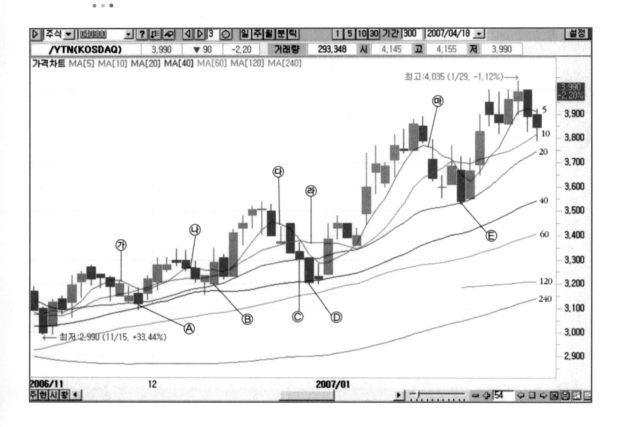

┓ 주가 5일 MA선이 ㉮점에서 하향하니 그에 상응하는 주가는 10일 MA선을
1선 추월하고 20일 MA선인 Ⓐ점까지 하락하였다가 반등하였다.

┗ 주가 5일 MA선이 ㉯점에서 하향하니 그에 상응하는 주가는 10일 MA선을
1선 추월하고 20일 MA선인 Ⓑ점까지 하락했다가 반등하였다.

┗ 주가 5일 MA선이 ㉰점에서 하향하니 그에 상응하는 주가는 10일 MA선을
1선 추월하고 20일 MA선인 Ⓒ점까지 하락하였다.

㉣ 주가 10일 MA선이 ㉱점에서 하향하니 그에 상응하는 주가는 20일 MA선

을 1선 추월하고 40일 MA선인 ⒟점까지 정확하게 하락하였다.

　◉ 주가 5일 MA선이 ㉮점에서 하향하니 그에 상응하는 주가는 10일 MA선을 1선 추월하고 20일 MA선인 Ⓔ점까지 정확하게 하락하였다가 반등하였다.

　※ 주가 MA선의 1선 추월의 원칙을 분석해 본 저자의 소감은 다소의 오차는 있으나 확률적으로는 정확도가 매우 높다는 것을 부인 할 수 없다고 생각한다.

◎ 주가 MA선의 1선 추월의 원칙을 분석한다.

• • •

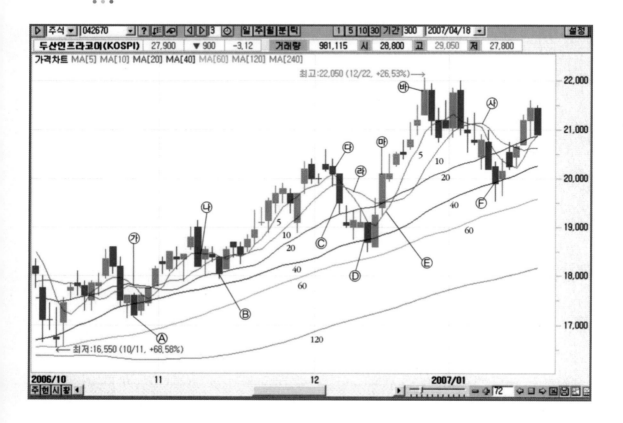

ㄱ ㉮의 20일 MA선이 하향하니 그에 상응하는 주가 Ⓐ는 40일 MA선을 밑으로 이탈했으나 60일 MA선까지는 하락하지 못하고 반등을 하였다. 원칙은 Ⓐ의 주가가 60일 MA선까지 하락해야 되는 것인데 시장의 힘이 있을 때는 60일 MA선까지 하락하지 않고 반등하는 경우가 종종 발생한다.

ㄴ ㉯의 5일 MA선이 하향하니 그에 상응하는 주가는 10일 MA선을 1선 추월하여 20일 MA선인 Ⓑ까지 정확하게 하락했다.

ㄷ ㉰점의 5일 MA선이 하향하니 그에 상응하는 주가는 10일 MA선을 1선 추

월하여 20일 MA선인 ⓒ까지 하락하였다가 반등하였는데 주가봉의 수염부분까지 인정한다면 정확하게 하락한 것이다.

ㄹ ㉰점의 10일 MA선이 하향하니 그에 상응하는 주가는 20일 MA선을 1선 추월하고 40일 MA선인 ⓓ까지(40일 MA선의 밑에까지 약간 하락함)하락했다가 반등하였다.

ㅁ ⓔ점의 5일 MA선이 상향하니 그에 상응하는 주가는 10일과 20일 MA선이 크로스가 되어 있기 때문에 동시에 추월하고 주가는 ㉱까지 상승하였다. ㉱까지 상승한 주가가 계속해서 ㉲까지 상승하는 것은 주가 ㉲의 선유봉인 5일, 10일, 20일, 40일 선유봉까지 ㉲의 주가값보다도 아래의 위치의 값에 있기 때문이다.

선유봉을 보는 방법은 여러 차례 기술 하였으므로 본란에서는 생략함.

ㅂ ㉳의 10일 MA선이 하향해 그에 상응하는 주가는 20일 MA선을 1선 추월하고 40일 MA선인 ⓕ까지 하락하였다. 주가 ⓕ가 수염까지 밑으로 달고 있는 것을 볼 때 이날의 종가는 꽤 강했던 모양이다.

ㅅ 주가 MA선의 1선 추월의 원칙을 분석할 때는 주가가 1선 추월하고난 뒤 다음 주가 MA선에 정확하게 도달하는 것이 원칙이겠으나 그날의 장의 강약에 따라서 약간씩의 오차가 있음을 독자 여러분들은 이해하면서 분석에 임해주길 바랍니다.

◎ 주가 MA선의 1선 추월의 원칙을 분석한다.

• • •

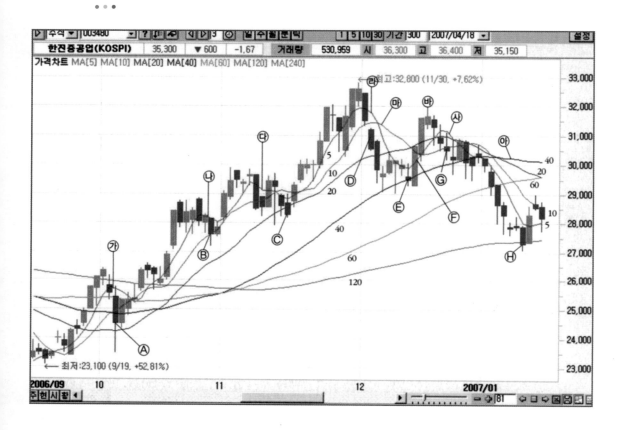

● ㉮의 5일 MA선이 하향함으로써 그에 상응하는 주가는 10일 MA선을 1선 추월하고 20일 MA선인 Ⓐ까지 하락하였다.

● ㉯의 5일 MA선이 하향하니 그에 상응하는 주가가 10일 MA선을 1선 추월하고 20일 MA선까지 하락해야 원칙인데 10일 MA선과 20일 MA선의 중간까지 하락하였다가 10일 MA선까지 반등을 하였다. 이것은 극히 이례적인 사항이다.

● ㉰의 5일 MA선이 하향하니 그에 상응하는 주가 Ⓒ는 10일 MA선을 1선 추월하고 20일 MA선을 약간 밑에까지 하락하였다. 그 다음날 반등하였다.

ㄹ ㉣의 5일 MA선이 하향하니 그에 상응하는 주가는 10일 MA선을 1선 추월하고 20일 MA선까지 하락해야 원칙인데 약간 못미치는 ⒟의 주가까지 하락했다.

ㅁ ㉤의 10일 MA선이 하향하니 그에 상응하는 주가는 20일 MA선을 1선 추월하고 40일 MA선인 주가 ⒠까지 하락하였다.

ㅂ ⒡의 주가 5일 MA선이 상향하면서 10일 MA선과 20일 MA선을 돌파하고 그에 상응하는 주가는 주가 ㉥까지 반등을 하였다.

ㅅ ㉦의 5일 MA선이 하향하면서 그에 상응하는 주가는 20일 MA선을 1선 추월하고 10일 MA선인 주가 ⒢까지 하락하였다. 여기에서 유의할 것은 극히 예외적인 일이나 10일 MA선과 20일 MA선의 위치가 바뀌어 있는데 이런 경우에는 있는 그대로 1선 추월을 분석하는 것이다. 즉 20일 MA선을 10일 MA선으로 가정하고 분석하라는 것이다.

ㅇ ㉧의 40일 MA선이 하향함으로써 그에 상응하는 주가는 60일 MA선을 1선 추월하고 120일 MA선인 ⒣까지 하락하였다.

◎ 주가 MA선의 1선 추월의 원칙을 상승과 하락으로 구분하여 분석한다.

• • •

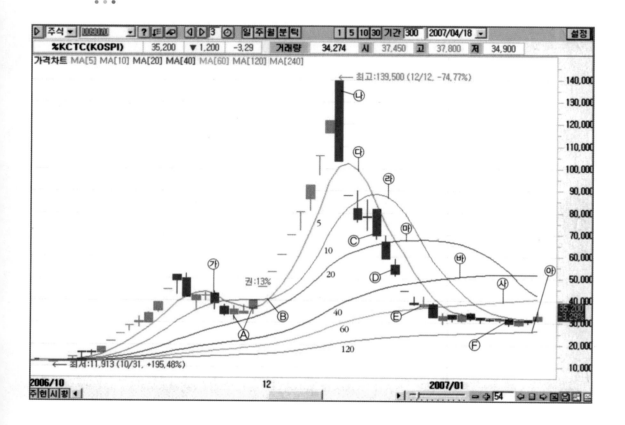

🕖 ㉮점의 주가 5일 MA선이 하향 곡선을 형성하니 그에 상응하는 주가는 10일 MA선을 1선 추월하여 20일 MA선인 Ⓐ점까지 하락했다가 반등했다.

🕗 Ⓑ점에서 5일 MA선이 10일 MA선을 골드크로스하니 주가는 정배열을 형성하면서 ㉯점까지 폭등하였다.

🕘 주가 ㉯점의 긴 음봉은 당일 상한가에서 하한가까지 밀리는 주가의 값이 형성되었으므로 어떤 주식을 분석할 때나 할 것 없이 주가의 꼭지라는 것을 유의하시기 바랍니다.

ⓔ ㉬점의 5일 MA선이 하향 곡선을 형성하니 그에 상응하는 주가는 10일 MA 선을 1선 추월하고 20일 MA선인 ㉱선 가까이 ⓒ까지 하락하였다.

ⓜ ㉣점의 10일 MA선이 하향 곡선을 형성하니 그에 상응하는 주가는 20일 MA선을 1선 추월하고 ⓓ점(40일 MA선근처)까지 하락하였다.

ⓗ ㉱점의 20일 MA선이 하향하니 그에 상응하는 주가는 40일 MA선인 ㉲선을 1선 추월하여 60일 MA선인 ㉳선의 ⓔ점까지 하락하였다.

ⓢ ㉲점의 40일 MA선이 하향하니 그에 상응하는 주가는 60일 MA선인 ㉳선을 1선 추월하여 ㉮선까지 하락하여 도달해야 되는데 약간 미달되는 ⓕ점까지 주가가 하락하였다.

※ 주가 MA선의 정배열이란 주가 MA선의 단기선이 맨위에 있고 순서대로 장기선이 밑으로 위치하고 있는 것이고 역배열은 반대현상이다.